Himalaya

Haupttitelseite: *Ladakhis beim Betrachten der Granitberge nördlich von Leh.*

Vor- und Nachsatz: *Die überlieferten Silben der Sanskritformel, die hier im Fels in tibetischen Buchstaben eingemeißelt sind, lauten* Om Vajra Satto Samaya. *Sie gelten Vajrasattava, einer Erscheinungsform des mystischen Buddhas, dessen Kraft zur Sündenvergebung und geistigen Erhebung durch diese Formel angerufen wird; sie bezeugt die Verehrung des Mahayana-Buddhismus im Himalaya.*

Schutzumschlag: *Lamas im Kloster Thikse.*

Text:
Blanche Christine Olschak
Augusto Gansser
Andreas Gruschke
Konzeption und Gestaltung:
Emil M. Bührer

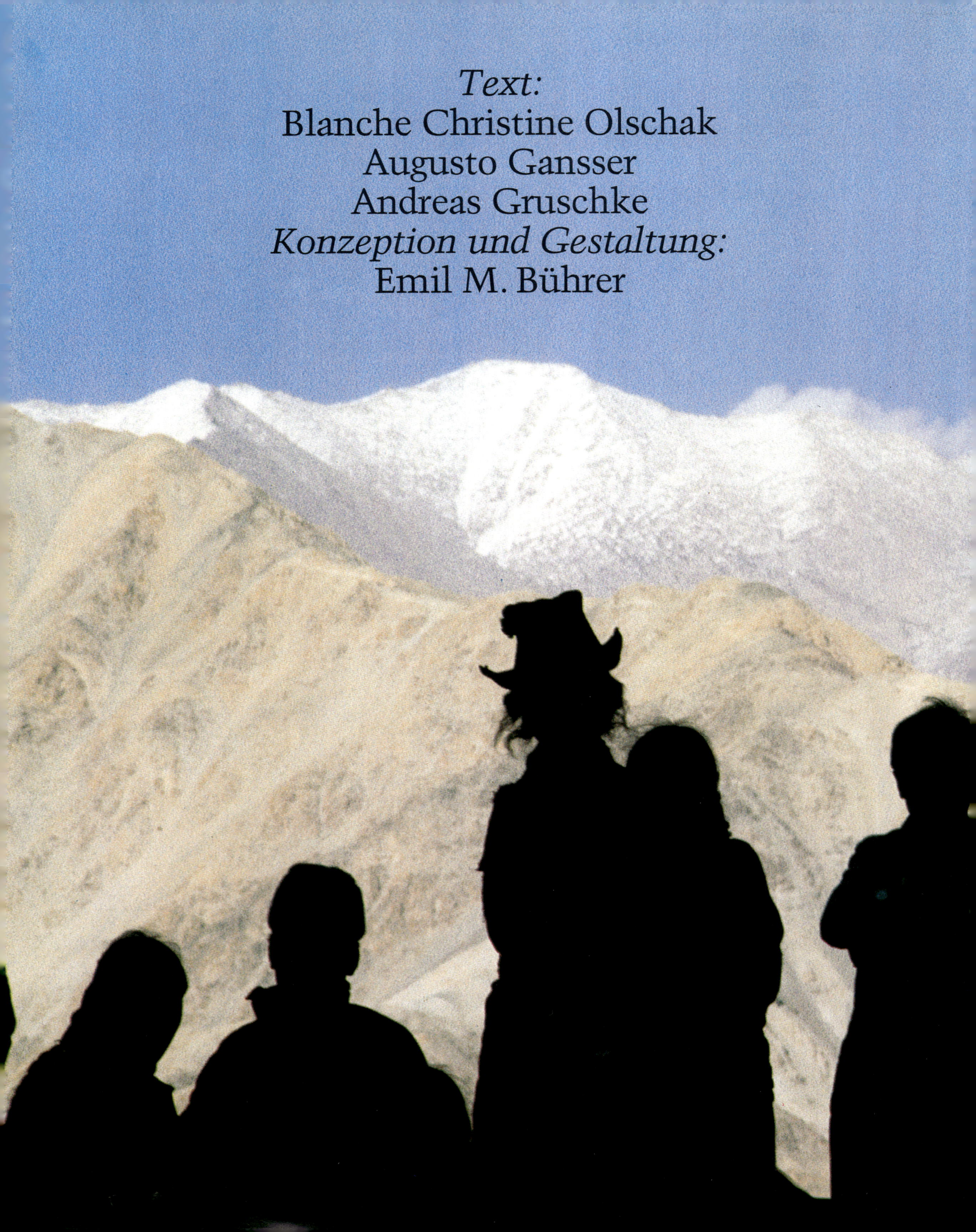

HIMALAYA

Wachsende Berge, lebendige Mythen, wandernde Menschen

vgs

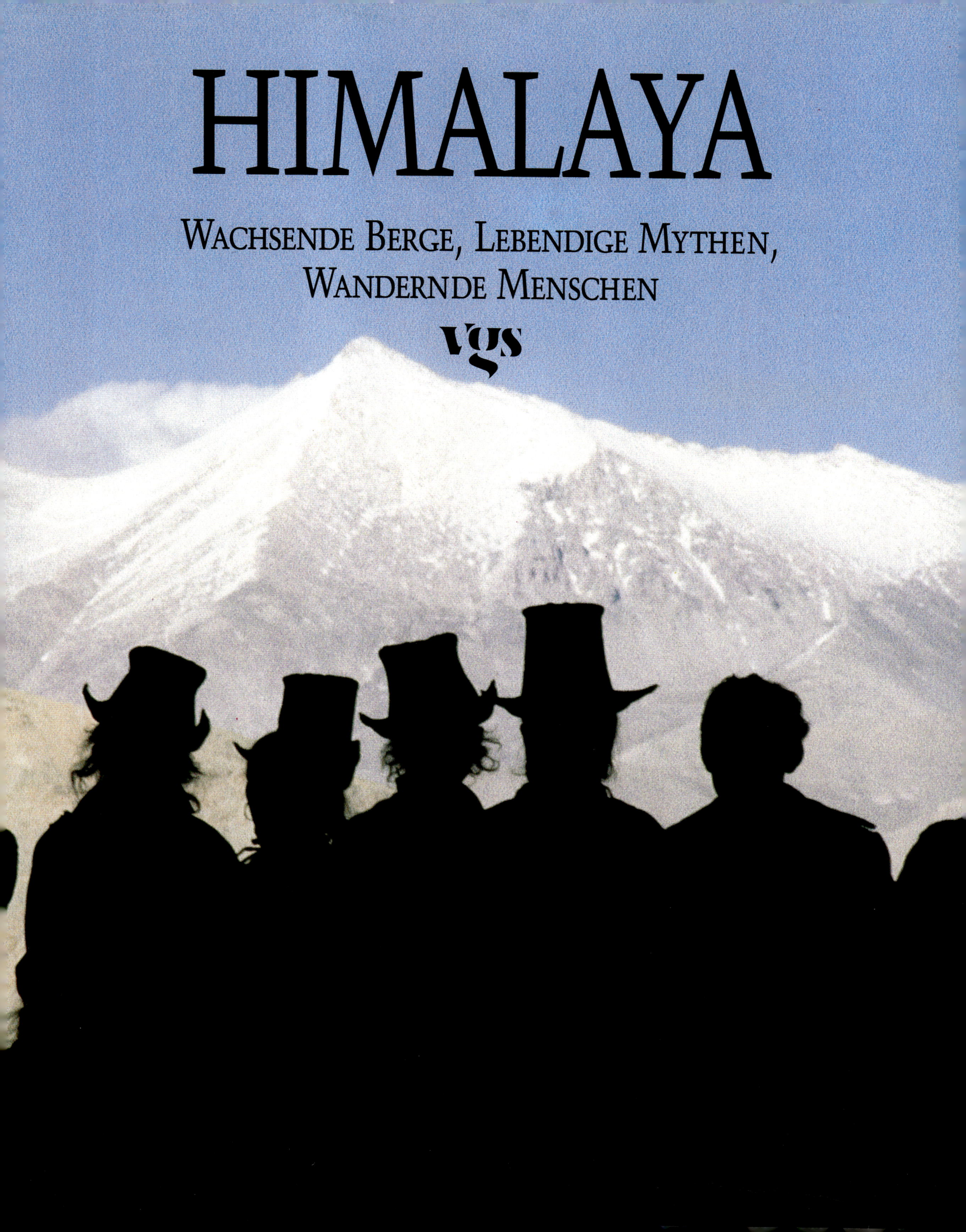

CIP-Kurztitelaufnahme der Deutschen Bibliothek

Himalaya: Wachsende Berge, Lebendige Mythen, Wandernde Menschen / Text: Blanche Christine Olschak – 1. Aufl. – Köln: vgs, 1987.
ISBN 3-8025-2174-9
NE: Olschak, Blanche Christine (Mitverf.)

Projektleitung und Redaktion: Motovun (Schweiz) Verlags-gesellschaft AG, Luzern

Redaktionelle Beratung: Ursula Markus-Gansser, Michael Henss, Tsenshab Rimpoche

Redaktion der deutschsprachigen Ausgabe: Michael Schweins, Herstellerische Betreuung: Wolfgang Arntz, vgs Köln

Karte S. 24/25: carta, Lüthi + Ramseier, Bern

Reproduktionen: Lanarepro, Lana/Meran
Druck und Verarbeitung: Sagdos, Brugherio/Mailand

Schutzumschlag: Papen + Hansen, Köln
Vorderseite: Foto Jaroslav Poncar
Rückseite: Foto Sepp Friedhuber

Satz: F. X. Stückle, 7637 Ettenheim

1. Auflage September 1987

ISBN 3-8025-2174-9

Printed in Italy

INHALT

Schnee heißt in der altindischen Sprache,
dem Sanskrit, *hima*. Und der Wohnsitz des Menschen,
der dort seine Heimat hat, heißt *alaya*.
So ist der Himalaya die »Heimstätte des Schnees«.

Die Verfasser der Texte

* *Augusto Gansser*
** *Blanche Christine Olschak*
*** *Andreas Gruschke*

Einen Teil der Bildlegenden verfaßte Michael Henss. Ihm und Ursula Markus-Gansser gilt unser besonderer Dank für ihre Unterstützung bei der Bildauswahl und Ausarbeitung des Buches.

Bildnachweis

Aberham/IFA: 37, 85, 90, 92 (1. Reihe 2. und 4. Foto, 2. Reihe 2 Fotos), 93 (links), 94/95, 96 (links), 97 (rechts), 98 (links), 100 (links), 101, 105, 166, 171 (oben), 174 (1. Reihe links), 177, 180 (links außen), 197, 212 (links), 214, 234/235, 240, 261, 262, 263 (links), 269 (unten), 270 (rechts), 271 (rechts), 276/277
Victor Chan: 78/79
G. W. Essen: 58/59
Everts/IFA: 209, 215, 221
Fiedler/IFA: 92 (1. Reihe 3. Bild), 198
Sepp Friedhuber: 137, 138, 139, 140 (2), 141 (2), 144, 145, 146 (2), 147 (2), 148, 149, 255
Johannes Frischknecht: 157 (unten rechts)
A. Gansser: 6/7, 9, 13, 16 (3), 28, 29, 32, 33, 34, 35 (3), 36, 42, 44, 45, 46/47, 53, 54, 55, 56 (links), 57, 62/63, 68, 75, 76, 81, 99, 102, 103, 104, 106, 107, 110/111, 112, 113, 118, 119, 120/121, 172, 173, 174 (2. Reihe links), 179 (unten), 184, 187, 199, 201, 203, 204, 205, 207, 211, 212 (rechts), 220, 242 (2), 244, 249, 253, 263 (rechts), 270 (links) 271 (links). Karten: 14, 15, 38/39, 69, 82, 86, 108, 124, 135, 224, 266. Illustrationen: 18, 19, 30/31, 118, 196, 210, 216, 217, 270, 271
A. Gruschke: 264 (links)
Heinrich Harrer: 246 (unten)
Michael Henss: 2/3, 40, 49, 60 (oben), 61, 64, 65, 66/67, 80, 87, 89, 91, 96/97, 98 (rechts), 100 (rechts), 117, 122, 124, 128, 129, 131, 132/133, 134/135, 152/153, 156 (5), 157 (5), 164, 165, 168, 174 (2. Reihe rechts), 177 (oben) 178, 185, 190/191, 192, 219, 247
Herold: 123, 126, 127, 130, 194, 195
Peter Herrle (Silva Verlag): 142/143
Marlis Isler: 158, 196 (oben), 208 (links)
Jugoslovenska Revija: 43, 50, 51, 52 (3), 56 (rechts), 60 (links), 70, 71, 72, 73, 74, 179 (2), 218 (2), 245, 260, 268/269
Giovanni Kappenberger: 256/257
Janusz Kurczab (Silva Verlag): 109
Lennart Lindquist: 92 (1. Reihe links außen), 176 (links), 254
Ursula Markus: 8, 11, 17, 41, 77, 116, 159, 160 (rechts), 161 (links), 162 (2), 163, 167, 169, 174 (1. Reihe mitte), 175 (rechts), 176 (rechts), 180 (6), 181, 182 (2), 183 (2), 202, 206, 213, 217, 241, 243, 258, 259, 264 (rechts), 267, Vor- und Nachsatz
Martinelli (Touring Club Italiano): 150/151
NASA: 20/21, 22/23, 48, 83, 86/87, 108, 125
NHK: 226
B. C. Olschak: 84, 88, 127 (oben), 134, 154, 160, 161, 188 (H. Hoffmann), 189, 200, 208, 222, 226, 246, 248, 250
Schmidt/IFA: 251 (2), 252
Thiele/IFA: 93 (rechts), 155, 174 (1. Reihe rechts), 175 (links), 272/273
Herbert Tichy: 256
Eric Valli/Diane Summers: 26/27, 170, 170/171, 186, 223, 225, 227, 228, 229, 230/231, 232, 233, 236 (2), 237, 238, 239, 265, 269 (oben), 274/275
Edward H. Worcester: 193
Rudolf Wurzer: 114/115

DER HIMALAYA

»Auch in Hunderten von Zeitaltern der Götter könnte ich Dir nicht genug über Ruhm und Glanz des Himalaya erzählen!«

So tönt uns das Echo indischer Tradition aus den Puranas, den »Alten Texten«, entgegen. Es sind durch Jahrtausende in mündlicher Tradition weitergegebenen Mythen, Legenden und Berichte über das Werden des Weltalls, sein Bestehen, Vergehen und Wiederentstehen und über die Abstammung der »Götter«, den wie die Sterne strahlenden Devas, und der Menschen. Es sind Worte, die – erst vor etwa zweieinhalbtausend Jahren aufgezeichnet – uns versunkene, aber in den Ländern ihrer Entstehung

WACHSENDE BERGE, LEBENDIGE MYTHEN, WANDERNDE MENSCHEN

und Weiterverbreitung immer noch lebendige Ansichten über das kosmische und irdische Geschehen erhalten haben ...

Die moderne Wissenschaft weiß, wie der Himalaya, das jüngste Gebirge der Erde, entstanden ist. Wir glauben, die Daten über die relative Bewegung zwischen Indien und Eurasien und die Kollision, den gewaltigen Zusammenstoß der Urkontinente und der damit verbundenen, jungen Gebirgsbildung zu kennen. Dort, wo sich heute der Himalaya erhebt, galoppierten einst, in erdgeschichtlicher Vergangenheit, kleine Urpferde, und Nashörner wanderten über weite, tropische Flußebenen. Sie zogen von Süden nach Norden und fanden Schutz in den niederen, mit Urwald bedeckten Hügelzügen. Das war damals der Himalaya ... Als Bestätigung dafür, daß es so gewesen ist, finden wir in den gleichen Schotterlagen tatsächlich fossile Reste von Nashorn und Urpferd. Aber jetzt liegen sie auf einer Höhe von fast 5000 Metern in einem Gebiet, wo wilde Flüsse tiefe Schluchten in die heute noch horizontalen Schichten gefressen haben. Im Westhimalaya lag das Königreich Guge, dessen Begründer und Bewohner – vor tausend und mehr Jahren – ihre Burgen und Klöster nur über 5000 Meter hohe Pässe erreichen konnten. Sie waren umgeben von wild vergletscherten Bergen des Himalaya, der in einer erdgeschichtlichen Zeit von Multimillionen von

Jahren von niedrigen Hügelzügen zum allerhöchsten Gebirge der Welt emporgewachsen ist und noch heute wächst.

Aber sind das nicht Geschichten, die schon lange vor unserer jetzt so nüchternen Forschung bekannt gewesen sind? Vielleicht sind sie verschlüsselt in den großartigen Mythen, die noch lange nicht alle gedeutet sind, über die Entstehung der Erde enthalten – mit Erinnerungen an das einst die Urkontinente trennende und den Urgrund der Himalayaberge bedeckende Tethys-Meer, und in den Sagen über eine Sintflut?

Nam Tso, »Himmelssee«, der auf 4720 Metern höchstgelegene, größte See der Welt, nördlich der Nyenchentanglha-Kette mit noch unbestiegenen Siebentausendern. Als Seitenast des Transhimalaya streicht sie in atypischer Weise nach Nordosten und ist durch jüngste Bruchzonen begrenzt, die das junge Alter des Gebirges bestätigen.

Die alten Texte, in denen wir danach suchen können, wurden – und dies ist besonders wichtig zu betonen – in ununterbrochener Reihenfolge von Generation zu Generation mündlich weitergegeben und sind gleichermaßen anerkannt, heute noch, in der Tradition der Hindus und der vorbuddhistischen Jain. Sie wurden von den Buddhisten übernommen und – anfänglich von den westlichen Wissenschaftlern belächelt und als phantastische Übertreibungen abgetan. Schon vor hundert Jahren war es bekannt, daß diese Traditionen auch von den gelehrten Lamas in Tibet gepflegt wurden und in volkstümlichsten Versionen weiterleben.

Nachdenklich stellte deshalb der britische Forscher L. A. Wadell 1894 fest: »... viele dieser phantastischen Anschauungen mit ihren vergötterten Heroen und der Naturverehrung sind in Wirklichkeit versteinerte Überlebensreste des archaischen Glaubens unserer eigenen indo-europäischen Vorfahren.«

Was also war es, das damaligen Denkern aus dem Westen geradezu verrückt erschien? Es war die Entstehung von Weltall, Erde und Menschheit, das Rechnen in Jahrhunderttausenden, in Jahrmillionen und schließlich in Milliarden von Jahren, das uns damals genau so seltsam vorkam, wie es uns heute seltsam richtig erscheint.

Ein altindisches Weltzeitalter, *Kalpa*, ins Tibetische als Sanskritfremdwort »Kälpa« übernommen, umfaßt 8 640 000 000 Jahre. In der mythologischen Sprache ist dies eine Nacht und ein Tag des Schöpfergottes Brahma, wobei wir gegenwärtig genau bei der Hälfte, nämlich bei 4 320 000 000 Jahren angelangt wären. Man kann es in alten Texten nachlesen und findet in klassischen Nachschlagewerken der Hindu-Mythologie bestätigt, daß dieses System bereits während der Zeit des Großen Epos, des Mahabharata, – nach der indischen Tradition etwa 1500 v. Chr. – etabliert gewesen sei und sich damals schon auf viel ältere Quellen stützte. Die Weltentstehung wird auch graphisch festgehalten, und zwar in der Zeichnung des sogenannten »Kosmischen Mandalas«, das den Beginn unseres Weltensystems darstellt, das ausdrücklich als nur eines unter Millionen bezeichnet wird. Aber nicht nur der Uranfang wird mit so präzisen Zahlen angegeben, auch die Erdzeitalter, *Yuga*, werden erwähnt und vier davon aufgezählt, deren Dauer nach »Jahren der Götter« gemessen erscheint. Jedes von ihnen entspricht 360 Menschenjahren. Ein *Maha-Yuga* dauert dabei 4 320 000 Jahre und wird auch *Manu-Antara*, »Periode eines Manu« oder »menschlichen Urahnen«, genannt. Nach dieser Tradition wären wir im »Schwarzen Zeitalter«, dem *Kali Yuga*, angelangt, das 432 000 Jahre dauern und um das Jahr 3102 v. Chr. begonnen haben soll.

Die Heiterkeit der Seele

»Die Heiterkeit ist ein Mittel zur Erkenntnis der Wahrheit, denn – um diese Erkenntnis zu erlangen – muß die Seele, die unruhig und verworren gewesen ist, rein und heiter werden.«
Diese Worte wurden nach dem Leben Buddhas von dem tibetischen Religionsgeschichtler und Philosophen Butön zitiert, der von 1290 bis 1364 lebte.

Die Heiterkeit der Seele spiegelt sich auch in den Gesichtern der Himalayabewohner. Sie leuchtet aus dem Antlitz des bhutanesischen Knaben genauso wie aus den Zügen des alten Mannes auf der rechten Seite, der zeit seines Lebens unter härtesten Bedingungen in einem der höchstgelegenen Siedlungsgebiete der Erde gelehrt hat: in Thanza im hohen Norden Bhutans, 4100 Meter.

Dieses System der Weltentstehung, welches das ständige Werden, Sein und Vergehen bis zum neuen Wiederentstehen erklärt, wird in allen alten Texten betont, genau so wie die Unbeständigkeit und Vergänglichkeit aller Daseinsfaktoren als leer von absoluter Ewigkeit. In buddhistischen Texten

der Transzendenten Weisheit, in denen man metaphysische Erkenntnisse kaum erwarten würde, wird auch die Vergänglichkeit und Umwandelbarkeit der allerkleinsten Teilchen, millionenfach winziger als das kleinste Sandkörnchen, hervorgehoben. Sie werden dort – analog unseren Atomen, aber auch analog dem »Kosmischen Mandala« – als Mini-Weltensystem beschrieben.

Es würde den Rahmen dieses Buches sprengen, hier ins Detail zu gehen. Doch nach der gewaltigen Erdgeschichte der Himalaya-Berge und des Daches der Welt werden wir in Worten und Bildern miterleben können, wie eigenartig auch volkstümlich mythologisierte Berichte der Himalaya-Bewohner zu unseren derzeitigen Forschungsergebnissen passen. Genau diese Faszination des Miterlebens wollen wir vermitteln, angefangen bei den Ammonshörnern, den Leitfossilien des geologischen Mittelalters, die das große Tethys-Meer belebten, aus dem sich die Himalaya-Felsen auffalteten, bis zur Entstehung der Land- und Bergwelt, wie sie sich in lebendigen Mythen widerspiegelt. Hier wird uns die himmlische Herabkunft der ersten Könige genau so wie die Abstammung vom Affen und die Einführung der Ackerbaukultur erzählt. Wir hören auch vom indischen Noah, der seine Arche am Himalaya-Felsen befestigt und von ersten Wanderern, die handelnd und predigend materielle und geistige Waren von Diesseits nach Jenseits der Berge schleppten. Am faszinierendsten ist es festzustellen, daß die alten Mythen lebendig geblieben sind und in Riten und Mysterienspielen immer wieder aufleben. Dies bezeugt das Bedürfnis des Menschen, seinen eigenen Ur-Anfang zu suchen, zu kennen und rituell neu zu erleben! Genau diesen inneren Drang nach der Kenntnis und Erkenntnis des Ur-Anfangs, der auch uns bewegt, können wir jetzt nach neuester Forschung und nach ältester Tradition miterleben. Denn, wie der Religionswissenschaftler Mircea Eliade sagte: »Es gibt keine Hierophanie, keine Mysterien oder Darstellungen des Heiligsten, die nicht von der Zeit ihrer ersten Entstehung an auch ›historisch‹ im weitesten Sinne des Wortes sind.«

Mit schaudernder Ehrfurcht blickten schon die ersten wandernden Menschen zu den Gletschergipfeln empor, die dem Himmel so nahe sind. Seit Urzeiten überzeugt, daß alles Gute vom Himmel gekommen sei, vergötterten sie diese Berge: als Götterparadiese, als Wohnsitze der am Himmel erstrahlenden »Götter«, der Devis und Devas, die dem Namen nach die »wie die Sterne hell Leuchtenden« sind.

Die Berge blieben diesen Menschen heilig. Umgeben und beschützt von ihnen, bewahrten sie sich eine »Heiterkeit der Seele«, die sich in ihren Gesichtern spiegelt. Wer immer den Himalaya erleben durfte, erinnert sich an die Worte von Kalidasa, »den leuchtenden Stern am Himmel der Hindu-Poesie«: »Im Norden erhebt sich ein mächtiger Berg, Himalaya genannt, die Heimstätte des ewigen Schnees, zu Recht als Herr aller Berge bezeichnet. Belebt durch das Göttliche als Geist und Seele, ist er verkörperte Göttlichkeit. Das weite Land umspannend, steht er da, als wäre er der Maßstab der Erde.«

Blanche Christine Olschak und Augusto Gansser

Kosmisches Mandala

Unser Weltensystem wird ausdrücklich nur als eines unter Millionen bezeichnet. Auf dem Grund des Weltraumes, noch leer von Form und Farbe, formt sich die Spirale der ersten Bewegung wie ein wilder Windkreis als Grundlage der Materiebildung. Die Bewegungen werden in regenbogenfarbigen Ringen angezeigt, die zur Entstehung der Aggregatzustände führen: gelb und quadratisch für feste Erde; weiß oder hellblau und rund für flüssig und Wasser; flammend rot für wandelbar und Feuer; grün für gasförmig und Luft; blau für formlos – Äther. Ein mikro-makrokosmisches Konzept, das sich im Stupa-Aufbau wiederholt und in unzähligen Varianten auch immer an die Veränderlichkeit aller Daseinsfaktoren erinnert, die leer von absoluter Ewigkeit sind.

Rechte Seite: *Diese gewaltige Darstellung, die uns wie ein Bild unseres eigenen Atomzeitalters anspricht, ist das sogenannte »Kosmische Mandala«, das zusammen mit dem Rad des Lebens jeweils das Eingangstor des Haupttempels (hier als Fresko in Paro Dzong in West-Bhutan) flankiert. Es ist jedoch kein Meditations-Mandala, sondern ein flammendes Bildwerkzeug zur Erklärung der Weltentstehung.*

Dieses Bild erster Weltentstehung paßt in unser Atomzeitalter.
Als Wandbild soll es an das Werden, Sein und Vergehen
und die Vergänglichkeit aller Daseinsfaktoren erinnern:

von der ersten Bewegung, dem kosmischen Urlaut (die Spirale),
die zum *Sein* und dann zum unausweichlichen *Vergehen* führt,
aus dem sich jedoch neues Entstehen entwickelt.

WIE DER HIMALAYA ENTSTAND

Rechte Seite: *Unbenannt, unbekannt und unbestiegen: ein Siebentausender in Bhutan. Die ausgeprägte Endmoräne zeigt den letzten Gletschervorstoß, der vor 150 Jahren erfolgte.*

Warum willst du den Everest besteigen?« wurde ein bekannter englischer Bergsteiger gefragt: »Weil er da ist«, lautete die lakonische Antwort. Dies gilt natürlich nicht nur für den Everest, sondern für den ganzen Himalaya. *Warum er da ist* beziehungsweise so geworden ist, wie er sich darbietet, beantwortet die Geologie.

Der sagenumwobene Himalaya, das höchste Gebirgssystem der Erde, mit dem Transhimalaya im Norden und dem Karakorum im Nordwesten, ist nicht nur das beeindruckendste, sondern auch das jüngste Gebirge der Erde. Als Kette alpinotypen Ursprungs, d. h. zwischen zwei Urkontinenten entstanden, unterscheidet sich der Himalaya vom Gebirgstypus andiner Entstehung (am Rand eines Kontinents gebildet). Der fast 3000 Kilometer lange Himalaya wird im Osten von den Mishmi-Naga und den burmesischen Ketten begrenzt. Er endet im Westen in den komplizierten, nordsüdlich streichenden Ketten östlich von Kabul.

Das Gebirge, das wir heute bewundern, ist, geologisch gesehen, sehr jung. Seine Bildung ist sogar heute noch nicht abgeschlossen, was uns eine noch andauernde Hebung (etwa ein Zentimeter im Jahr, aber ungleichmäßig in Zeit und Raum) sowie der durch Erdbeben erzeugte noch im Gang befindliche Zusammenschub beweisen. Es bestehen heute kaum mehr Zweifel, daß Himalaya, Transhimalaya und Karakorum durch Kollision des sich nordwärts bewegenden indischen Subkontinents mit dem sehr kompliziert gebauten Südrand Eurasiens entstanden sind.

Indien gehörte nach geologischer Forschung zum einstigen Südkontinent Gondwanaland und war durch ein großes Urmeer, die Tethys, vom eurasischen Kontinent getrennt. Größe und Tiefe dieses Tethys-Meeres werden immer noch unterschiedlich beurteilt. Geophysikalische Meßresultate und geologische Feldbefunde lassen sich nur schwer in Übereinstimmung bringen.

Heute wissen wir, daß sich die meisten Weltmeere ausdehnen, und zwar längs der ozeanischen Rücken, wo tiefes ozeanisches Krusten- und Matelmaterial aufsteigt, sich am Ozeanboden ausbreitet und in Richtung der Kontinentalränder wandert, und zwar mit Geschwindigkeiten, die zwischen 1 und 10 Zentimetern pro Jahr variieren können. Tiefsee-Sedimente lagern sich auf diesen ozeanischen Böden ab und wandern, wie auf einem Fließband, ebenfalls gegen die Kontinente. Durch Bohrungen kann die Ausbreitungsgeschwindigkeit festgestellt, aber auch das Alter der heutigen Ozeane bestimmt werden, das mit höchstens 180 Millionen Jahren, verglichen mit den 4,6 Milliarden Jahren der Erde, relativ jung ist. Kompliziert wird die Geologie dort, wo der sich ausbreitende Ozeanboden mit seinen Sedimenten an die Kontinente stößt. Statt von Ozeanboden und Kontinent können wir auch von ozeanischer und kontinentaler Platte sprechen, und das Wechselspiel der beiden Platten nennen wir *Plattentektonik.* Der Name Platte verleitet oft zu der Annahme, daß es sich hier um starre geologische Gebilde handelt. Im Durchschnitt ist die ozeanische Platte 10 Kilometer, die kontinentale Platte 35 Kilometer dick. Verglichen mit der Ausdehnung – oft über Tausende von Kilometern – sind das nur dünne Häute, und die Kräfteübertragung beim Aufstau eines Gebirges wird auch heute noch wenig verstanden. Unter Gebirgen ist die Kruste mächtiger, unter dem Himalaya bis zu 75 Kilometer dick. Eine ähnliche Mächtigkeit ist auch unter Tibet gemessen worden.

Der Indische Ozean ist, verglichen mit dem Atlantischen oder Pazifischen Ozean, viel komplizierter gebaut, mit Resten alter Kontinentalschollen wie z. B. den Inseln der Seychellen. Die Messungen an den sich ausbreitenden Rükken sind daher unsicher, und dementsprechend ungenau sind auch die Messungen der Nordwanderung Indiens, die sich durch die Kollision Eurasiens in den Phasen der Himalayabildung widerspiegelt.

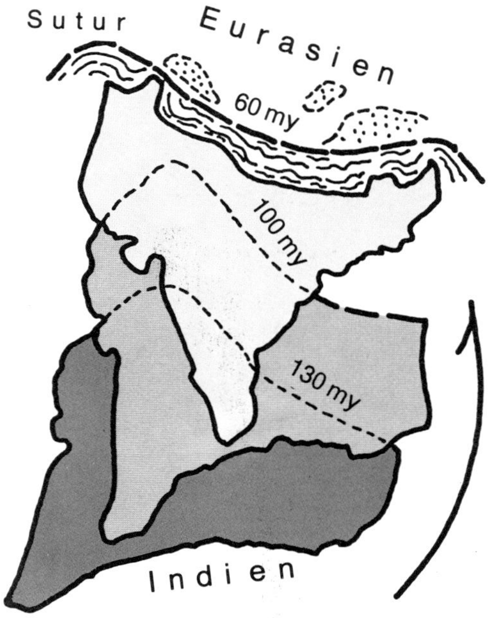

Der nordwärts wandernde indische Kontinent gegen Eurasien bis zur Kollision. Die Altersbestimmung der Wanderung ist noch sehr umstritten. (my = Millionen Jahre)

Im Grenzbereich zwischen ozeanischen und kontinentalen Platten taucht die ozeanische meistens steil unter den Kontinent. Man nennt diesen Vorgang *Subduktion*. Das abtauchende, oberflächlich wasserhaltige, ozeanische Material wird in der Tiefe aufgeschmolzen und steigt gemischt mit kontinentaler Kruste als mächtige granitoide Masse (Plutone) in die obere Kruste des Kontinentalrandes. An der Oberfläche führt dieser Vorgang zur Vulkanbildung. Durch Subduktion entstanden auch parallel zu den Küsten verlaufende Gebirge wie die Anden Südamerikas mit ihren Granitkörpern und aufgesetzten Vulkanen. Wir wissen heute, daß der Himalaya mit seinem Vorläufer, dem Transhimalaya, vor der Kollision eine ganz ähnliche Phase durchlaufen hat. Identische Granitplutone und Vulkanite gleichen Alters sind eindeutige Beweise.

Mit der Gründung der wissenschaftlichen Gesellschaft für Landesuntersuchung, des Geological Survey of India im Jahre 1851 (übrigens eines der ältesten überhaupt), begann das goldene Zeitalter der Himalayaforschung, und zwar hauptsächlich durch die dort tätigen europäischen Geologen. Obgleich es an modernen Transportmitteln wie Jeeps und Helikoptern mangelte, gelang es, weite, oft schwer zugängliche Gebiete zu erforschen. Die Geologen hatten dafür noch Zeit. Schon im 19. Jahrhundert aber waren gewisse Gebiete des Himalaya für Ausländer gesperrt, und die geologischen Untersuchungen mußten durch Einheimische, die Pundits, oder durch verkleidete Europäer ausgeführt werden. Die Resultate dieser ersten geologischen Forschungen waren meist stratigraphischer Art (Bestimmung der Schichten anhand von Fossilien). Die Erkenntnis der komplizierten Strukturen erfolgte viel später, trotz der interessanten Tatsache, daß schon große Deckenüberschreitungen im Osthimalaya erkannt worden sind, bevor deren Feststellung in den Alpen möglich wurde.

Erst 1936 konnten die Geologen vom eigentlichen Deckenbau des Himalaya überzeugt werden, und zwar auch durch die Arbeiten der Geologen J. B. Anden, A. Heim und A. Gansser im zentralen Himalaya. Da in der Entwicklungsgeschichte des Himalaya, des Transhimalaya und des Karakorums, die Kollision von Indien mit Eurasien die bedeutendste Rolle gespielt hat, müssen wir von einer Vor- und Nachkollisionsperiode sprechen.

Die *Vorkollisionsperiode* setzt sehr früh ein, und zwar mit der Entstehung der alten Gesteine des nördlichen indischen Schildes vor 2000 Millionen Jahren. Wir wissen heute, daß das älteste Baumaterial des Himalaya in den Kernen der großen kristallinen Überschiebungsdecken dem Grundgebirge des nördlichen indischen Kontinents entspricht, mit der gleichen geologischen Geschichte, die zur Entstehung der auffallend nord-südstreichenden Aravalli-Ketten Nordindiens geführt hat. Diese bildeten vor über 1000 Millionen Jahren ein hohes, dem Himalaya ähnliches Gebirge. Nach dieser Phase beginnt die lange Zeit einer ruhigen Ablagerung von Sedimenten. In der Kreidezeit, also vor 130 Millionen Jahren, begann die Nordwärtsbewegung Indiens. Sie engte das Ozeanbecken immer mehr ein. Die steile Unterschiebung (Subduktion) einer ozeanischen Tiefmeerkruste unter den Südrand des komplexen asiatischen Kontinents bedingt deren Aufschmelzung, gefolgt von dem Eindringen granitoider Gesteine in den entstehenden Transhimalaya. Mit der eigentlichen Kollision am Anfang des Tertiärs vor etwa 60 Millionen Jahren endet die Vorkollisionsphase.

In die *Nachkollisionsphase* fällt der eigentliche Aufbau des Himalaya, der, wie wir schon angedeutet haben, heute noch andauert. Die Kollision und damit verbunden der Zusammenschub des Tethysmeeres bedingen, daß sich sämtliche Gesteine dieses Raumes, vom Grundgebirge des nordindischen Kontinents bis zur ozeanischen Kruste und den Tiefsee-Sedimenten der Jura- und Kreidezeit, am Bau des Himalaya beteiligen. Während der Kollision werden auch Elemente der ozeanischen Kruste samt den Tiefsee-Sedimenten hochgepreßt (Obduktion). Die entsprechenden Gesteine, die Ophiolite (magmatische und vulkanische Grüngesteine), charakterisieren die wichtige Plattengrenze, bekannt als Indus-Yarlung-Sutur-Zone. Die Flüsse Indus im Westen und Yarlung Tsangpo im Osten folgen ihr.

Die indische und asiatische Platte wurden, nach 60 Millionen Jahren, längs der Sutur-Zone eng miteinander verschweißt. Die Nordbewegung Indiens dauerte weiter an, wenn auch, wie geophysikalische Daten im Indischen Ozean beweisen, etwas verlangsamt (2 – 3 Zentimeter pro Jahr).

Die Kompensation dieser Nordbewegung müssen wir *innerhalb* der Kontinentalkruste suchen: *Nördlich der Sutur*, im Raume Tibet (südliche eurasische Platte), konnten 1985 während einer gemeinsamen Geotraverse der Royal Society und der Academia Sinica (Chinesische Akademie) unerwartet intensive Faltungen und Aufschiebungen festgestellt werden, welche auch die außergewöhnliche Verdickung der tibetischen Kruste bis zu 75 Kilometer und die später folgende Hebung erklären würden.

Südlich der Indus-Yarlung-Sutur haben markante Bewegungen den eigentlichen Himalaya gegliedert. Im Norden sind die Sedimente des *Tethys-Himalaya* stark verfaltet. Südlich davon folgt der *Hohe Himalaya* mit den höchsten Gipfeln. Hier finden wir das Altkristallin, den ältesten Kern des Himalaya, die eigentliche Basis der Tethys-Sedimente, in 15 bis 18 Kilometer mächtigen Platten 100 Kilometer weit nach Süden auf den *Niederen Himalaya* aufgeschoben. Die Überschiebung ist als zentrale Hauptüberschiebung (Main Central Thrust) bekannt. Der *Niedere Himalaya* fällt durch seine 600 bis 800 Millionen Jahre alten, stark umgewandelten und mehrfach verschuppten Sedimente auf, die jenen des nördlichen indischen Schildes gleichen. Die komplizierte Masse des Niederen Himalaya ist wiederum längs einer wichtigen Störung der Haupt-Grenzüberschiebung (Main Boundary Thrust) dem *Sub-Himalaya* aufgeschoben. Das enge Band des Sub-Himalaya, das immerhin auf einer Länge von über 2000 Kilometern eine fast kontinuierliche Hügelzone bildet, besteht aus dem Erosionsschutt des werdenden Himalaya, vergleichbar mit der alpinen Molasse. Bekannt als die *Siwaliks*, spiegeln sie mit ihren Sedimenten die Hebungsgeschichte des werdenden Himalaya wider. Die zahlreichen Wirbeltierfunde erlauben eine gute Altersbestimmung dieser Vorgänge und zeigen, daß die Gestaltbildung des Himalaya sehr jung ist.

Parallel zu dieser Entwicklungsgeschichte im eigentlichen Himalaya finden im *Transhimalaya* ähnliche Vorgänge statt. Nach dem schon erwähnten Eindringen granitischer Gesteine, auf das eine Phase starker vulkanischer Tätigkeit folgte, hebt sich nach der Kollision der gesamte Transhimalaya. Es lassen sich also Anzeichen eines hohen, 40 Millionen Jahre alten Gebirges nördlich der Sutur zu einer Zeit finden, da der Himalaya als Gebirge noch gar nicht sichtbar war. Sobald ein Gebirge auftaucht,

Der werdende Himalaya

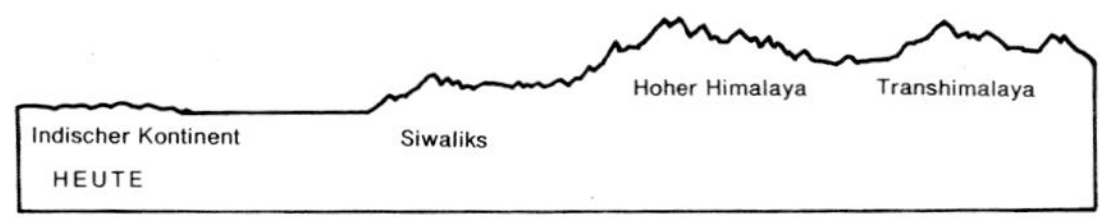

Starke andauernde Hebung der Gebirge (1 cm pro Jahr), einschließlich Tibet. Entstehung der heutigen Gebirgsformen (Morphogenese), zugleich Senkung der Indus/Ganges-Ebenen.

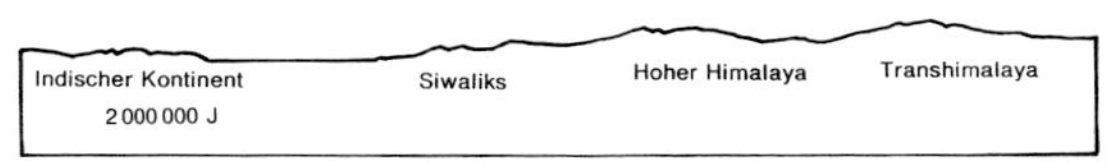

Allgemeine langsame Hebung sämtlicher Gebirge mit beginnendem Abtrag (Molasse). Beginn der Eiszeit.

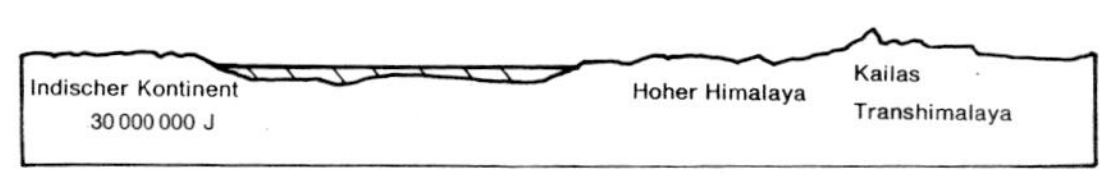

Einengung des Tethys-Meeres. Markante Hebung im Transhimalaya nach Granitintrusionen. Nach Kollision Entstehung des Kailas.

Schwache Hebung Indiens. Im Norden tiefes Tethys-Meer mit Tiefsee-Sedimenten. Indische Platte beginnt nordwärts zu wandern.

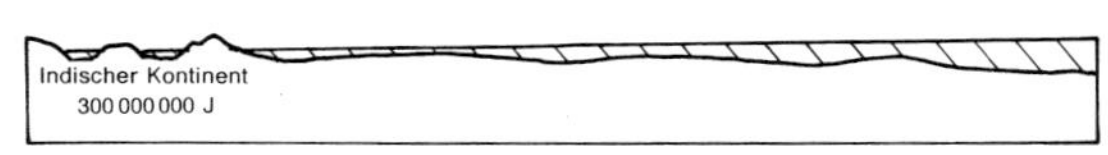

Abtrag des Aravalli-Gebirges und Sedimentation von Flachmeer-Sedimenten in untiefem Meer.

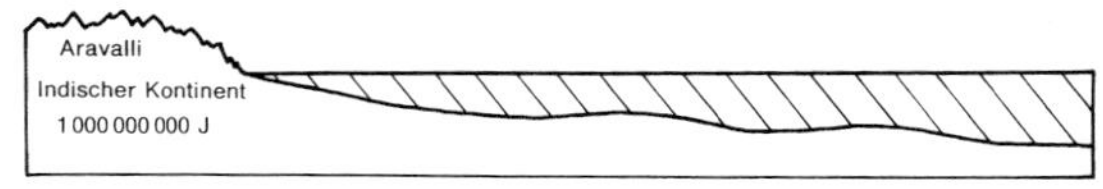

Hohes Gebirge entlang des Nordrandes des indischen Kontinents (Aravalli). Grenzt gegen tiefes Meer im Norden.

beginnt auch dessen Erosion, und deren Produkte sind hier auf und entlang der südlichen Abdachung des Transhimalaya als 4000 bis 5000 Meter mächtige Konglomerate und untergeordnete Sandsteine aufgeschlossen. Sie gleichen einer groben Molasse, sind aber fast 20 Millionen Jahre älter als die Molasse der Siwaliks. Die besten dieser Aufschlüsse befinden sich im zentralen Teil des Transhimalaya am heiligsten der Berge, dem Kailas. Wir sprechen von der *Kailas-Molasse.*

Unten: *Rhabarber (Rheum nobile) auf 4500 Metern. Mit der Kolbenform schützt er seine Blüten vor der Kälte. Die Befruchtung findet im Inneren des Kolbens statt. Normalerweise ist er gelblich, leuchtet im Herbstkleid jedoch rotbraun (Osthimalaya).*

Dem Westhimalaya nördlich vorgelagert ist der *Karakorum*, etwa halb so lang wie die Alpen. Er ist doppelt so stark vergletschert wie der Himalaya und reich an hellen Granitwänden. Karakorum ist türkisch und bedeutet »schwarzer Kies«. Der Name leitet sich vom gleichnamigen Paß ab und ist daher für das weiße Gebirge eigentlich unrichtig, da der Paß geologisch nicht mehr zum Karakorum gehört. Der alte türkische Name »Mustagh« (Eisgebirge) würde dem Gebirge besser entsprechen. Er wird aber nur noch lokal zur Bezeichnung einzelner Gipfel gebraucht. Von den 14 Achttausendergipfeln der Erde befinden sich vier im Karakorum.

Eine nördliche Sutur-Zone oder *Shyok-Sutur*, nach einem wichtigen Nebenfluß des Indus benannt, trennt den Karakorum vom eigentlichen

Oben rechts: *Meconopsis horridula, kurzstengeliger blauer Mohn, trotz seines unschönen Namens die schönste Blume des Himalaya und Tibets. Auf 4600 Metern im nördlichen Transhimalaya.*

Oben rechts außen: *Die delikate Saussurea, eine Kompositenart, schützt sich mit weißen Wollfäden vor der Kälte. Auf 4400 Metern im Osthimalaya.*

Westhimalaya. Der Karakorum, zumindest die Hauptkette, baut sich aus hochkristallinen Gesteinen auf: wie Gneise und Granodiorit. Interessanterweise wird der Karakorum von dem markanten Kristallinsporn des indischen Schildes überhaupt nicht beeinflußt, sondern er bildet nur einen flachen, gegen Norden konvexen Bogen, parallel der großräumigen Umbiegung des Pamir. Die Shyok-Sutur scheint das Nanga Parbat-Hoch und sämtliche damit verbundenen Strukturen scharf abzuschneiden. Dabei ist das Altkristallin des südlichen Karakorum längs der Shyok-Sutur steil nach Süden aufgeschoben. Hier im Hunzagebiet sind die Falten aus weißem Marmor berühmt wegen der darin vorkommenden Rubine. Eine entstehungsgeschichtliche Verbindung der Karakorumgranite mit der Sutur-Zone (Subduktionsaufschmelzung wie im Transhimalaya) scheint nicht zu bestehen, denn die meisten Granite des Karakorum sind viel jünger. Der bekannte Baltoro-Granit, der zum berühmten K2 führt, ist weniger als 10 Millionen Jahre alt. Ähnlich junge Granite sind auch im hohen Himalaya weit verbreitet und, interessanterweise, meist in den höchsten Gipfeln aufgeschlossen.

Wegen ihrer hellen Farbe und ihres speziellen Mineralbestandes (häufig Hellglimmer und Turmalin) werden sie als *Leukogranite* bezeichnet. Sie durchbrachen ältere Strukturen und sind meistens von einem komplizierten System von Gängen begleitet, die sich als Gesteinsadern von den höchsten Himalayawänden weiß abheben.

Nach der Phase der *Orogenese* (Horizontalbewegung) begann nach ungefähr fünf Millionen Jahren die *Morphogenese* (Vertikalbewegung), die noch heute andauert und die Gebirgsformen gestaltet.

Es ist erstaunlich, daß die letzte Hebung nicht nur Himalaya, Transhimalaya und den Karakorum umfaßte, sondern das gesamte Gebiet Tibets mit einschloß. Mit 2500000 Quadratkilometern bildet dieses Gebiet die höchste Landmasse der Erde, die sich in den letzten 1 Million Jahren um 4000–5000 Meter gehoben hat: Im Durchschnitt sind das jährlich 4–5 Millimeter. Heute liegt der Wert bei etwa einem Zentimeter; die Hebung erfolgt also zehnmal schneller als in den Alpen. Vor einigen Jahren fanden chinesische Forscher in Schotterterrassen auf 5000–6000 Meter Höhe, an der Flanke des 8013 Meter hohen Shisha Pangma (nördlich der nepalesischen Grenze in Tibet gelegen), aus dem tropischen und subtropischen Bereich stammende Faunen und Floren. Die bekannten Karewas, subrezente Seeablagerungen in Kashmir, sind einige tausend Meter gehoben worden. Schon vor über 100 Jahren entdeckte der Geologe Lydekker in den mächtigen, horizontal gelegenen Schotterterrassen im oberen Sutlej-Gebiet (Hundes) in 4000–5000 Meter Höhe Knochenreste von Säugetieren, darunter die von Rhinozeros und Hipparion (Urpferd), Tieren aus tropischen Gebieten. Die mehrere hundert Meter mächtigen Schotterablagerungen liegen heute noch, nach einer Hebung von 4000–5000 Metern, vollständig horizontal und bedecken ein Gebiet, das halb so groß wie die Schweiz ist. In diese Schotter haben der Sutlej und seine Nebenflüsse tiefe Schluchten gegraben, und hier finden sich Reste von Klöstern aus der Zeit der Könige von Guge, mit den ältesten und schönsten buddhistischen Fresken.

Genauere Daten zur Hebungsgeschichte können nur durch Wiedervermessung älterer, schon bestimmter Profile erreicht werden, wie dies in den Alpen möglich war. Im Himalaya fehlen jedoch die dafür erforderlichen exakten älteren Daten. Die gegenwärtig angelaufene Neuvermessung markanter Gipfel korrigiert frühere Meßfehler, deren Differenz einige hundert Meter betragen kann: Im Herbst 1985 bestieg eine amerikanisch-chinesische Expedition erstmals den 7723 Meter hohen Ulugh Muztagh, den höchsten Berg Nordtibets. Gleichzeitig wurde die Gipfelhöhe mit modernsten Meßmethoden (Reflexion mit Satellit) kontrolliert. Man staunte, als man feststellte, daß der Ulugh Muztagh anstatt der stolzen 7723 Meter »nur« 6980 Meter hoch war und damit den Nimbus als höchster Berg Nordtibets verlor. Geradezu sensationell war jedoch die 1986 durchgeführte Neuvermessung des stolzen K2, der als »zweithöchster Berg« der Erde den Karakorum beherrscht. Da das umfangreiche Vermessungsmaterial nicht auf den Gipfel geschleppt werden konnte, stellte man dort einen Reflektor auf. Mit Sendestrahlen eines Satelliten bestimmte man die Höhe von drei Empfangsstationen am Fuß des Berges, von wo aus der Gipfel mit Radar vermessen wurde. Die Anfang 1987 publizierten vorläufigen Daten haben die Italiener, 1954 die Erstbesteiger des K2, besonders angenehm über-

Der Ammonit wird wegen seiner Spiralform von den Tibetern im Himalaya und Transhimalaya sehr geschätzt. Als Amulett auf den Wanderungen mitgetragen, wird er oft nach schwierigen Paßübergängen auf der Paßhöhe »geopfert«, zur großen Verwirrung der Geologen, die deshalb oft Fossilien in ganz falscher Umgebung entdecken. Die Tibeter finden ihre Ammoniten in den Konkretionen (Knauern) in 130 Millionen Jahre alten schwarzen Schiefern an der Jura-Kreide-Grenze. Aus diesen Knauern werden die Ammoniten herausgehämmert. Ein wichtiger Fundort liegt im Kali

Gandaki-Tal in Nepal, wo die schwarzen Schiefer aufgeschlossen sind. Aus diesen Ammonit-Schiefern der Spiti-Formation stammt das Gas, das im kleinen Tempel von Muktinath als heilige Dauerflamme von den Pilgern hochverehrt wird. Der abgebildete Ammonit wurde vom Geologen Toni Hagen im Kali Gandaki-Tal gefunden.

rascht: Mit 8858 Metern ist der K2 *im Moment* um 11 Meter höher als der Everest (8847 m): Er ist somit der höchste Berg der Erde. Mit großer Spannung erwartet man die Resultate der Neuvermessung des Everest, die im Laufe des Jahres 1987 durchgeführt werden soll.

Über Beginn, Dauer und Ausdehnung der Eiszeiten im Himalaya und in Tibet weiß man noch recht wenig. Dominierend war sicher die vorletzte Vereisung, die sämtliche früheren Phasen überprägt hat. Bei einer anfänglich geringeren Hebung war auch die frühere Vereisung dementsprechend reduziert. Am Ende der Hauptvereisung scheint die letzte Zwischenzeit mit starkem Rückgang der Gletscher besonders ausgeprägt. In den weiten Muldengebieten Tibets blieben sehr wahrscheinlich größere Toteismassen zurück, deren Schmelzung zu den vielen, meist abflußlosen

Die unbekannte östliche Lunana-Grenzkette im nördlichen Bhutan-Himalaya. Die Gneise sind von Leukograniten durchdrungen. Sie sind überlagert von den Thethys-Sedimenten, deren unterste Schichten gerade die höchsten Gipfel bedecken. Der allmähliche Übergang der Gesteinsumwandlung (Melamorphose) ist bedingt durch die Abnahme von Temperatur und Druck. (Skizze von der südlichen Moräne des großen unbenannten Gletschers, der von Gonto La nach Westen fließt).

Seen geführt hat. Die anfänglich oft sehr großen Wassermassen verdunsteten im wüstenartigen Klima, und das anfänglich süße Wasser wurde brackig und am Ende salzig. Die so entstandenen Salzpfannen bildeten letztlich mit ihrem Salz das geschätzte Ausfuhr- und Umtauschprodukt der Tibeter. Ein Kranz von früheren, höheren Strandlinien umgibt diese Seen oft wie Jahresringe.

Im Hochhimalaya entstanden gleichzeitig viele Seen durch den Stau von Moränen, auch von Seitengletschern der letzten Eiszeit sowie von kleineren Seen in den Rundhöckerlandschaften der letzten Vergletscherung. Von den großen, älteren Stauseen sind nur wenige erhalten. Relativ häufig findet man in den großen Tälern des Indus oder des Shyoks hoch oben an den Talhängen hellgelbliche, horizontale Schichten. Es sind die letzten Reste von See-Sedimenten. Weitverbreitete Schotterreste in den tiefer gelegenen Tälern weisen auf Überschwemmungskatastrophen, auf Dammbrüche der natürlich gestauten Gletscherseen hin. Auch in historischer Zeit kam dies oft vor: Im zentralen Teil des Bhutan-Himalaya liegt die berühmte Klosterburg Phunaka Dzong am Zusammenfluß der beiden wichtigen Flüsse Moh Chu (Mutterfluß) und Pho Chu (Vaterfluß). Der Pho Chu ist als besonders wild bekannt, dennoch waren die Mönche des Dzongs sehr überrascht, als vor etwa 50 Jahren der Pho Chu mitten in der Trockenzeit als mächtiger Schlammstrom mit weißen Granitblöcken durchsetzt, sämtliche Brücken und einen Teil des nördlichen Dzongs wegriß. Seit dieser Katastrophe liegt der Dzong auf einer Flußinsel. 30 Jahre später, bei der geologischen Erforschung des Bhutan-Himalaya, erreichte ich das abgelegene Quellgebiet des Pho Chu nahe der tibetanischen Grenze. Anstatt des Hochgebirgswaldes fand ich im obersten Pho-Chu-Tal eine mehrere hundert Meter breite Schneise aus weißen Granitblöcken. Diese führte über die Waldgrenze hinaus bis zu den Gletschern des über 7000 Meter hohen Teri Kang. Hier lag einst ein blauer Gletschersee, der durch eine hohe Moräne aufgestaut war. Darüber erhob sich eine weiße Granitwand mit einem wil-

Folgende Doppelseite (20/21):
Luftbild der südtibetischen Seenlandschaft. Der zugefrorene Zigetang Tso (obere Bildmitte) zeigt deutliche alte Strandlinien. Die meisten Seen sind Reste größerer Wassermassen, andere wiederum sind durch Bruchzonen in Gräben gebildet (rechte Bildhälfte). Auf der linken Bildhälfte sind über 100 km lange Bruchzonen erkennbar. Metric-Camera-Aufnahme von Dezember 1983 aus ca. 250 km Höhe (Space Shuttle). Die Bildbreite entspricht ca. 180 km, die Orientierung ist gegen Nordnordosten.

den Hängegletscher. Vor 50 Jahren ist dieser Gletscher plötzlich vorgestoßen, wahrscheinlich durch die noch wenig bekannten ungewöhnlichen Gletscherbewegungen, bekannt als Surging, die auch heute noch in den Alpen und besonders in den Anden als »Huaicos« große Zerstörungen verursachten. Die Eismassen des Hängegletschers sind in den See gestürzt, haben eine mächtige Flutwelle erzeugt und den Moränenwall wie bei einem Dammbruch aufgerissen. Flutkatastrophen dieser Art führen im ganzen Himalaya in wenigen Stunden zu Veränderungen der Landschaft, für die normalerweise Hunderte von Jahren nötig wären.

Die große Überschwemmung Tibets nach den Eiszeiten ist in alten Sagen verewigt, ähnlich den weltweit verbreiteten Geschichten über die Sintflut. Sie erzählen uns, wie »ein Buddha jener Zeit« Mitleid mit dem überschwemmten Lande hatte und mit seinem Schwert eine tiefe Bresche in die Berge im Südosten Tibets schlug und auf diese Weise das Land entwässerte. Heute finden wir an dieser Stelle, an der der Yarlung Tsangpo die Kette des 7776 Meter hohen Namche Barwa durchbricht, um nachher südwärts als Brahmaputra in die Ebene von Assam zu fließen, eine der tiefsten und wildesten Schluchten der Erde.

Folgende Doppelseite (22/23):
Luftbild des mittleren Yarlung Tsangpo-Tales südwestlich von Lhasa bei Shigatse. Der Fluß läuft parallel zur Indo-Yarlung-Sutur. Südlich derselben sind die dunkelgrünen Gesteine der ozeanischen Kruste (Ophiolite) erkennbar. Über dem Yarlung Tsangpo folgt die weite Granitlandschaft des Transhimalaya. Der untere rechte Teil des Bildes gehört zum indischen Kontinent, der obere linke zu Eurasien. Metric-Camera-Aufnahme vom Dezember 1983 aus 250 km Höhe (Space Shuttle). Die Bildbreite entspricht ca. 175 km. Die Orientierung ist gegen Nordnordosten.

HIMALAYA
UND
KARAKORUM
(Höhen in Meter)
N
0
300 km
© Carta Lüthi + Ramseier Bern
72°
76°
80°
84°
36°
32°
PAMIR
UdSSR
SINKIANG
CHINA
HINDUKUSCH
KARAKORUM
PAKISTAN
KUNLUN
TIBET
Transhimalaya
NEPAL
INDIEN
Cadud
Rušan
Murgab
Chorog
Mustagh Ata 7546
Tashikuergan
Vakhan
Dafudaer
Khunjerab Pass 4709
Batura Mustagh 7785
Istor-o-Nal 7403
Tirich Mir 7708
Mastuj
Chalt
Hunza
Disteghil Sar 7885
Rakaposhi 7788
Teru
Singal
Chitral
Gilgit
Haramosh 7297
Askole
K2 (Chogori) 8611
Broad Peak 8047
Gasherbrum I 8068
Masherbrum 7821
Saltoro Kangri 7742
Bunji
Dir
Swat
Indus
Nanga Parbat 8125
Astor
Skardu
Khapalu
Qizil Langar
Saser Kangri 7672
Shayok
Saidu
Kagan
Burzil Pass 4198
Burzil
Gurais
Bandipura
Kashmir
Dras
Mardan
Muzaffarabad
Baramula
Gandarbal
SRINAGAR
Khalatse
Ladakh
Abbottabad
Haripur
Wah
ISLAMABAD
RAWALPINDI
Punch
Pir Panjal Range
Nun 7135
Kun 7077
Zanskar
Leh
Abring
Kotli
Jhelum
Mirpur
Kishtwar
Jhelum
Jammu
4341
Gujrat
Sialkot
Sargodha
Gujranwala
Sutak
Mulkila 6517
Hansi
Himachal Pradesh
Batala
AMRITSAR
LYALLPUR
LAHORE
Hoshiapur
Mandi
Lao Pargyal 6790
JULLUNDUR
Ravi
Rampur
Sutlej
Simla
LUDHIANA
Chandigarh
Tiuni
Gangotri
Meru 6660
7075 Satopanth
Kamet 7756
Ambala
Dehra Dun
Patiala
Tehri Garhwal
Joshimath
Nanda Devi 7816
Ganges
Saharanpur
Bajnath
Ranikhet
Almora
Sirsa
Rajasthan-Kanal
Hisar
Haryana
Yamuna
MEERUT
Moradabad
Rampur
NEW DELHI
BAREILLY
Aligarh
Shahjahanpur
Lakhimpur
Mathura
AGRA
Ganges
LUCKNOW
Uttar Pradesh
Faizabad
Gorakhpur
KANPUR
Gomati
Ghaghara
Chambal
GWALIOR
Kenn
Shivpuri
Jhansi
ALLAHABAD
BENARES
Mirzapur
Tons
Satna
Rewa
Son
Bal
Yarkand
Zepu
Yecheng
Keshitage
Alasitan
Hetian
Yutian
Kala
Saitula
Chakaer
Alitanguo
Pangong Tso
Shanhe
Chachu
Bakun
Tashigong
Mange
Geer (Geeryasha)
Zhada
Satlej
Kailas 6700
Gurla Mandata 7728
Maquanhe
Api 7132
Saipal 7041
Nampa 6754
Simikot
Dolpo
Silgarhi Doti
Tanakpur
Kanjiroba 6882
Mustang
Jajarkot
Dhaulagiri 8167
Annapurna 8091
Piuthan
Pokhara
Rapti
Butwal

88°
92°
96°
36°
32°
28°
24°
Gezihu
Hongtugou
Jiumangya
Chalenkou
Dachaidan
Shunge
hikejike
Kumukuli
Halawotelake
Kagelike
Haya'er
Dajiuba
Ge'ermu
2691
Balong
N
U
Misikan
Kekeshili
Beisi
Kalashankou
Manni
Dongbulizhadamu
Tanggula
Tongtranheyan
Nishan
Yangtsekiang
Jilibulake
B
E
T
Amdo
Baqing
Nierong
Ganghu
Langruzong
Suozoug
Sezha
Ding qing
Chukehu
Chawa'nanake
Nakchu
Changdu
Wengbo
6371
Maguzhan
Sangya
6340
Salween
Mekong
Bumuhu
Luolong
Dugede
Jiali
Yiguqihu
5716
Nyenchentanglha
Tongmai
6355
Jiangzhasiji
Gongbujiangda
Gyala Pery
7150
Yangbajing
Raowu
Lingekeke
Mozhugongka
Lumaling
Linzhi
Namche Barwa
7756
6614
7000
Lhasa
a
l
a
y
a
6462
Saga
Angren
Yarlung Tsangpo
Mipi
Mishmi Berge
Singing
Gongge
Yarlung Tsangpo
Laze
Shigatse
Gori Chen
6856
Agency
Yamdrok Tso
Tsa-ri
ca 6000
Dihang
Frontier
Jongkha
Xiegeer
Riu
Kangma
Assam
Wadi
Jilong
Dingri
Kunla Kangri
7554
Subansiri
Shisha Pangma
8046
8153
7200
ASSAM
East
Nyalam
Cho Oyu
Masang Kang
Kangtö
7090
Hachi
8153
Everest
Gaurisankar
7145
8848
8511
Lhotse
Makalu
8481
North
Dibrugarh
Digboi
A
Jannu
7710
Kangchendzönga
8598
Chomolhari
7315
Thimphu
Tongsa Dzong
Khowang
2243
Bhaktapur
Sikkim
Tashi Gang Dzong
Gangtok
BHUTAN
Kumon Range
A
L
Bhojpur
Rangpo
Chbukha Dzong
M
3411
Darjeeling
Ilam
Amo
Sankosh
Manas
Naga Land
Dhankuta
Mal
Tezpur
kihari
Kurseong
Siliguri
Brahmaputra
Golaghat
Biratnagar
Jalpaiguri
Alipur Duar
Barpeta
R
Kachin
Gooch Behar
Gauhati
Darbhanga
Kosi
Tista
Dhubri
Assam
N
Madhipura
I
E
Shillong
U
Ganges
Ganga
Balurghat
Brahmaputra
1708
Gangaw Range
Bhagalpur
BANGLADESCH
Kusiyara
1372
Mangin Range
aya
B
Bihar

Nicht nur heilige Seen spielen bei der Auswahl und Gründungsgeschichte buddhistischer Tempel und Klöster eine wichtige Rolle, sondern auch durch geologische Phänomene geprägte Formen. Das berühmte Sakya-Kloster wurde beim »Großen weißen Fleck« aus vulkanischem Gestein gegründet.

In manchen Klöstern Bhutans sind Fußabdrücke des berühmten Padmasambhava, des Lotusgeborenen, hier meist als Guru Rimpoche verehrt, erhalten. Diese waren ausschlaggebend für die Wahl des Standortes. Tatsächlich finden wir im Taktshang-Felsenkloster und in einigen Klöstern Ostbhutans rundliche Einschlüsse in den Felsen, die in ihrer Form an Fußabdrücke erinnern.

Das kleine Kloster Trimyer in der Barbung-Schlucht von Dolpo im Nordwesten von Nepal hat sich für seinen Standpunkt eine großartige Faltung in den marinen Kalksedimenten des früheren Tethys-Ozeans ausgesucht, ein schönes Beispiel des Zusammenspiels von Religion und geologischen Phänomenen.

Unten: *Eine meisterhafte Darstellung des Buddha Maitreya auf fast 400 Millionen Jahre alten Schiefern. Die fast 100 Jahre alte Gravur, auf der Außenseite eines kleinen Chörten auf 4000 Metern in Bhutan, ist trotz Witterungseinflüssen auffallend gut erhalten. Auf Wunsch der Königin von Bhutan haben wir den Ursprungsort dieser qualitativ hochwertigen Schiefer wiedergefunden. Diese werden jetzt ausgebeutet, und schon ersetzen Schieferdächer das sich immer mehr verbreitende, rostende Wellblech. Die ursprünglichen Schindeldächer der Klöster müssen wegen der Feuergefahr ersetzt werden.*

Rechte Seite: *Der auf einer Terrasse des Kali Gandaki-Flusses liegende Ort Kagbeni mit den durch künstliche Bewässerung bebauten Feldern und seinem roten Kloster, liegt am Fuß eines Hanges mit steilen Schichten. Hier kleben Reste von höheren Flußterrassen, Anzeichen für eine periodische Hebung dieses durch wichtige Bruchzonen begrenzten Tales.*

Viele der heute übriggebliebenen Seen sind den Buddhisten heilig. Trotz ihrer herrlich dunkel- bis türkisblauen Farben gelten sie häufig als Wohnsitz böser Geister, während sich die Gottheiten der Überlieferung nach die schönsten und höchsten Gipfel zum Wohnen auserkoren haben. Alte Legenden erzählen von wichtigen Klostergründungen in Verbindung mit den heiligen Seen, auch wenn sie zeitlich in keinem Zusammenhang stehen können. Eines der eindrucksvollsten und höchstgelegenen Klöster des Ladakh-Himalaya, Lamayuru, soll an Stelle eines früheren Sees entstanden sein: »In alten Zeiten (historisch vor 2500 Jahren), als Shakyamuni-Buddha in dieser Welt lebte, waren Südtibet und der nördliche Himalaya menschenleer. Im Tal von Lamayuru lag damals (geologisch vor mehr als 25000 Jahren) ein klarer See, Sitz der bösen Naga-Geister. Ein indischer Heiliger besuchte diesen See und landete auf einer kleinen Insel. Nach verschiedenen heiligen Handlungen prophezeite er an dieser Stelle die Gründung eines wichtigen Klosters. Er besänftigte die bösen Naga durch das Opfern von Gerstenkörnern, und mit seiner Willenskraft ließ er den See in einer Richtung ausfließen. Nach der Abreise des Heiligen war der See praktisch trocken. Bei einem kleinen Hügel kamen Schlammlöwen aus dem Sumpf, an der Stelle, die heute noch als *Sengay-Syang* (der Löwenhügel) bekannt ist.«

Im ältesten Kloster Ladakhs, dem Alchi Gompa, das wegen seiner herrlichen buddhistischen Fresken berühmt ist, entdecken wir in einer Vorhalle unter vielen Bodhisattvas die Darstellung von zwei mit Gebetsfahnen beflaggten, vollbesetzten Booten. Dieses unwahrscheinliche Bild in Alchi, wo schon vor dessen Gründung Wüstenklima herrschte, ist vielleicht ebenfalls eine »Erinnerung« an eine Zeit vor 20000 – 30000 Jahren, als es in Ladakh noch große Seen gab.

Über den voreiszeitlichen Menschen wissen wir praktisch nichts. Reste von primitiven Werkzeugen aus den Karewa-Schichten Kashmirs dürften eine früheiszeitliche Besiedlung andeuten. Selbst über die ersten Wanderwege vor den Eiszeiten und vor der letzten Hebung bestehen nur vage Vermutungen. Sicher sind den heutigen und historisch bekannten Querverbindungen viel ältere Wanderungen vorausgegangen.

Die wichtigste, historisch belegte Querverbindung folgt dem mittleren Industal und erreicht das Gebiet der Hunza – die mit ihrer eigenen Sprache vielleicht ein Relikt alter Völkerwanderungen sein könnten –, die nördlichen Wüstentäler. Die vielfältigen Felsgravuren (Petroglyphen) entlang dieser Route, gleichsam Visitenkarten früherer Karawanen, belegen eine Zeitspanne von 3000 Jahren. Vielleicht wanderte das legendäre westtibetische Gold durch Händler längs dieses Karawanenweges in südlichere Gefilde. Schon Herodot hat über die seltsame Goldgewinnung berichtet: Die Überlieferung erzählt von großen Ameisen »kleiner als ein Hund, aber größer als ein Fuchs«, die aus tiefen Löchern Goldkörner holten.

Der heutige Himalaya und seine nördlich angrenzenden Gebiete verlangen eine ganz spezielle Anpassung von Flora und Fauna an das rauhe Höhenklima. Der Besucher der Hochzonen entdeckt auf über 4000 Metern Rhabarber, der sich als dichtgeschlossener Blätterkolben gegen die Kälte schützt und im Frühwinter dunkelrotbraun gefärbt ist. Die delikate Saussurea umhüllt sich auf 4500 Metern mit einem dichten weißen Filz. Der himmelblaue Tibet-Enzian blüht erst im Herbst, wenn die Monsunstürme

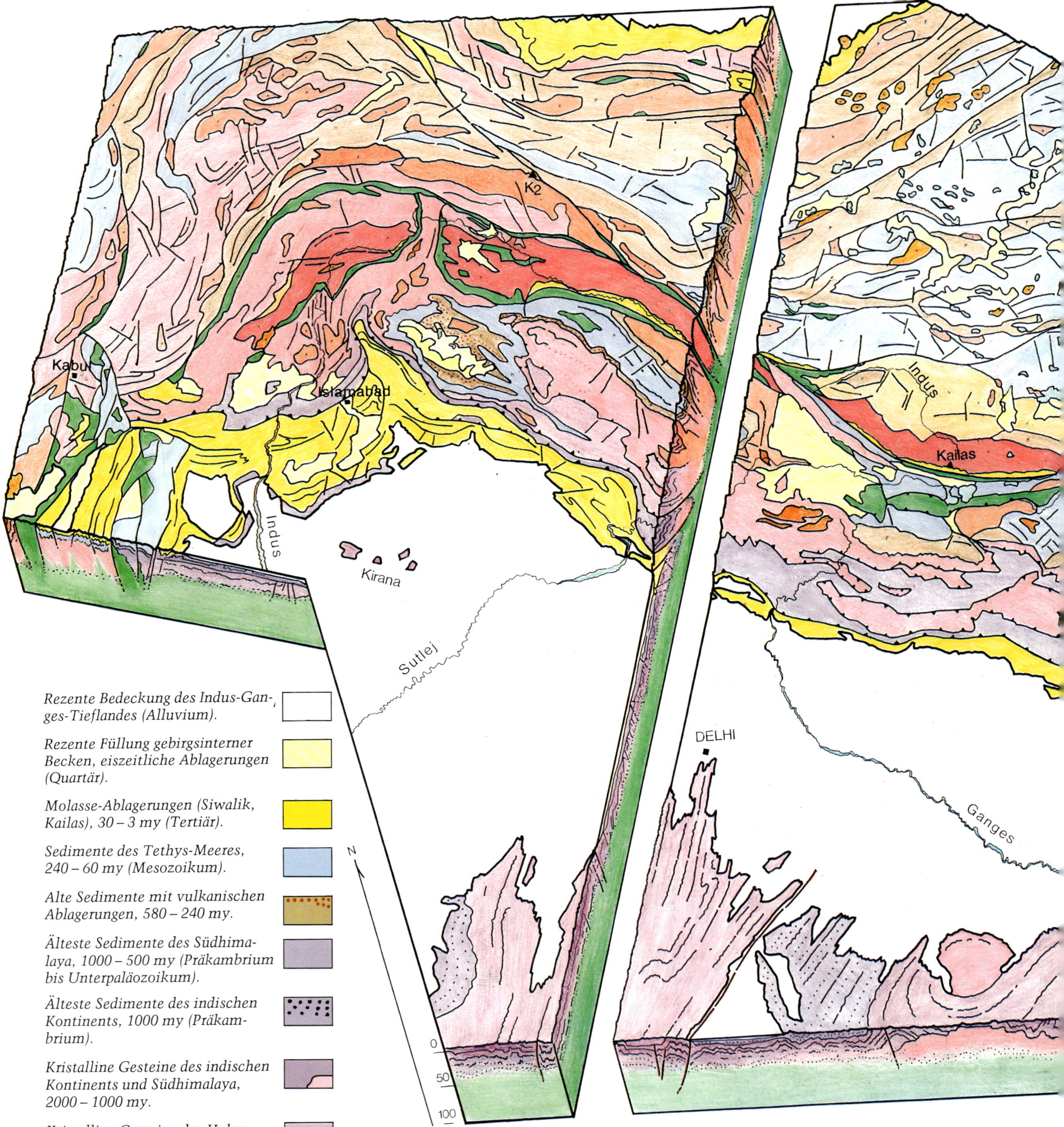

Rezente Bedeckung des Indus-Ganges-Tieflandes (Alluvium).

Rezente Füllung gebirgsinterner Becken, eiszeitliche Ablagerungen (Quartär).

Molasse-Ablagerungen (Siwalik, Kailas), 30 – 3 my (Tertiär).

Sedimente des Tethys-Meeres, 240 – 60 my (Mesozoikum).

Alte Sedimente mit vulkanischen Ablagerungen, 580 – 240 my.

Älteste Sedimente des Südhimalaya, 1000 – 500 my (Präkambrium bis Unterpaläozoikum).

Älteste Sedimente des indischen Kontinents, 1000 my (Präkambrium).

Kristalline Gesteine des indischen Kontinents und Südhimalaya, 2000 – 1000 my.

Kristalline Gesteine des Hohen Himalaya, Karakorum und Südtibets. Mehrmals umgewandelt.

Jüngste vulkanische Gesteine, 1 my bis heute.

Ältere bis jüngere vulkanische Gesteine und Tuff führende Sedimente, 100 – 40 my (Obermesozoikum bis Tertiär).

Die geologische Karte in Form eines Blockdiagramms bedeckt den gesamten Himalaya, Südtibet und den nördlichsten Teil des indischen Kontinents. Die verschiedenen Gesteinstypen und deren Altersfolge sind durch entsprechende, international gebräuchliche Farben angegeben und erläutert. Die wichtige Naht (Sutur) zwischen dem indischen Kontinent (unten) und Eurasien (oben) ist nördlich des Himalaya gut sichtbar angedeutet durch das dunkelgrüne Band der ozeanischen Krustengesteine (Ophiolite) und die sie nördlich begleitende Granitzone (dunkelrot) des Transhimalaya.

Geologische Karte des Himalaya

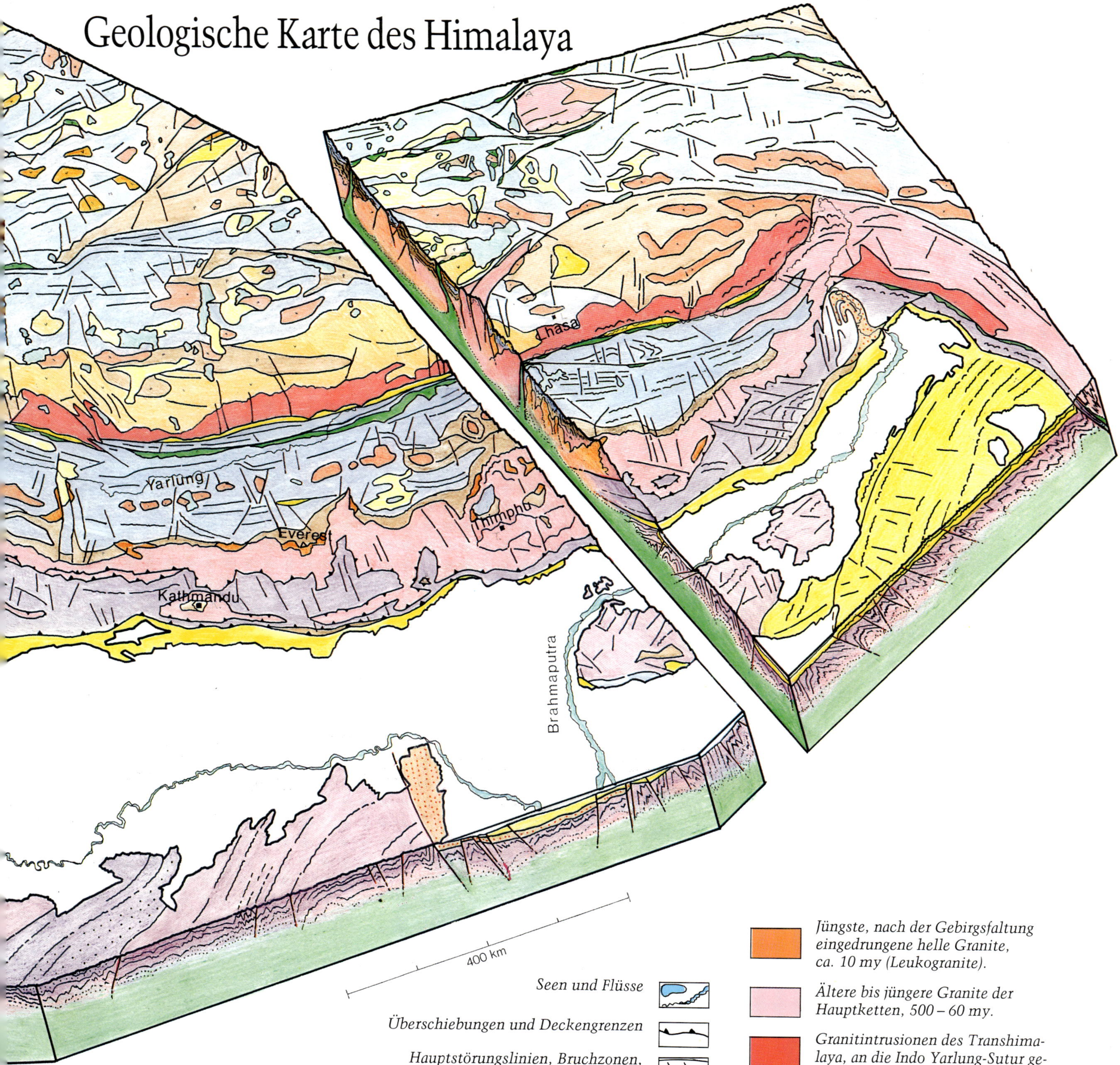

Seen und Flüsse

Überschiebungen und Deckengrenzen

Hauptstörungslinien, Bruchzonen, Lokalbrüche

Streichlinien, Faltungsrichtungen, Formationsgrenzen

Jüngste, nach der Gebirgsfaltung eingedrungene helle Granite, ca. 10 my (Leukogranite).

Ältere bis jüngere Granite der Hauptketten, 500 – 60 my.

Granitintrusionen des Transhimalaya, an die Indo Yarlung-Sutur gebunden, 100 – 60 my.

Gesteine der ursprünglichen ozeanischen Kruste und des Mantels (Ophiolite oder »Grüngesteine«). Die Basis der Kruste wird als »Moho-Linie« bezeichnet, sie liegt im Durchschnitt 35 km unter dem indischen Kontinent und 75 km unter dem Himalaya und Tibet.

Der Erdmantel und die unterste Kruste.

Zur Darstellung der internen Strukturen sind zwei Streifen »herausgeschnitten« worden. Die Gesamtdistanzen werden dadurch nicht verändert.
Zur Herstellung der vorliegenden Karte dienten Satellitenaufnahmen, geologische Karten sowie eigene Aufnahmen von A. Gansser.

Der Farbton bei den Legenden ist etwas schwächer im tibetischen Raum und stärker in den Querschnitten.
(my = Millionen Jahre)

zu Ende sind. Die feinen, fast orchideenartigen Sophora Moorcroftiana, die nur für kurze Zeit aus dem Wüstenboden des Transhimalaya und Südtibet sprießen, scheinen die Wüstenstürme in 4600 Metern nicht zu stören. Auch die weitaus schönste Blume des gesamten Himalaya, der himmelblaue Mohn (Meconopsis horridula), hat mehr die Umwelt als das Klima zu fürchten. Er hat sich mit Stacheln bewehrt.

Erst mit der Zähmung der wilden Yaks ist es den Himalayabewohnern gelungen, das Hochgebirge zu bezwingen. Der als Last- und Reittier äußerst

Linke Seite: *Die berühmten Trango-Türme am unteren Baltoro-Gletscher im Karakorum, gebildet aus dem »nur« 10 Millionen Jahre alten Baltoro-Granit. Ein zukünftiger Klettergarten für Extremalpinisten!*

genügsame Yak liefert Wolle zur Herstellung von Seilen, Decken, Kleidern und Zelten, eine fettreiche Milch für vorzügliche Butter, Joghurt und Käse, der, in kleinen Stücken perlschnurartig aufgefädelt, eine Art Notproviant bildet. Der Yakschwanz ist schon seit ältester Zeit ein begehrtes Ausfuhrprodukt. Der Yakmist liefert das einzige Brennmaterial oberhalb der Baumgrenze, und letztlich kann man den Yak essen. Das in dünnen Streifen luftgetrocknete Fleisch macht dem besten Bündner Fleisch Konkurrenz. Unter 3500 Metern ist der Yak im tropischen Himalaya nicht lebensfähig. Sein Reich sind die Yak-Alpen zwischen Wald und Gletscher.

Oben: *Die jungen Granite der Paiju-Gruppe im Gebiet des Baltoro-Gletschers.*

Die Schluchten des Himalaya mit ihren wilden, unberechenbaren Flüssen bildeten zu früheren Zeiten unüberwindliche Hindernisse. Erst mit dem Bau von Hängebrücken, einer chinesischen Erfindung, wurden Verbindungswege möglich. In den wilden Bergdschungeln des Osthimalaya sind sie erstmals aus Lianen und Bambus gebaut worden, nach einer jahrtausendealten Tradition.

Im unteren Paro-Tal im Westen Bhutans steht heute noch ein altes Kloster, das Tamcho Gompa. Hier lebte der berühmte Thangtonggyalpo-Lama, als Eisenketten-Brückenbauer bekannt, dessen Kunst die primitiven Hängebrücken entscheidend verbesserte. Mit der Zeit breiteten sie sich im ganzen Himalaya aus. Aus lokalen Eisenvorkommen wurden die Ketten an Ort und Stelle zusammengeschweißt. Überrascht hat bei der Analyse eines Kettengliedes, daß es an der Schweißstelle einen Arsengehalt von 2,6% aufwies. Arsen verringert den Schmelzpunkt, eine ganz in Vergessenheit geratene Methode, wiederentdeckt in Bhutan. Mit den Brücken entstanden zahlreiche, oft kunstvoll an den Felswänden entlang gebaute Wege für Tragtiere und Träger. Entlang dieser Wege funktionierte später ein von Britisch-Indien ausgezeichnet organisiertes Postsystem. Sogenannte »Runners« brachten in Tag- und Nacht-Stafetten Post in kurzer Zeit bis in die entferntesten Orte.

Nach der Invasion Tibets durch die Chinesen im Jahre 1950, und dem unerwarteten Einbruch der Chinesen bis in die Ebene von Assam im Jahre 1962, wurden im ganzen südlichen Himalaya in aller Eile Militärstraßen gebaut. Diese gebirgstechnisch schlecht angelegten Straßen rissen unverheilbare Wunden in die Gebirgswälder. Nach jedem Monsunregen müssen sie mühevoll ausgebessert werden.

Der Punakha Dzong, der frühere Wintersitz der Regierung von Bhutan, liegt heute nach dem Moränensee-Ausbruch auf einer Insel.

Links außen: *Die Ursache der Flutkatastrophe des Punakha Dzong im Quellgebiet des wilden Pho Chu, des Vater-Flusses, im Lunana-Gebiet mit dem über 7000 Meter hohen Teri Kang. In der mittleren linken Bildhälfte erkennt man die Granitwand mit dem Hängegletscher, der in den darunterliegenden, durch eine Moräne gestauten, See stürzte. Der Moränendammbruch mit dem weißen Granitschutt ist gut sichtbar.*

Links: *Das dicht mit Gebirgstannen bewaldete mittlere Pho Chu Tal nach dem Moränenseeausbruch. Das ganze Tal ist durch einen weißen Blockschutt von Granit gefüllt, die prächtigen hohen Tannen sind verschwunden. Glücklicherweise ist dieses Gebiet unbewohnt.*

Linke Seite: *Ein gefährlicher, durch die Endmoräne hochgestauter Gletschersee im nördlichen Bhutan. Ein plötzlicher Gletschervorstoß oder eines der häufigen Erdbeben könnten hier einen katastrophalen Dammbruch auslösen.*

Rechts: *Wilde Erosionsformen der weißlich-gelben, feinkörnigen See-Sedimente des einstigen Lamayuru-Sees. Eine Altersbestimmung dieser See-Sedimente ergab hier 30000 Jahre, also eine Seebildung während der letzten Zwischeneiszeit, einer Epoche, in der die meisten Seen des Himalaya und Tibets entstanden sind.*

Die horizontalen See-Sedimente von Lamayuru beweisen die Existenz des durch die Legende erwähnten Sees. Man erkennt die Ausbruchstelle gegen das 600 Meter tiefer liegende Industal.

Die grossen Flüsse des Kailas

Yarlung Tsangpo, Indus, Sutlej, Karnali, Ganges

Vom »Zentrum der Welt«, dem heiligen Berg Kailas, entspringen sämtliche größeren Flüsse des Himalaya und Transhimalaya. Dieser, mit der Hebungsgeschichte des Transhimalaya verbundene, einzigartige Umstand ist, abgesehen von der Form des Berges, die die Umwanderung möglich macht, ein Grund dafür, daß die großen Religionen Asiens – abgesehen vom Islam, der zu stark in Mekka verankert ist – den Kailas zu ihrem heiligen Berg erkoren haben.

Die größten Flüsse des gesamten Himalaya und Transhimalaya entspringen am Kailas: der Yarlung Tsangpo (Brahmaputra) im Osten, der Indus im Norden, der Sutlej im Westen, der Ganges im Südwesten und der Karnali im Süden. Diese außergewöhnliche Situation entstand durch eine spezielle Hebung des Kailas zu einer Zeit (nach 30 Millionen Jahren), als der Himalaya erst langsam im Entstehen war. Zwei dieser Flüsse werden durch den entstehenden Himalaya in eine West-Ost-Richtung gedrängt, der Indus nach Westen und am Yarlung Tsangpo nach Osten, und konnten den Himalaya erst an dessen West- bzw. Ostende durchbrechen. Erstaunlicherweise geschah dies ausgerechnet bei den höchsten Erhebungen, am Nanga Parbat im Westen und am Namche Barwa im

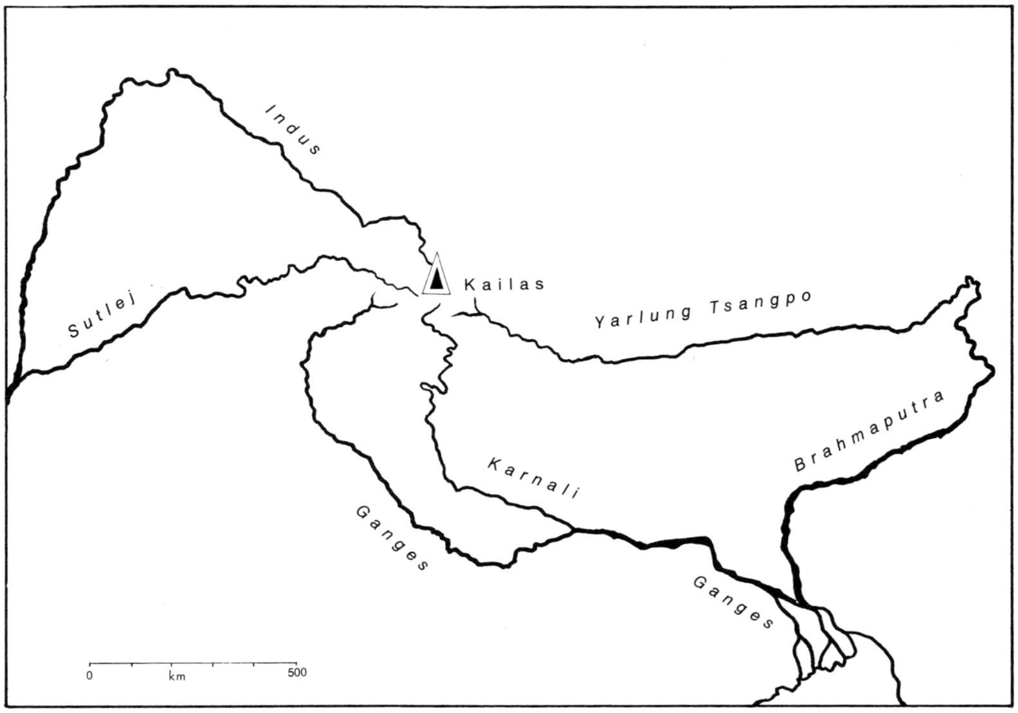

Osten. Sutlej, Karnali und Ganges sind hingegen Durchbruchsflüsse, sie haben sich durch den werdenden Himalaya nicht umleiten lassen.

Der Arun in Ostnepal hat sich für seinen Durchbruch die höchsten Erhebungen des gesamten Himalaya ausgesucht. Seine spektakuläre Schlucht durchschneidet die Everest- und Kangchendzönga-Gruppe. Dazu versucht er, in seinem Quellgebiet in Südtibet durch rückschreitende Erosion von Süden her den mächtigen, in west-östlicher Richtung fließenden Yarlung Tsangpo anzuzapfen. Die Arunquellen liegen nur zehn bis zwanzig Kilometer vom Yarlung entfernt, und die Wasserscheide liegt nur einige hundert Meter höher als das Flußbett des Yarlung. In jüngster geologischer Zukunft werden die Wassermassen des Yarlung Tsangpo durch die Arunschlucht in die Gangesebene brausen; man kann sich die damit verbundene Katastrophe lebhaft vorstellen!

Der Kali Gandaki in Zentralnepal entspringt an der tibetanischen Grenze und durchbricht den Hohen Himalaya zwischen den Achttausendern Annapurna und Dhaulagiri. Der Fluß folgt hier einer wichtigen nordsüdlich verlaufenden Bruchzone. Dieser entspringt beim kleinen Tempelort Muktinath eine heiße Quelle, und ein natürlicher Gasaustritt brennt als ewige

Flamme an einem kleinen Tempel. Beide werden von den Pilgern besonders verehrt. Die Bruchzone läuft bis nach Tibet und ermöglicht hier den leichtesten Übergang im gesamten Himalaya. Ein breiter flacher Sattel – die genaue Grenze ist hier schwer festzustellen – führt vom Kali Gandaki in das weite Flußgebiet des Yarlung Tsangpo. Dieser offene Übergang erleichterte den tibetischen Volksstämmen schon früh, in die nördlichen Täler Nepals einzudringen. Hier gründeten sie die kleinen Königreiche von Dolpo und Mustang, an letzteres erinnert noch ein befestigter Ort im obersten Kali Gandaki-Tal. Nach der Besetzung Tibets von 1950 zogen wieder Tibeterstämme über diese Höhen. Diesmal waren es die kriegerischen Kampas aus Osttibet, die von Mustang aus die Lastwagenkolonnen der chi-

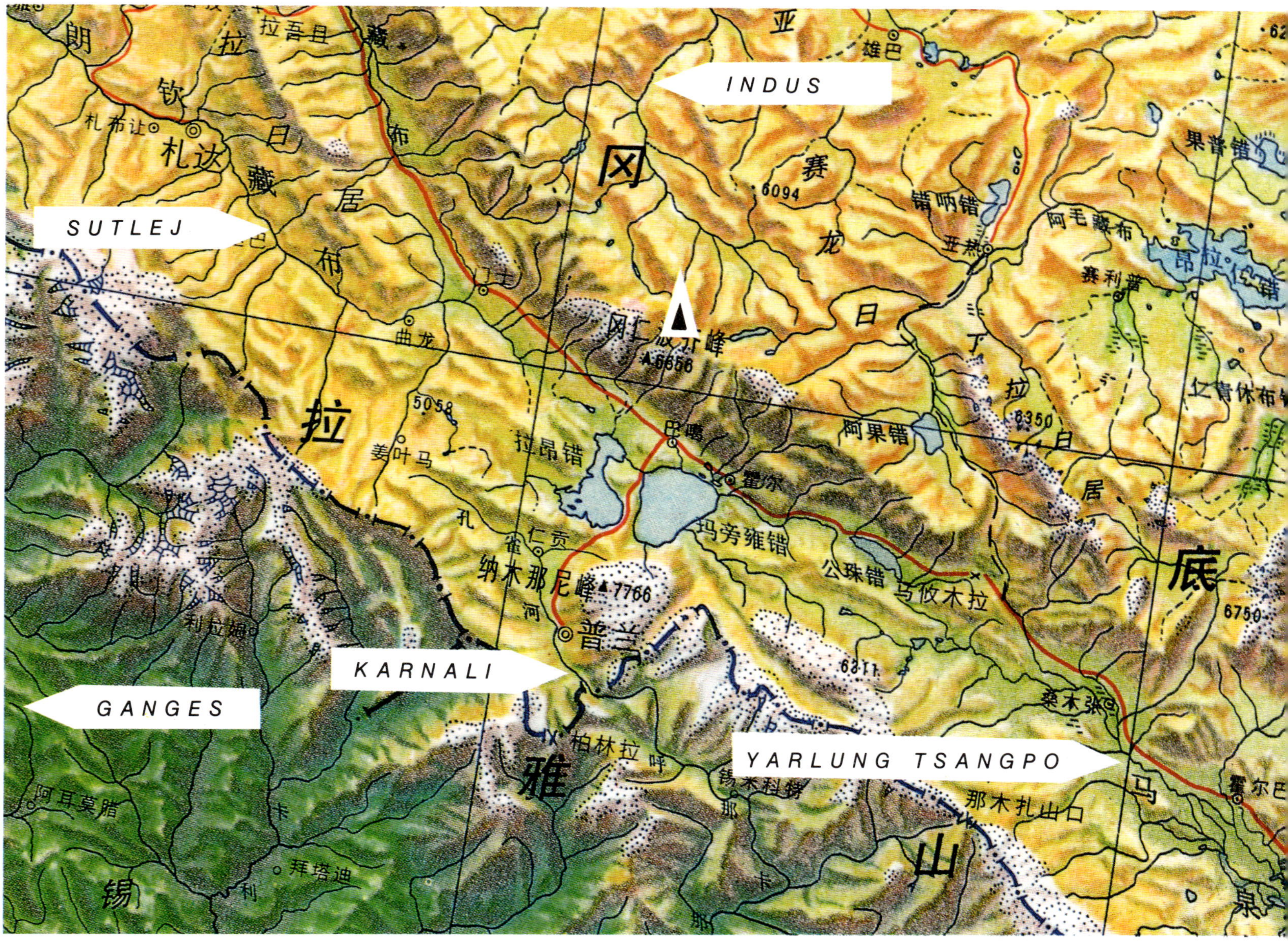

nesischen Truppen auf der neuen Militärstraße entlang des Yarlung Tsangpo überfielen, um sich nachher wieder über den Mustang-Paß auf nepalesisches Gebiet zurückzuziehen. Sie waren die letzten Widerstandskämpfer Tibets.

Teil einer chinesischen Karte von Südtibet mit dem Kailas und seinen fünf Flüssen. Breite des Kartenbildes: ca. 240 km. Orientierung nach Norden.

Folgen wir nun den großen Flüssen, die am Kailas entspringen: vom Quellgebiet bis zur ihrer Mündung wollen wir sie kennenlernen, die Landschaften mit ihren Bergen, ihren Menschen und ihrer Geschichte.

Der Yarlung Tsangpo

Die Quellen des *Yarlung Tsangpo* (Brahmaputra) sind auf viele Arme verteilt. Südöstlich des Kailas überragt der 7700 Meter hohe Gurla Mandhata, eine eigenartige kristalline Gletscherkuppel, das weite Hochtal. Zwischen Himalaya und Transhimalaya gelegen, teilt diese das Quellgebiet in verschiedene Arme.

1864 erreichte eine britische »Jagdexpedition« unter Edmund Smyth vom westlichen Nepal über den äußerst schwierigen Dakeo-Paß das Quellgebiet des Yarlung Tsangpo. Die Expeditionsteilnehmer kamen von Garbyang über den Lipulekh-Paß nach Tibet, wurden aber sogleich von bewaffneten Tibetern, die über die Pläne der Engländer orientiert waren, an der Weiterreise gehindert. Einer ihrer Bhotia-Führer wußte jedoch von einem »geheimen« Übergang, auf dem sie unbeobachtet aus Nepal in das unbewohnte Hochplateau gelangen konnten. Tibet war schon damals Ausländern verschlossen, und diesmal waren die Engländer nicht verkleidet. Der Dakeo-Paß bildet eine tiefe Schneise in der östlichen Gurla-Mandhata-Kette. Der tiefverschneite Paß wurde mit Yaks »gepflügt«. Im Abstieg, bevor sie das Hochland des Yarlung-Quellgebietes erreichten, beobachtete Smyth schwarze, basaltische Felsen. Genau an dieser Stelle läuft die Große Sutur zwischen Indien und Asien hindurch. Obwohl die Mitglieder der Expedition an den hier noch häufigen wilden Yaks stärker interessiert waren als an geographischen Fragen, zeichneten sie eine erste Kartenskizze über das wichtige Quellgebiet. 40 Jahre später erreichte Sven Hedin ebenfalls die Yarlung-Quellen. Er war auf seiner Rückreise von Shigatse, wo er vergeblich auf eine Möglichkeit gewartet hatte, nach Lhasa vorzudringen. Er fand drei Quellflüsse, bestimmte ihre Wassermengen und folgte dem südlichen Arm bis zu einem großen Gletscher, der von dem über 7000 Meter hohen nepalesischen Grenzberg Kubi Kangri herabfließt. Der mittlere wie auch der nördliche Quellfluß interessierten Sven Hedin weniger, und deshalb zog er bald weiter in das Gebiet der großen Seen Manasarovar und Raksastal. Er war sehr stolz, als »erster« Europäer das Quellgebiet des Yarlung

Der Heilige Berg Kailas von Südwesten. Jenseits des Himalaya liegen parallel zu diesem die Gebirgsketten des Transhimalaya, – ein vom berühmten Forschungsreisenden Sven Hedin in die Geografie eingeführter Begriff. Besonders von Süden her gesehen hebt sich daraus der ständig eine Gletscherkuppe tragende »Kailasa« (Sanskrit) ab, das »Schneejuwel« (Kang Rinpoche) der Tibeter.

Diese epische Thanka der Karmapa-Schule gehört zu einer Serie von Darstellungen aus der Gesar-Sage Zentralasiens. Hier wird einer der Ritter des Helden Gesar gezeigt, wie er in voller Rüstung, Pfeil und Bogen in den Händen haltend, auf seinem Pferd durch die Wolken über die Bergwelt dahingaloppiert. Die Tradition von Gesar, dessen Heimat in Ost-Tibet liegt, wird besonders von den Karmapas gepflegt. Die Legenden, die sich um Gesar gewoben haben, schildern ihn als Eroberer ganz Zentralasiens und sind in neun bzw. achtzehn Bänden zusammengefaßt, die vom tibetischen Regenten Reting in den 30er Jahren in Blockdrukken festgehalten wurden.

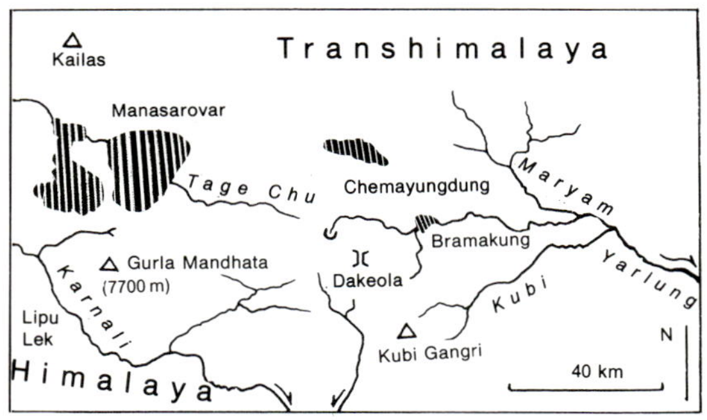

Das Quellgebiet des Yarlung Tsangpo. Die eigentliche Quelle soll am mittleren Quellfluß (Chemayungdung) liegen und nicht am mehr südlich gelegenen Kubi-Fluß, der den Gletschern des Kubi Kangri entspringt, wie dies von Sven Hedin behauptet wurde.

(Brahmaputra) »entdeckt« zu haben. Leider folgte er nicht dem mittleren, von Westen kommenden Quellfluß, der zu einem kleinen See führt, den die Bothias als die Hauptquelle des Brahmaputra betrachten und als Brahmakund verehren. Von hier führt der eigentliche Quellfluß weiter in mehr südlicher Richtung bis zum Chemayungdung-Gletscher, wo die Quelle mit Mäuerchen und Steinmännern umgeben ist. Viele weitere Flüsse speisen den ostwärts fließenden Yarlung Tsangpo. Er folgt der geologisch vorgezeichneten Linie, der wichtigen Indus-Yarlung-Sutur, deren schwarze und grüne Felsen – ursprünglich ozeanische Gesteine – sporadisch entlang der Südseite auftreten, während im Norden die hellen Granite des Transhimalaya seine dauernden Begleiter bilden. Wir sehen an geschützten Stellen schwarze Nomadenzelte und Hunderte von Schafen und schwarzen Yaks grasen. Hier gibt es meist steppenartige, spärliche Weiden, oftmals übersät mit schönstem Edelweiß. Flußabwärts nehmen die Nomadenzelte zu, und bald tauchen die ersten weißen Häuser der Tibeter auf. Das Brennmaterial aus Wüstensträuchern lagert auf dem Flachdach, und runde Fladen aus Yakmist hängen an den Wänden, bis sie, in getrocknetem Zustand, ebenfalls aufgestapelt werden können. Alles ist bestens eingerichtet für den stürmisch-kalten, aber meist schneearmen Winter.

Südlich des Zusammenflusses eines fast parallel zum Yarlung Tsangpo laufenden Nebenflusses, dem Rake, liegt, 500 Kilometer vom Quellgebiet entfernt, Latse, die erste größere Siedlung. Der Yarlung ist nun zu einem wichtigen Fluß geworden, der nur an einigen geeigneten Stellen mit Fellbooten oder Flößen aus aufgeblasenen Schafhäuten überquert werden kann. Der Bau von Brücken war wegen der unregelmäßigen Mäander nicht möglich. Bald erkennt man südlich des hier breiten Yarlung-Tales die stolze

Der erste Winterschnee auf dem Tremo La, einem 4700 Meter hohen Paß, der von West-Bhutan nach Tibet führt. Blick in das weite, pastellfarbene Tibetplateau der Phari-Gegend.

Burg von Shigatse und etwas weiter im Innern das große Kloster Tashilhunpo, Sitz des Panchen Lama. Yak-Karawanen, Pilger und die kleinen struppigen Tibetpferde beleben die vielen Wege. Mauern mit kunstvoll gravierten Gebetssteinen (Manisteinen) und viele kleine Chörten zeugen von der Nähe heiliger Stätten. Auf allen Häusern flattern die Gebetsfahnen im ständigen Wind. Bald verschwindet der breite Yarlung in einer engen Schlucht, und die Karawanenwege weichen südwärts nach Gyantse ab, dem wichtigen Handelsplatz an der Nord-Süd-Verbindung, über den Tremo La-Paß in

Westbhutan nach Sikkim und Indien. Auch hier erhebt sich eine stolze Burg, deren Verteidiger 1904 der britischen »Strafexpedition« nach Lhasa größten Widerstand leisteten. Kumbum, der schönste aller Stupa-Chörten, gilt heute noch als das Juwel Gyantses. An den Ufern des verästelten Yamdrok Tso, entlang einem 4400 Meter hoch gelegenen, aus einem versunkenen Tal entstandenen See, erreicht der Karawanenweg wieder den Yarlung, der hier mit seinen Flußschleifen das gesamte Tal füllt. Hoch in den Granithügeln liegen große Sanddünen, ausgeblasen aus dem breiten Tal. 80 Kilometer nordöstlich liegt, am wichtigen Nebenfluß Kyi-Chu, Lhasa. Von weitem sieht der Pilger die zwei Hügel, auf dem einen den Potala, der vom fünften Dalai Lama gegründet wurde, auf dem anderen, dem Eisenhügel, die berühmteste »Medizinburg« Tibets. Im alten Zentrum von Lhasa reihen sich die schönen Häuser der Tibeter, deren Fenster mit Blumen geschmückt sind, um den heiligsten der Tempel, den Jokhang. Tausende von Pilgern umwandern ihn im Uhrzeigersinn, dem Barkhor (Ringstraße; eine wichtige Basarstraße) entlang. Im Jokhang wird das größte Heiligtum Tibets, eine kostbare Buddhastatue, verehrt. Als Tibet unter König Songtsengampo auf der Höhe seiner politischen Macht stand (7. Jahrhundert), förderten die beiden Gattinnen des Herrschers den Buddhismus in Tibet. Die eine war eine buddhistische Prinzessin aus Nepal, die andere die Tochter des Kaisers von China, auch sie eine überzeugte Buddhistin. Der Über-

Eine tibetische Grenzpatrouille an der zum Teil noch nicht überall genau definierten Grenze zwischen Tibet und dem Himalaya.

Folgende Doppelseite: *Die Morgennebel verziehen sich vor der Südwand des 8080 Meter hohen Hauptgipfels der Annapurna-Kette. Er überragt das amphitheaterartige heilige Quellgebiet des Modi Khola in Zentralnepal.*

lieferung nach wurde die kostbare Buddhastatue im Jahre 641 von der chinesischen Prinzessin Wencheng als Geschenk zur Vermählung mit dem tibetischen König Songtsengampo nach Lhasa gebracht. In den drei größten Klöstern in der Umgebung von Lhasa, Drehpung, Sera und Ganden, lebten seit dem 17. Jahrhundert bis zu 20000 Lamas.

80 Kilometer nördlich von Lhasa, am Karawanenweg nach Zentral-Tibet, liegt ein vergletschertes Gebirge mit zwei noch unbestiegenen, praktisch unbekannten Siebentausendern. Die von Nordosten nach Südwesten streichende Gebirgskette, als Nyenchentanglha bekannt, wird oft fälschlicherweise als östlicher Teil des Transhimalaya angesehen. Wir werden deren Fortsetzung nördlich der großen Yarlung-Tsangpo-Umbiegung antreffen. Verglichen mit dem Transhimalaya ist nicht nur die ungewöhnliche Richtung bemerkenswert, sondern auch die Tatsache, daß nördlich des Nyenchentanglha der größte höchstgelegene Binnensee der Erde seine Gletscher widerspiegelt. Der Nam Tso liegt auf 4720 Meter Höhe und ist doppelt so groß wie der Bodensee. In den Ebenen auf der Südseite der Kette, die von jungen, nacheiszeitlichen Bruchzonen durchzogen ist, wurde das größte

Blick auf den Kangtega mit seinen wilden Granitwänden vom Dach des Tangboche-Klosters aus, bekannt durch seine »Yeti-Reliquien«. Khumbu-Tal, südlich des Everest, Heimat der Sherpa.

Rechte Seite: *Einer der Gipfel der langen Annapurna-Kette, an der Stelle, wo sich die Kette mit dem Grat des Machapucharé, dem heiligen »Fischschwanzgipfel«, vereint. Die Gipfel sind an dieser Stelle besonders zerklüftet und steil.*

Thermalfeld Tibets entdeckt, mit dampfenden heißen Quellen. Südlich von Lhasa liegt auf der Nordseite des Yarlung das älteste Kloster Tibets, Samye, das um das Jahr 770 von Padmasambhava gegründet wurde. Etwas weiter flußabwärts mündet, von Süden aus den Bergen Bhutans kommend, das sagenhafte eigentliche Yarlung-Tal, das nach alten Legenden der Ursprungsort der Tibeter und der Yarlung-Dynastie sein soll, die dem Fluß den Namen gegeben hat. Hier steht auch eines der ältesten Bauwerke

»Edmund Hillary und Sherpa Tensing verbrachten in Lager 9 die Nacht zum 29. Mai. Aufbruch um 6.30 Uhr, beladen mit den 13,5 Kilo schweren Sauerstoffgeräten. Um 9.00 Uhr erreichten sie den Südgipfel. Kurzer Abstieg. Dann hinauf in Richtung Hauptgipfel. Herrliches Wetter. Nach einer Stunde eine fast 15 Meter hohe Felsstufe. Äußerste Anstrengung. Der schmale, steile Firngrat, auf ihm gefährliche Wächten, links und rechts Abgrund. Der Gipfel. 29. Mai 1953, 11.30 Uhr«
Toni Hiebeler in »Himalaya und Karakorum«, 1980

Oben: *Das Everest-Gebiet aus der Luft gesehen. Ausschnitt aus der Metric Camera-Aufnahme, aus 250 km Höhe, 1983. Der Everest liegt ungefähr in der Bildmitte. Der Gipfel ist verdeckt durch die bekannte Wolkenfahne. Die Luftaufnahme ist nach Nordosten orientiert.*

Rechts: *Die berühmte Nordseite des Everest (Chomolungma). Hier scheiterten 1923/1924 die ersten britischen Expeditionen, erreichten aber eine Höhe von 8500 Meter. 1975 war die große chinesische Expedition erfolgreich, mit einer Tibeterin, 7 Tibetern und einem Chinesen. Versuche und Besteigungen erfolgten entlang des Ostgrates, links im Bild.*

Tibets, der Yumbu Lakhang, eine Art Klosterburg, die in gewissem Sinne ein Vorläufer der im Himalaya besonders in Bhutan weit verbreiteten Dzongs ist. Funktionen weltlicher Herrschaft und klösterlicher Frömmigkeit sind hier unter einem Dach vereint.

Seit 1950 und ganz besonders seit 1959 hat sich entlang des großen Yarlung Tsangpo und seiner Nebenflüsse viel verändert. Viele der Nomadenzelte sind verschwunden. Dafür folgt eine Militärstraße seinem Lauf und führt südlich des Kailas nach Westtibet. Zu ihrem Bau wurden teilweise Gebetsmauern und Chörten verwendet. Das große Kloster Ganden wurde vollständig, Sera und Drehpung teilweise zerstört. Die Medizinburg auf dem Eisenberg in Lhasa ist verschwunden. Nur der Intervention von Tschou En-lai, dem weitsichtigen chinesischen Staatsmann, war es zu verdanken, daß der Potala von der Zerstörungswut der Kulturrevolution verschont blieb. Vom Flugplatz am südlichen Ufer des Yarlung Tsangpo führt die neue Straße über die erste neuzeitliche Brücke Tibets nach Lhasa. Die Stadt hat sich wie die anderen Orte entlang des Flusses stark vergrößert. Der Barkhor ist vor dem Jokhang zu einem großen freien Platz erweitert worden, von dem ein nach 1959 neu angelegtes Straßensystem am Potala vorbei nach Westen führt, wo sich unweit des Sommerpalastes des Dalai Lama auch ein 1985 erbautes Touristenhotel befindet, das die seit 1980 in beachtlicher Zahl nach Tibet kommenden ausländischen Besucher aufnimmt.

Folgen wir nun dem Yarlung Tsangpo weiter nach Osten. Abgesehen von einigen neuen Siedlungen, wie um das alte Klosterstädtchen Tsethang an der Mündung des Yarlung, hat sich wenig geändert. Breite Schwemmebenen mit markanten Terrassen und Sanddünen wechseln mit kurzen Schluchten. Der Fluß liegt »nur« noch 3000 Meter über dem Meeresspiegel, dementsprechend hat auch die natürliche (und künstliche) Vegetation mit Birken und Eichenwäldern zugenommen. Die Hänge gegen den Himalaya sind in den höheren Lagen dichter bewaldet.

Über dem Bergdschungel kann man die Gletscherberge des östlichsten Bhutan erkennen. Sie werden überragt von dem schon auf tibetischem Gebiet gelegenen 7600 Meter hohen Künla Kangri und weiter östlich von der 7100 Meter hohen Kangtö-Gruppe, alles noch wenig bekannte, unbestiegene Gipfel. Die Gipfelflur dieses östlichsten Abschnittes des Himalaya hat sich gesenkt. Die Übergänge wären entsprechend leichter, wenn nicht der dichte Bergurwald, der fast die Wasserscheide erreicht, eine Begehung erschweren würde. Einen solchen Übergang hat der Dalai Lama 1959 bei seiner Flucht von Lhasa nach Indien gewählt, und die Chinesen überquerten dieses Urwaldgebirge bei ihrem unerwarteten Vorstoß von 1962.

Im Vertrag von Simla, 1914, wurde die Wasserscheide des Osthimalaya als Grenze zwischen Britisch-Indien und Tibet anerkannt, bekannt als McMahon-Linie. Von China wurde sie jedoch nie akzeptiert. Seit 1950 mehrten sich die Grenzzwischenfälle. Streitigkeiten gab es nicht nur hier, sondern auch im Grenzgebiet von Ladakh, wo die Chinesen das unbewohnte, von Indien beanspruchte weite Hochland Aksai Chin annektierten und sogar mit einer Militärstraße durchzogen, bevor Indien überhaupt darauf aufmerksam wurde! Die Ansammlung von chinesischen Truppen entlang der McMahon-Linie begann Anfang 1962 nach langer Vorbereitung. Sie

Die Yak-Rinderrasse ist kräftig gebaut und den Hochland- bis Hochgebirgsbedingungen hervorragend angepaßt. Ein Tier wiegt durchschnittlich etwa 200 Kilo. Die Yakkuh produziert am Tag lediglich einen Liter Milch, die aber äußerst fetthaltig ist.

Linke Seite: *Die verbreitetsten Baumarten in den hochgelegenen, feuchten Urwäldern des Osthimalaya sind Tannen und Fichten mit einem dichten Unterholz von Rhododendron und Bergbambus.*

Rechts: *Zum Lingga-Fest, der »Zeit der Gärten«, kommen jung und alt in fröhlich geschmückten Zelten zusammen.*

Unten: *Eine Vorstellung des tibetischen Schauspiels beim Zhotan-Fest. Früher waren solche Vorstellungen nur vor dem Dalai Lama im Sommerpalast in Lhasa erlaubt, heute sind sie allen zugänglich.*

Rechts: *Die Hauptnahrung der Tibeter besteht aus Tsampa, dem gerösteten Mehl aus Hochlandgerste. Es wird zu Kugeln geformt und mit Buttertee genossen.*

Rechte Seite: *Der Basar am Barkhor, der Umwandlungsstraße des Jokhang-Tempels im Zentrum von Lhasa. Über den beiden Tibeterinnen hängen Riesenbündel von kleinen Gebetsfahnen.*

wurde auf indischer Seite zunächst als Fortsetzung weiterer Grenzzwischenfälle gedeutet, dann aber, zu spät, als große Gefahr erkannt. Mit Truppen, die auf einen Gebirgskrieg nicht vorbereitet waren, wurde die Verteidigung eingeleitet. Am 20. Oktober 1962 begann die chinesische Attacke; das massive Artilleriefeuer von den bewaldeten Höhenzügen war vernichtend für die in den engen Tälern manövrierenden indischen Truppen. Nach dreißig Tagen erreichten die Chinesen die Fußhügel und die Ebene von Assam, bevor sie sich unerwartet wieder zurückzogen.

Das Gebiet südlich der McMahon-Linie ist bekannt als N.E.F.A. (North-Eastern Frontier Agency) oder neuerdings als Arunachal Pradesh und ist

Der Lingkor des Sera-Klosters im Nordosten von Lhasa führt durch eine imposante Granitlandschaft, deren runde Riesenblöcke zur Meditation einladen. Die Lama haben dies schon lange erkannt und die Blöcke mit religiösen Motiven bemalt. Auf ähnlichen Granitblöcken, östlich von Sera, werden noch heute Leichen zerstückelt und den Geiern zur »Luftbestattung« überlassen. Die Lhasa-Granite sind 40 Millionen Jahre alt.

heute, zusammen mit Nagaland, zu einem indischen Bundesstaat erklärt worden. Das Gebiet wird aber weiterhin von den Chinesen beansprucht. Der für Ausländer immer noch verschlossene Osthimalaya wird nicht so leicht zur Ruhe kommen.

An seinem Ostende bäumt sich der Himalaya nochmals auf, und zwar mit der äußerst wilden und kaum bekannten 7800 Meter hohen Namche-Barwa-Gruppe, dem höchsten Gebirge des gesamten Osthimalaya. Der bis einen Kilometer breite Yarlung Tsangpo nähert sich diesen Bergen zögernd, verengt sich dann plötzlich auf nur 90 Meter Breite und donnert zwischen riesigen Felsblöcken in eine tiefe Schlucht. Britische Botaniker und Orni-

Nördlich von Lhasa, am Fuße der eigenartigen Nyenchentangla-Kette, wurde das größte Thermalfeld Tibets entdeckt. Ein kochender See war schon seit Urzeiten bekannt. Neuerdings erreichen Bohrungen in einigen 100 Meter Tiefe überhitzte Wässer, die geysirartig in die Luft schießen. Jüngste Bruchzonen entlang der Nyenchentangla-Kette sind für dieses Phänomen verantwortlich. Ihr westlicher Teil ist hier erkennbar.

Rechte Seite: *Blick vom Burghügel nach Norden auf die Altstadt von Gyantse und die von einer großen Mauer umgebene, teilweise zerstörte Klostersiedlung. Sichtbar ist auch das Hauptkloster und der Kumbum.*

Rechts: *Statuen der großen tibetischen »Religionskönige« des 7. und 8. Jh. und Verbreiter des Buddhismus in der »Maitreya«-Kapelle des Klosters:*
Songtsengampo (609 – 649),
Thisongdetsen (755 – 797)
und Ralpachan (817 – 836).
Die Statuen aus dem 15. Jahrhundert sind aus Holz geschnitzt.

thologen konnten als einzige Europäer in den dreißiger Jahren dieses Schauspiel beobachten. Jetzt sind chinesische Forscher in dem noch unbestiegenen, zu Tibet gehörenden Namche Barwa tätig. Der Durchbruch des Yarlung Tsangpo durch die Namche Barwa-Gruppe bildet wohl die bizarrste und bis heute noch unerforschte Schlucht der Welt; im Süden liegt der eigentliche Namche Barwa (7800 Meter), im Norden der Gyala Peri (7100 Meter). Auf der Nordflanke des Namche Barwa fließen bis zu zehn Kilometer lange steile Gletscher in die Schlucht. Große Eislawinen sind hier keine Seltenheit. Auch hier hat sich ein großer Himalayafluß eine hohe Gebirgsgruppe für seinen Durchbruch gewählt, eine Tatsache, die besonders auf dieses Gebiet bezogen nicht leicht zu erklären ist, es sei denn, man glaubt an die Legende vom Schwertstreich des großen Lama, der damit das überflutete Tibet entwässerte. Die tiefe Schlucht läuft anfänglich nach Nordosten und biegt dann scharf nach Südosten. An dieser Stelle fließt der Yehkung Chu in die Yarlungschlucht. Er entwässert die im Nordwesten liegende, wenig bekannte, stark vergletscherte und über 7000 Meter hohe Nyenchentanglha-Gruppe, die östliche Fortsetzung der gleichnamigen Kette nördlich von Lhasa. Der von Nordwesten nach Südosten fließende Fluß folgt der wichtigen Bruchzone, welche die nordöstlich streichenden Himalayaketten scharf abschneidet. Die heißen Quellen entlang dieser Zone be-

Oben: *Das heute noch gut erhaltene Juwel von Gyantse, der Kumbum (erbaut um 1414 – 1424), der »Stupa der hunderttausend Bilder«, wird von den Pilgern im Uhrzeigersinn umwandert. Dieser monumentale Chörten wurde vom italienischen Tibetologen Giuseppe Tucci als das bedeutendste Denkmal tibetischer Kunst bezeichnet.*

weisen, daß der Prozeß der Gestaltung und Veränderung des Gebirges noch andauert. Der Yarlung fließt weiter in seiner Schlucht in südöstlicher Richtung durch dichtesten Regenwald. Bei Medog, nur noch 1500 Meter über dem Meeresspiegel, wendet er sich südwestwärts. Nach Tuting, das schon im N.E.F.A.-Gebiet liegt, erreicht er, jetzt wieder als breiter Fluß, in südlicher Richtung die Ebene von Assam. Auf dieser letzten Strecke ist der Yarlung als Dihang bekannt. Mit dem Austritt aus den Bergen ändert er wiederum seinen Namen und fließt nun gemächlich als Brahmaputra (der Fluß des Gottes Brahma), ein mehrere Kilometer breiter, in viele Arme aufgeteilter Strom, westwärts durch die Assamebene. Durch das im Süden liegende

Rasa hieß es früher, »Erde der Ziegen«, und wurde in der Mitte des siebenten Jahrhunderts zu Lhasa, »Erde der Götter«. Songtsengampo, der erste Großkönig Tibets, machte es zu seiner Hauptstadt am Kyichu, dem »Fluß des Glücks«. Hier errichtete er auch die Residenz für seine beiden ausländischen Gemahlinnen, die nepalesische Prinzessin Brikuti, die am Roten Berg ihr Schloß erhielt, und für Wengcheng, die chinesische Prinzessin. Beide kamen mit großem Gefolge von buddhistischen Gelehrten, Künstlern und Handwerkern. Es waren »dynastische Heiraten«, die sich der damals mächtigste Herrscher Zentralasiens erzwang, um den Frieden und Wohlstand für sein Reich zu sichern. Sie halfen dem König, der sein Hauptquartier meist im Militärzeltlager hatte, den Buddhismus einzuführen, und sie förderten auch die Handelswege, als deren zentralasiatisches Zentrum Lhasa aufzublühen begann.

Thanka mit Ansicht von Lhasa, wie es als orientierende Pilger-Karte in den Klöstern aufgehängt wurde. Rechts die Altstadt mit Tsuglakhang, Barkhor und Ramoche (links), nach links der über die »Türkisbrücke« führende Weg zum Potala (Sammlung G. W. Essen, Hamburg).

Shillong-Massiv etwas eingeengt, fließt er weiter durch Bengalen, dreht allmählich nach Süden (Bangladesh), dem Westrand des zur Masse des indischen Schildes gehörenden Shillong-Massivs folgend, um vereint mit dem Ganges in den Golf von Bengalen zu münden. Gemeinsam bilden beide Flüsse im bengalischen Golf das größte bekannte submarine Delta. Es besteht aus Erosionsmaterial des immer noch wachsenden Himalaya.

Wie eine Riesenschleife umfließen Yarlung Tsangpo im Norden, Dihang im Osten und Brahmaputra im Süden den Osthimalaya, den vielleicht interessantesten und noch am wenigsten bekannten Teilabschnitt des fast 3000 Kilometer langen Hauptgebirges. In seinen dichten Dschungeln leben noch heute wenig zivilisierte Völkerstämme, die lange Zeit die Erforschung erschwerten, ganz abgesehen von den schlechten klimatischen Bedingungen

Rechts: *Dachschmuck am Stadttempel (Jokhang) von Lhasa. Eines der ältesten Buddha-Symbole ist das »Rad der Lehre«, das jener durch seine erste, auch Tiere einschließende Lehrpredigt im Gazellenpark von Sarnath in Bewegung setzte. Seither illustriert es zusammen mit den lauschenden Gazellen die lebendige Lehre des Buddhismus.*

Oben: *Lama beim Reinigen des Schutzgottes Thowo Menra Tsegpa im Kloster Drehpung. Nach einer Schrift des 5. Dalai Lama (1617 bis 1682) soll der Schutzgott die in Tibet eingefallene chinesische Armee in die Flucht geschlagen haben.*

intensive Monsunregen. Die Vorhügel Assams gehören zu den niederschlagsreichsten Gebieten der Erde. Längs des Dihang leben die Aborstämme, die kriegerischen Urwaldbewohner dieser Gegenden, bewaffnet mit Wurfspeeren, langen Schwertern und vergifteten Pfeilen. Die athletisch gebauten Abor waren von Anfang an den »Ausländern« feindlich gesinnt. Südöstlich der Abor, im Assam-Burma-Grenzgebiet, leben die Mishmi. Nördlich, aber besonders westlich des eigentlichen Yarlung Tsangpo-Knies bis hin zur bhutanesischen Grenze sind die Mönpas als eigentliche Bergstämme verbreitet. Nur östlich und südwestlich der großen Umbiegung finden wir Reste der Lopa und Denpas, die Männer oft in schwarzen Turbanen und, wie auch die Frauen, an ihren langen Pfeifen zu erkennen. In den höheren Lagen leben diese Stämme meist in Holzhütten mit Schindeldächern, oft mit Steinen beschwert, in den tieferen Lagen eher in Bambushütten. Die Mönpas bauen Steinhäuser, in den Mauern oft horizontale Balken, die an unsere Riegelbauten erinnern. Im Unterschied zu den Abor sind die meisten dieser Urwaldstämme gastfreundlich, es sei denn, sie werden aus ihren ursprünglichen Wohngebieten verdrängt, was leider immer häufiger der Fall ist. Von indo-tibetoburmesischem Ursprung, haben diese Volksgruppen ihre animistischen und schamanistischen Vorstellungen behalten. Der lamaistische Einfluß zeigt sich nur zögernd bei den Mönpas.

Zu Beginn des 19. Jahrhunderts war eines der größten ungelösten Probleme des Britisch-Indien-Survey die Erschließung des sogenannten »missing link«, der Verbindung des Yarlung Tsangpo mit dem Brahmaputra. Bekannt war der Yarlung Tsangpo südlich von Lhasa, man kannte den Unterlauf des Dihang und dessen Mündung in den Brahmaputra, aber waren dies wirklich die gleichen Wässer? Floß der Yarlung nicht in den Salween? Man begann mit der Erforschung des Dihang. Mehrere Vorstöße scheiterten jedoch am Widerstand der Abor, deren räuberische Attacken in die neuangelegten Teegärten an den Vorhügeln Assams berüchtigt waren. Meist ließen die Abor die indischen Truppen in die Dschungeltäler eindringen, um sie dann aus dem Hinterhalt grausam niederzumetzeln. Das indische Survey versuchte nun, die Lösung von Tibet aus zu finden. Tibet war aber ein streng verbotenes Land, und so sandte man die bekannten Pundits, jene einheimischen, meist aus Sikkim stammenden und vom Survey ausgebildeten Experten, in geheimen Missionen nach Südost-Tibet. Der bekannteste unter ihnen, Kinthub, erreichte nach vielen Schwierigkeiten die Stelle, wo der Yarlung in der tiefen Schlucht des Namche Barwa verschwindet. Das Eindringen in diese Schlucht war jedoch unmöglich. Nach Kinthubs Bericht beschloß der Survey eine einfache Lösung des Problems. Man wollte am Anfang der Schlucht markierte Baumstämme in den Yarlung werfen. Eine spezielle Gruppe mußte dann im Unterlauf des Dihang diese Baumstämme wiederfinden, sollte es sich wirklich um die gleichen Wässer handeln. Kinthub wurde beauftragt, dieses Projekt durchzuführen. Unglücklicherweise wurde er gefangengenommen und konnte erst nach über einem Jahr fliehen. Unterdessen wartete man am unteren Ende des Dihang monatelang vergeblich auf die Baumstämme. Kinthub versuchte es erneut. Er präparierte 500 mit Eisenmarken versehene Baumstämme und versteckte sie in einer großen Höhle. Auf Umwegen erreichte er Lhasa, fand dort einen Sikkimesen,

Der Jokhang (»Haus des Meisters«, des Buddha) in Lhasa ist das zentrale Heiligtum Tibets. Das im 7. Jahrhundert errichtete und im 17. Jahrhundert stark erweiterte Bauwerk ist das Herz der Stadt. Zahllose Fromme und oft von weither angereiste Pilger finden sich hier täglich zur Verehrung einer hochberühmten Buddhastatue, des sogenannten »Jobo Shakyamuni«, ein. Der Vorplatz ist täglich Ort religiösen Geschehens.

dem er einen Brief an das Survey diktierte, datiert mit dem Tag des Holzeinwurfes in den Yarlung. Der Sikkimese machte sich auf den Weg nach Darjeeling, und Kinthub erreichte ohne größere Schwierigkeiten seine Höhle am Anfang der Yarlung-Schlucht. Zum vereinbarten Zeitpunkt begann er täglich 50 Baumstämme in den Fluß zu werfen. Dies war Mitte November 1883. Nach getaner Arbeit versuchte Kinthub, durch die Bergtäler südlich des Namche Barwa den Dihang zu erreichen. Fast wäre ihm dies auch gelungen, aber im letzten Moment wurde er von den Abor angegriffen und mußte erneut fliehen. Erst nach vier Jahren erreichte Kinthub endlich Darjeeling.

Folgende Doppelseite: *In der Morgensonne spiegelt sich die Nordseite des Potala in einem kleinen See. Der eigentliche Tempelsee liegt rechts an dem Wäldchen. Die uralten Weidenbäume zeigen ein auffallendes, spiralartiges Wachstum im Sinne der buddhistischen Umwanderung im Uhrzeigersinn.*

Links: *Yakleder-Boot auf dem Kiychu-Fluß, der von Lhasa her kommend in den Yarlung Tsangpo mündet. Für den Fährverkehr, für Personen und Lasten gleichermaßen, benutzt man auf Tibets Flüssen diese von einem einzigen Mann auf dem Rücken auch über Land tragbaren Boote. Von Lhasa bis zur Mündung in den Tsangpo machten früher die Adligen kurzweilige Bootspartien.*

Folgende Doppelseite: *Der Yumbu Lhakhang, »Die Lebens-Burg« oder auch »Der Tempel am Tamariskenberg«, ist mit seinem schlanken Turm das Wahrzeichen Tibets. Er erhebt sich mit dem, der Schutzpatronin Tibets, Tara-Dölma, gewidmeten Tempel, im Süden der Distrikthauptstadt Tsethang, hoch über dem Yarlung-Tal, wo die pyramidenartigen Gräber über den Mumien der ersten Könige errichtet wurden. Er ist nicht nur die erste burgartige Anlage Tibets, deren Erbauung dem Begründer der Yarlung-Dynastie, Nyathitsenpo, zugeschrieben wird, sondern – mit seinem Alter von über 2000 Jahren – auch der älteste, lebendige Burgenbau der Welt. Während der Kulturrevolution (1966 – 1976) völlig zerstört, wurde er getreu nach dem alten Bau wieder aufgebaut und 1985 vollendet.*

Über weite Strecken hat der Yarlung Tsangpo nur ein geringes Gefälle. Die vielen Mäanderbiegungen ließen zahllose Sandbänke entstehen, wo sich der mitgeführte Schwemmsand ablagerte und zuweilen wüstenartige Sanddünen bildete, besonders im Yarlung Tsangpo-Gebiet südlich von Lhasa, hier unweit des Samye-Klosters.

Es gibt wohl wenige Gebirge der Erde, die noch so viele Geheimnisse hüten wie die Namche Barwa- und Gyala Peri-Gruppe, durch die sich der Yarlung Tsangpo in der größten Schlucht der Welt drängt. Heute wird dieses Gebiet von Chinesen erforscht, doch logistische Schwierigkeiten und klimatische Bedingungen bilden große Hindernisse. Wie und warum endet hier der fast 3000 km lange Himalaya?

Das noch weitgehend unbekannte, stark vergletscherte Massiv des Gyala Peri nördlich des 7800 Meter hohen Namche Barwa. Zwischen dieses wilde Massiv zwängt sich der Yarlung Tsangpo in einer der größten, unbegehbaren Schluchten der Welt (Flugaufnahme gegen Süden).

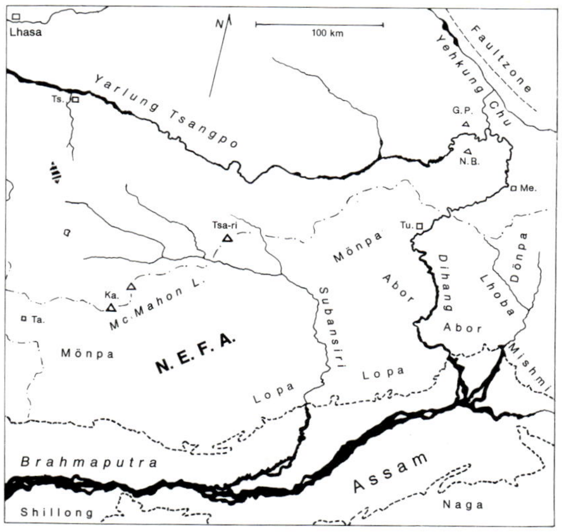

Die Yarlung Tsangpo/Brahmaputra-Schleife: G. P. = Gyala Peri, Ka. = Kangtö, Me. = Medog, N. P. = Namche Barwa, Ta. = Tawang, Ts. = Tsethang, Tu. = Tuting.

Sein Brief an das Survey war nie dort eingetroffen. So sind die 500 Baumstämme unbemerkt auf dem Brahmaputra ins Meer geschwommen.

1899 versuchte es Lord Curzon, Vizekönig von Indien, mit einer neuen Strategie. Besessen von dem Gedanken eines möglichen politischen Einflusses Rußlands in Tibet, sandte er 1904 Younghusband mit einer militärischen Mission nach Lhasa. Unterdessen hatten die Greueltaten der Abor am Dihang neue Ausmaße angenommen. Im Oktober 1911 wurde unter der Leitung von General Bower eine Strafexpedition ins Aborgebiet des Dihang

Die Lopa-Männer von Leyn sind Jäger. Dieser Mann, der mit seinem Buschmesser Brennholz hackt, scheint sich von seinem Bogen ebenso wenig trennen zu können wie seine Frau von ihrem jungen Kragenbär.

geschickt, darunter 800 speziell für den Dschungelkrieg ausgebildete Gurkhas und 3500 fast nackte, speertragende Nagakrieger, die voll Begeisterung gegen die Abor kämpfen wollten. Diese Begeisterung erhielt jedoch einen Dämpfer, weil General Bower den Nagas nicht erlaubte, Köpfe der Abor als Trophäen mit nach Hause zu bringen. Angesichts der geplanten Invasion traten die verschiedenen Abor-Stämme erstmals zur gemeinsamen Verteidigung an. Die Tragseile der Lianenbrücken wurden durchschnitten, Wege zerstört, und an Engpässen, zwischen Felsen und Fluß, türmten sie Baumstämme auf, errichteten Fallgruben mit vergifteten Bambusspitzen. An strategisch besonders wichtigen Stellen lagerten sie hoch oben an den steilen Hängen Baumstämme und Felsbrocken, die dann im geeigneten Moment auf die gegnerischen Truppen gestürzt werden sollten. General Bowers Strategie war es, sehr vorsichtig vorzurücken, um nicht in einen Hinterhalt zu geraten. Die Gurkhas erkundeten das Gelände, beseitigten die Hindernisse und lichteten dabei auch den umliegenden Urwald. Dieses langsame Vorrücken (in einem Monat nicht mehr als 40 Kilometer) zermürbte allmählich den Widerstand der Abor. Aber es zermürbte auch die indischen Truppen. 14 Tage Dauerregen trotz sogenannter Trockenzeit und

Altertümlich lebende Volksstämme, die mit Pfeil und Bogen im Hochlanddschungel jagen, trifft man noch im Südosten, das die Chinesen Nan Shan, »Südberge«, nennen und das auf indischen Karten als Arunachal Pradesh, »Land der aufgehenden Sonne«, bezeichnet wird.
Im tibetischen Mittelalter sprach man viel von den wilden, vermutlich den ehemals kopfjagenden Nagas von Assam verwandten Stämmen, die dort hausten. Vom 12. oder 13. Jahrhundert an wurde diese Gegend dann langsam erschlossen und Pilgerwege und Brücken gebaut. So wurde auch der Weg zum heiligen Berg Tsa-ri zugänglicher, über dessen Bewältigung abenteuerliche Berichte und Legenden erzählt wurden.

eine drastische Zunahme von Malariafällen untergruben die Moral. Dennoch konnten die letzten Widerstandsnester eingenommen werden, nicht zuletzt wegen der Überlegenheit der Maxim-Maschinengewehre gegenüber Pfeilen und Speeren der Eingeborenen. Die überlebenden Aborhäuptlinge begannen sich zu ergeben. An Weihnachten 1911 war die Strafexpedition beendet. Die Erforschung des Dihang konnte nun erneut beginnen, doch Jahre verstrichen, bis die Einheit von Yarlung Tsangpo und Brahmaputra auch ohne Baumstammexperiment gesichert war. Das »missing link« konnte aber doch nicht ganz geschlossen werden. 70 Kilometer der Yarlungschlucht blieben unerforscht und sind es teilweise bis heute. Auch

In den abgelegenen und dichtbewaldeten Bergen Südosttibets jagen auch die Mönpas noch immer mit Pfeil und Bogen.

weiter im Westen birgt der von den Mönpa-Stämmen bewohnte Osthimalaya noch Geheimnisse. Hier, am oberen Lauf des Subandsiri-Flusses, liegt der fast 6000 Meter hohe heiligste Berg Südost-Tibets, der Tsa-ri.

Gleichsam als Pufferstaat, unter indischer Oberhoheit, liegt das kleine Sikkim zwischen Ost- und Zentralhimalaya. B. C. Olschak schreibt: »Der Staat zwischen Gletschern und Dschungeln ist ein verstecktes Land in den Hochgebirgs-Schluchten. In den alten Texten hieß es wirklich ›Verstecktes Land‹ (Bas-yul) oder ›Land der Schluchten‹ (Rong-yul). Es liegt eingebettet mitten im Schutzwall des Himalaya, zwischen den Gletschern des Nordens und den Dschungeln des Südens. Es ist das ›Verborgene Reistal‹ der alten

Kolonne von Packpferden und Maultieren auf dem Weg zum Markt mit einer Ladung von Butterfässern für die Zubereitung von Buttertee. In den entlegenen Gebieten des Osthimalaya sind Straßen und moderne Transportmöglichkeiten noch immer sehr selten.

Rechte Seite: Mönpa-Bergdorf. Mit rund vierzigtausend Angehörigen bilden die Mönpas die größte ethnische Minorität im Osthimalaya.

Texte, ein fruchtbares Hügelland, umgeben von sechs- bis achttausend Meter hohen Bergriesen. Nach den Worten seines letzten Königs Paldän Thöndup liegt Sikkims Stolz nicht in der Stärke der Waffen oder Tapferkeit auf dem Schlachtfeld. Das Herz seines Volkes hing immer an den Gedanken der Religion, des Friedens und der Güte, und seine größten Söhne haben sich dem Studium und der Ausübung des Glaubens gewidmet.«

Den westlichen Abschluß des Osthimalaya, zwischen dem Yarlung Tsangpo im Norden und dem Brahmaputra im Süden, der nun schon seine Südreise ins Meer beginnt, bildet eines der schönsten Gebiete des gesamten Himalaya, das unvergleichliche Königreich Bhutan.

B.C.Olschak schreibt in »Bhutan – Land der verborgenen Schätze«: »... es ist ein ›Burgenland‹ mit einer ›Burgensprache‹ und der längsten und schönsten Kette von Gletscherbergen, voll noch verborgener Schätze. In der Mitte der Nordgrenze erhebt sich der Kangkar Pünsum 7750 Meter hoch. Sein Name bedeutet vielverheißend ›Weißer Gletscher der drei geistigen Brüder‹. Er deutet auf das einst friedliche Nebeneinander dreier Volksstämme – der Tibeter, der Bhutanesen und der Mönpa des südöstlichen Himalaya – an einer heute sich langsam wieder öffnenden Grenze. Im fernen Osten des Panoramas der Gletscherriesen erhebt sich der Zugthikang, der ›Thron der Götter‹ von Kurtö. Zu seinen Füßen liegt Sengge Dzong, die ›Löwenburg‹. Für Reisende, die aus dem Norden kamen, war Bhutan das ›Paradies des Südens‹. In alten Texten hieß es auch ›Lotosgarten der Götter

Rechte Seite: *Dicht bewaldetes Bergtal im Osthimalaya nach starken Monsunregen. Hier ist der Monsun besonders heftig und dauert von Mai bis Oktober.*

Drei Generationen einer Dönpa-Familie. Im tropischen Teil des Yarlung Tsangpo tragen die Männer schwarze Turbane. Frauen wie Männer sind starke Pfeifenraucher.

– voll Sandelholzwälder und duftender Heilkräuter‹. Heilkräuter gehörten auch seit eh und je zum Exportgut dieser Gegenden. Für den indischen Süden war dieses Gebiet das ›Land der Bhutias‹, woraus dann ›Bhutan‹ entstand. Die Bhutias, wie alle Tibeterstämme im Nordosten Indiens genannt werden, rückten schon vor rund 1500 Jahren langsam in die südöstlichen Himalayagegenden vor. Die vier südlichen Mön-Distrikte wurden schon früher genau beschrieben. Im Norden liegt Punakha, das ›blühende Tal der sich häufenden Früchte des Südens‹, dort wo Mandarinen, süße Bananen

Folgende Doppelseite: Der Yarlung Tsangpo/Brahmaputra bei der großen Schleife. Blick vom Dorf und Kloster Demo Chemnak auf den Kongpo Bonri, den heiligsten Berg der Bön-Religion. Verdeckt durch die Wolken rechts: der noch unbestiegene Namche Barwa (7756 m).

Die Wasserscheide der schimmernden
Himalaya-Gletscher bildet die Nordgrenze Bhutans.
Sie ist auch Klimagrenze und trennt den blühenden
»Paradiesgarten des Südens«, wo Reis
bis auf 2800 Meter Höhe und vielfarbige Riesen-
Rhododendren bis auf 3500 Meter gedeihen,
vom trockenen, in Fels und Eis erstarrten Norden.

Hier erhebt sich der östlichste und unbekannteste der bhutanesischen Grenzgletscher. Es ist der 6500 Meter hohe Garula Kang mit Bergwäldern bis auf 4100 Meter und Gletscherzungen, die bis in die Pracht der dichten Rhododendronsträucher herabstoßen.

und riesige Zitrusfrüchte zusammen mit Zuckerrohr gedeihen. Im Süden liegt jedoch Pasamkha – heute eben Buxa –, ›das Ziel, der Distrikt aller Wünsche‹, zu Füßen des Himalaya, dort, wo die Waren des Nordens gegen die Güter des Südens eingetauscht werden. Im Westen liegt Dalikha, ›die Gegend der Walnußbäume‹, heute Kalimpong, ein Gebiet, das einst zu Bhutan gehört hatte. Im Osten ist Dungsamkha, ›das Land der Sehnsucht und der Silbertannen‹.«

Nirgends konnte sich die Schönheit der alten Tradition so echt und harmonisch erhalten wie in Bhutan, das sich – mit seinen neu erbauten Hochlandstraßen – zwar dem Tourismus öffnet, sich aber nicht von ihm überschwemmen läßt. Dank der angeborenen Diplomatie seines Königs Jigme Dorje Wangchuck, der 1972 starb, wurde Bhutan zum Königreich mit demokratischer Verfassung: als Zwergstaat zwischen den Riesenstaaten China und Indien, alle notwendigen neuen Techniken nützend und doch das Gute vom Alten bewahrend. Geschützt an der Nordgrenze durch die Wasserscheide der Himalaya-Gletscher, durften hier die Götter der Berge lebendig bleiben, und der Buddhismus in Form der Drukpa-Kagyü-Schule floriert als Staatsreligion. Der höchste Berg Bhutans, der 7550 Meter hohe »Gletscher der Drei Geistigen Brüder« (Kangkar Pünsum), symbolisiert den Wunsch des friedlichen Nebeneinanderlebens von Bhutanesen, Tibetern und den eingeborenen Mönpas und anderen Stämmen, die hier Zuflucht und Lebensfreiheit fanden.

Hier entfaltet sich ein Festzug bhutanesischer Klosterangehöriger, die vom Haupttempel zum Königspalast ziehen und das berühmte Rundbanner des Buddhismus schwingen, das die Wahrheit der Lehre in alle Windrichtungen verbreitet.

Wir stehen wieder am Heiligen Kailas und blicken gegen Norden auf die unzähligen rotbraun und gelb gefärbten Ketten des tibetischen Hochlandes. Genau auf der Nordseite der Kailas-Kette liegt das Quellgebiet des zweitgrößten Himalaya-Flusses, des Indus. Ähnlich dem Yarlung Tsangpo, bestehen auch die Indusquellen aus mehreren Armen, nur in einem etwas kleineren Maßstab. Sven Hedin hat sie 1907, vom Kailas kommend, entdeckt. Seitdem scheint kein Europäer in diesem Gebiet gewesen zu sein. Wiederum dem Yarlung ähnlich, speisen drei in einem weiten Hochland gelegene Quellflüsse den Indus. Der Wassermenge

Der Indus

Der Indus ist der Kailas-Fluß, der am weitesten nordwärts ins tibetische Hochland vorstößt. Seine ersten Quellflüsse endeten anfänglich in den nördlichen, abflußlosen Seebecken, bis der Fluß nach einer weiteren Hebung des tibetischen Hochlandes seinen Weg nach Westen fand. Durch geologische Leitlinien wie die Suturzone beeinflußt, wurde er zum Lebensnerv für Ladakh und Baltistan, des nördlichen Teils Pakistans.

Nomadenzelte im Quellgebiet des Indus. Der Westen und Norden Tibets ist das Land der Nomadenstämme. Hier gibt es über gewaltige Entfernungen weder feste Siedlungen noch Klöster. Die Lebensverhältnisse dieser Bewohner gleichen heute wieder weitgehend denjenigen von früher.

entsprechend wäre der im Süden nahe dem Kailas entspringende Lungdep Chu der eigentliche Quellfluß. Der tibetische Führer hatte Sven Hedin aber zum nordöstlichen Seitenfluß, dem viel unbedeutenderen Bokhar Chu geführt, an dessen Unterlauf mehrere Quellen aus einem weißen, porösen Kalk sprudelten. Auf der Kalkplatte standen mehrere »Steinmänner« (Steintürmchen), und dort lagen auch Hunderte von schön gravierten Mani-Steinen und kleinen Tonfiguren (Tsa-tsa). Die Stelle wird als Senge-Khambab, Quelle des Löwenmaul-Flusses, bezeichnet, ein Name, unter dem der Oberlauf des Indus bekannt ist. Von dieser »offiziellen« Quelle fließt der Indus durch ein weites, eher eintöniges Hochland mit kahlen, wüstenartigen Hügelzügen. Die Gegend ist fast menschenleer. Nur hin und wieder begegnet man Nomaden mit ihren schwarzen Zelten. Weiter flußabwärts dreht der Indus allmählich nach Westen. Eine neue Militärstraße folgt seinem Lauf. Die neuen Militärlager sind mit ihren Lehm- und Blechbaracken wahrlich keine Zier in dieser Landschaft.

In der Nähe des alten Klosterortes Tashigang erreicht der Indus das breite, nach Nordwesten gerichtete Tal mit dem südöstlich gelegenen, früher wichtigen, heute verwahrlosten Handelsplatz Gartok. Dieses Tal folgt der bekannten Indus-Yarlung-Sutur-Zone mit den Graniten des Transhimalaya im Norden. Das gleiche Tal führt weiter in nordwestlicher Richtung, südlich am fjordartigen großen Pangong Tso vorbei und wird übernommen vom Shyok, der am Karakorum-Paß entspringt, zuerst in südlicher Richtung entlang des Karakorum-Bruches fließt und bei der kleinen Ortschaft Shyok scharf nach Nordwesten biegt. Er folgt hier der zweiten Sutur, die weiter in nordwestlicher Richtung als Shyok-Sutur die Grenze gegen Karakorum bil-

In einem kleinen, abgelegenen Seitental des nordwestlichsten Nepal nahe dem 5100 m hohen Grenzübergang nach Tibet, liegt Tinkar. Auch der nur 200 Einwohner zählende Ort hat seinen Tempel, auf dem die Gebetsfahnen flattern. Erstaunt entdeckt man hier eine Wandmalerei, die als eigentliche Karte die Gegend des heiligen Berges Kailas darstellt. Neben dem kegelförmigen Kailas und dem runden, heiligen Manasarovar-See fallen die umliegenden Klosterbauten auf, die früher unter der Oberhoheit von Bhutan standen, heute meist zerstört sind.

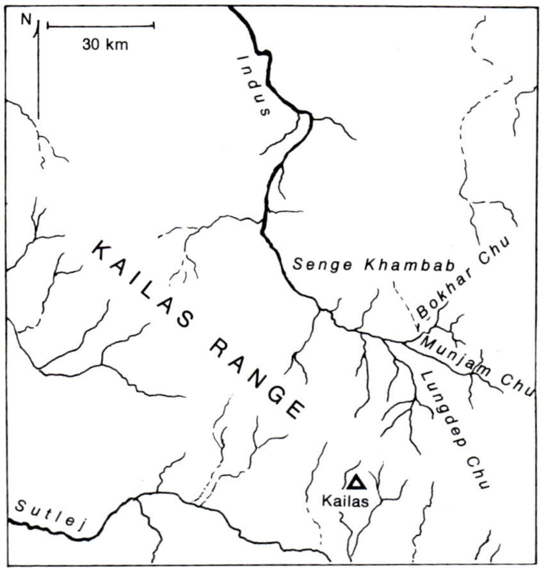

Die Indus-Quellen am heiligen Berg Kailas.

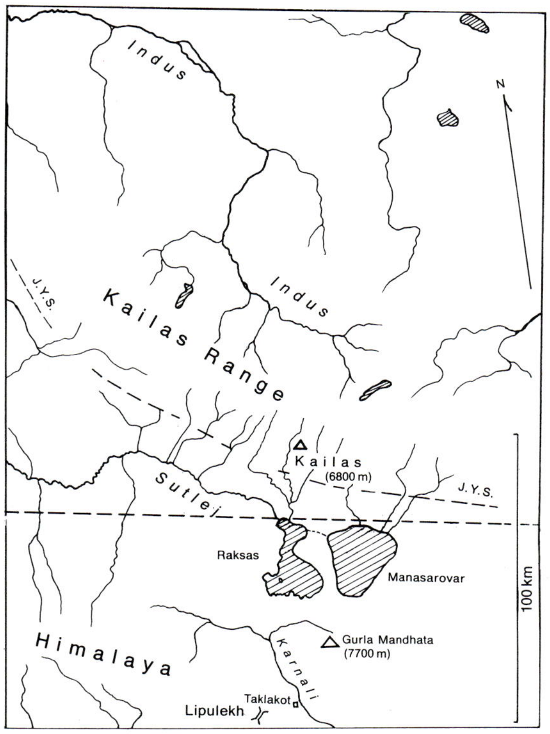

Die untere Bildhälfte dieser Landsat-Aufnahme vom 16. 3. 1977 zeigt das schneebedeckte Kailas-Gebirge (Transhimalaya) mit dem Kailas (K) am mittleren Südrand. Dieser scheint auffallend scharf, bedingt durch die hier durchlaufende Indus-Yarlung-Sutur (I. Y. S.). Südlich des Kailas erkennen wir gerade noch den nördlichen Zipfel des heiligen Raksas-Sees, von dem der Sutlej als Ausfluß nach Westen fließt. Nördlich des Kailas, auf der Nordabdachung des Kailas-Gebirges, liegen die drei Indus-Quellflüsse. Nördlich davon, in der oberen Bildhälfte, folgt ein Gebiet mit weiten Ebenen, abflußlosen Bekken und wild angeordneten Bergen, die durch ihre vielseitige Zusammensetzung auffallen, dominiert von vulkanischen Gesteinen. Die meisten Ebenen waren früher große Seen, die im Lauf der Zeit aufgefüllt und vertrocknet sind (Flughöhe 900 km).

det. Die durch die geologischen Anlagen bedingte Topographie fällt hier ganz besonders auf. Der Indus, nach Erreichen der Talzone von Gartok bei Tashigang, fließt hier durch wilde, schwarze Hügel, welche die ozeanischen Gesteine der Sutur dokumentieren. Er folgt dieser Zone, um nach 100 Kilometern dann die Granite der Ladakh-Kette zu durchbrechen.

Dieser Buddha hält als unverkennbares Symbol den allerheiligsten Berg Meru *in seinem Schoß, der in Form eines Bergkristalls dargestellt ist. Er gehört zu den berühmten »35 Buddhas der Sündenvergebung« und heißt* Shailendraraja Jina, *der Siegreiche, König des mächtigsten Berges, des Nabels der Welt, der schon aus ältesten Hindu-Texten bekannten Wohnstätte der Götter. Auf mythologischen Karten ist dieser Berg in der Gegend des Pamir eingezeichnet und wurde später mit dem Berg Kailas gleichgesetzt. Mit den 35 Buddhas gehört dieser Kailas-Buddha zu den »Tausend Buddhas«, die vielfach an den Wänden des Haupttempels abgebildet sind. Ein Originaltext ihrer Beschreibung soll bereits im 7. Jahrhundert von Indien nach Tibet gelangt sein, und zwar als »Leitfaden zum glücklichen Zeitalter«, in welchem die 1000 Buddhas erscheinen, um den leidenden Wesen zu helfen.*

Aus B. C. Olschak »Mystik und Kunst Alttibets«

Wir haben nun Tibet verlassen, sind auf indischem Boden und folgen dem großen Tal, diesmal von der Indus-Yarlung-Sutur vorgezeichnet, das auf einer Länge von 300 Kilometern in nordwestlicher Richtung das alte Königreich Ladakh durchzieht. Ähnlich wie der Yarlung Tsangpo fließt der Indus durch breite Ebenen, dann wieder durch kurze Schluchten, begleitet

Unten: *Die wüstenartige Granitlandschaft des Transhimalaya (Ladakh-Kette) nördlich des Klosters Thikse. Gut sichtbar sind die jungen (hellen), in die älteren (dunklen) eingedrungenen Granite.*

Die Landsat-Aufnahme vom 13. 4. 1977 aus 900 km Höhe bedeckt das Gebiet südlich des 150 km langen und auf 4250 m Höhe gelegenen, fjordartigen Pangong Tso (Tso = See). Dieser bildet die Grenze zwischen dem östlichen Karakorum, Ladakh und dem westlichen tibetischen Hochland. Durch die Mitte des Bildes fließt der Indus von Südosten nach Nordwesten, von Tibet in das östliche Ladakh-Gebiet. Am Indus, fast im Zentrum der Abbildung, liegt der kleine, früher wichtige Handelsplatz Tashigong (Ta). Diagonal durch das ganze Gebiet läuft die wichtige Indus-Yarlung-Sutur (I.Y.S.), die Grenze zwischen dem indischen Kontinent im Südwesten und Eurasien (Tibet) im Nordosten. Beim Ort Tashigong (Ta) splittert die Indus-Yarlung-Sutur auf in die nach Ladakh führende Zone und in die weiter nordwestlich verlaufende Shyok-Sutur (Sh.S). In der unteren linken Bildhälfte fällt der auf 4500 m gelegene Morari Tso auf. Im Ladakhgebiet folgt nördlich des Indus die verschneite Granitkette, die auch nördlich der Hauptstadt Leh durchzieht. Östlich von Tashigong sowie südlich des Indus in Ladakh zeigen die auffallend dunklen Felsen die Aufschlüsse der hochgepreßten ozeanischen Krustengesteine, die »Ophiolite«, an.

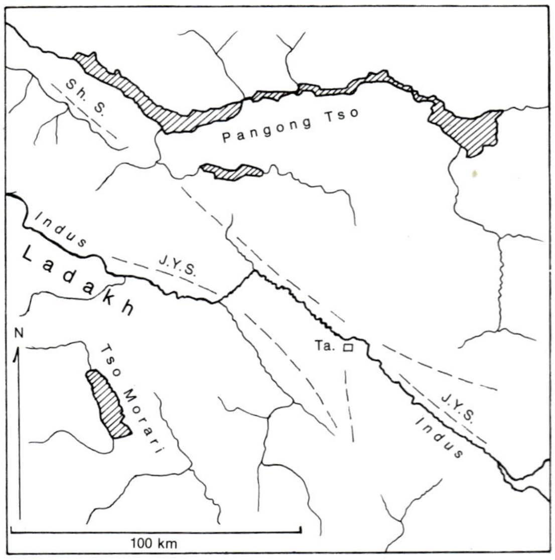

Der Pangong Tso ist mit seinen fast 200 km der längste, fjordartige See in der Grenzzone zwischen Transhimalaya und Karakorum. Seine tiefblauen Farben in scharfem Kontrast zu den kahlen aber farbigen Wüstenbergen haben schon Sven Hedin zu einem seiner schönsten Aquarelle angeregt. Als versunkenes Tal erinnert der Pangong Tso an den komplizierten Yamdrok Tso südlich von Lhasa.

Noch in über 5300 Metern Höhe, hier auf dem Stakspi La zwischen Ladakh und Zanskar, kann man im Himalaya Blühendes (wie hier die Sedum Rhodiola) antreffen, kurz unterhalb der Schneegrenze.

Arhat Bakula *pilgerte schon vor 2500 Jahren in den höchsten Norden der Himalaya- und Karakorum-Berge. Er hält eine juwelenspeiende Manguste in Händen. Sie ist das Symbol seines Wunsches, die Armut der Menschen in der Bergwelt auszumerzen. In Ladakh, wo er als erster die Lehre verbreitet haben soll, ist er durch ununterbrochene Inkarnationsfolge weiter lebendig geblieben und wird im Bakula-Lama verehrt.*

Aus B. C. Olschak »Mystik und Kunst Alttibets«

Der Indus beim Kloster Alchi aus der Vogelperspektive. Jeder Ladakh-Reisende folgt für längere Zeit dem von Lehm braungefärbten Indus, der bald in weitem Bogen durch Baltistan fließend das nördliche Pakistan erreicht. Im höchst fruchtbaren Schwemmland haben hier im 11. Jahrhundert die Mönche ein Juwel der buddhistischen Klosterkunst geschaffen, insbesondere die prächtigen Wandmalereien.

Rechte Seite und unten: *Leh, die von fast 10000 Einwohnern besiedelte Hauptstadt Ladakhs, liegt mit Lhasa auf gleicher Höhe (3650 m.ü.M.). Der bereits im 19. Jh. verfallene, ehemalige Königspalast aus dem frühen 17. Jh. erinnert an den Potala in Lhasa. Früher war Leh bedeutender Durchgangsort für die Pilger- und Karawanenwege nach Yarkand und Lhasa. Heute ist es für den Fremden die letzte Station auf der landschaftlich grandiosen Straße von Kashmir.*
Bild oben: *Blick von Leh gegen die Kangri-Gruppe. Über den 6000 Meter hohen Paß führt jetzt eine Militärstraße ins Shyok-Tal, einer der höchsten Straßenpässe der Welt.*

von den Spuren einer alten Kultur, mit vielen auf Hügeln und Felskuppen liegenden Klöstern, den bewässerten Feldern und der beeindruckenden Hauptstadt Leh mit ihrem alles überragenden Königspalast. Erbaut wurde dieser zu Beginn des 17. Jahrhunderts durch König Sengge Namgyel, den größten aller Ladakh-Herrscher. Am Fuße des Palastes, in der eigentlichen Stadt, herrschte früher reger Betrieb in der von Pappeln umsäumten Basarstraße, eine wahre Sammlung asiatischer Völkertypen. Die Vormachtstellung von Leh als Handelszentrum endete jedoch mit der chinesischen Invasion nach Tibet. Heute liegen Militärlager und ein Flugplatz zwischen Leh und in dem in mehrere Arme aufgeteilten Indus.

Das breite Tal wird eingerahmt von den kahlen Granitbergen im Norden und den stark gegliederten Ketten des Zanskar im Süden. Steile, gut gebänderte Molasseberge bilden die direkte Südgrenze. Dann folgen die dunklen Gesteine der Suturzone, danach sieht man äußerst zerklüftete Kalkberge, die von atemberaubenden Schluchten durchzogen sind – wichtige Verbin-

dungswege mit den südlichen Tälern. Den Südabschluß bildet das vergletscherte Zanskargebirge. Es wird von der 7135 Meter hohen Nun Kun-Gruppe überragt. Die über 5000 Meter hohen Gletscherpässe sind besonders eindrucksvoll und bilden eine wichtige Klimascheide: wir kommen hier vom trockenen Hochlandklima Ladakhs in die südlichen Hochwälder mit Birken und Tannen und allmählich in die eigentlichen, jedoch eher lichten, stark jahreszeitlich beeinflußten Bergurwälder. In den abgelegenen Dörfern ist Holz beim Bau der zumeist schindelgedeckten Häuser das bevorzugte Material. Erstaunlich sind hier die Holzschnitzereien an kleinen Tempeln, die offensichtlich Lokalheiligen gewidmet sind.

Leider ist auch Ladakh »militarisiert«. Entlang der neuen Militärstraße treffen wir Hunderte von Lastwagen, welche die vielen Militärlager versorgen. Auffallend hoch ist der Anteil von dunkelhäutigen, südindischen Soldaten, die im Winter, trotz guter Ausrüstung, ständig frieren. Bei Winterbeginn 1975 – Ladakh hatte sich erst 1974 den Fremden geöffnet – waren wir zu dritt als erste ausländische Geologen mit Feldaufnahmen beschäftigt. Am 7. November begann der Wintereinbruch. Der Zoji La, der einzige Übergang nach Kashmir, war schon eingeschneit, und wir blieben auf der Nordseite mit unserem Jeep kläglich stecken. Um nicht in Ladakh überwintern zu müssen, versuchten wir, mit schwerem Gepäck auf dem Rükken, zu Fuß über den Zoji La zu kommen. Mit 3530 Metern ist er der niedrigste Übergang im gesamten Himalaya. Am Abend, als wir den Paß erreicht hatten, lag der Neuschnee schon über einen Meter hoch – und auf

Gesichter an der Karakorumstraße

Besonders auffallend leuchten aus der Menge die langschädeligen, großnasigen Köpfe mit wallendem, an den Enden rotgefärbtem Bart und kunstvoll um das Haupt geschlungenem Turban. Sie erinnern an Darden und andere indo-europäische Stämme. Auffallend sind auch die »Zylinderhüte« mit hochgestellten Ohrenklappen, hier zwei Ladakhi-Frauen mit Gebets-Kränzen. Daneben eine Kau-Frau mit schöngeformtem Filzhut und das Porträt eines Schmiedes aus Chilling.
Häufig trifft man Lamas in tibetischen Mönchsgewändern und mit ihren Blasinstrumenten an.

Links: *Faszinierend sind die schlangenhaubenförmigen Kopfbedeckungen der Frauen im Norden Ladakhs, die quasi ihr Vermögen darstellen. Diese Peraks mit weit abstehenden Ohrenschützern aus schwarzem Lammfell wölben sich über der Stirn und reichen oft bis tief in den Rücken hinab. Sie sind mit kunstvoll angeordneten Türkisen bestückt. Dazu werden noch Edelsteinketten und Amulette getragen, die den Reichtum der Trägerin verraten.*

Oben: *Ein Hochzeitstänzer trägt die reichverzierte, fünfblättrige Krone.*

der Südseite noch höher. Schon zischten Neuschneelawinen über die steile Südflanke. Wir folgten mühsam der Militärstraße. Mitten in der Nacht trafen wir im Schneesturm auf eine völlig blockierte, tief eingeschneite Lastwagenkolonne im steilsten Lawinenhang. Als wir durch den tiefen Schnee an einem der Lastwagen vorbei wollten, leuchtete ein kleine Taschenlampe auf, und ein südindischer Soldat fragte freundlich: »Do you want a cup of tea? That's all we have!« Erst einige Tage später konnten die unglücklich Blockierten mit speziellen Schneepflügen von Ladakh aus befreit werden.

In Khalsi, einem kleinen Handelsplatz nördlich von Lamayuru, verläßt der Indus das breite Tal von Ladakh und verschwindet in einer kahlen, un-

Folgende Doppelseite: *Nirgends bemerkt man so sehr die Vielfalt der Stämme und Abstammung wie in Ladakh, besonders auf dem Basar der Hauptstadt Leh, wo sich das fröhliche Völkchen herumtreibt, oder bei großen religiösen Festen, bei denen schon durch die Kopfbedeckungen Herkunft und Sitte sichtbar wird.*

In den Mysterienspielen, die an klösterlichen Festtagen in den Tempelhöfen abgehalten werden, tritt der Schwarzhut-Tänzer auf: hier in Ladakh genauso wie in Sikkim und Bhutan. Es ist das große Mimenspiel, das wortlos durch Bewegung und Tanz in schönsten Kostümen ein wichtiges Drama alter Zeiten in Erinnerung bringt. Es geht um den Sieg des Guten über das Böse, wie es sich zum Beispiel in der Ermordung des tibetischen

Verräter-Königs Langdarma zeigte. Dieser wollte den Buddhismus vernichten und aus Tempeln Kneipen machen. Da entschloß sich ein einsamer Yogi zur Tat. Als schamanistischer Schwarzhut-Tänzer verkleidet, zog er in den Königshof und faszinierte Langdarma so sehr, daß er ihn aus nächster Nähe erdolchen konnte. Das bedeutete, in der Mitte des neunten Jahrhunderts, das Ende der Yarlung-Dynastie in Lhasa.

Links und unten: *Unter den Festungen und Klosterburgen von Ladakh fällt besonders Thikse auf. Typisch für die Anlage der Klöster ragt es mit seinen sich nach oben verjüngenden Mauern auf der Hügelspitze empor. Es liegt auf dem Weg nach Hemis, etwa 17 km von Leh entfernt, und soll bereits im 15. Jahrhundert begründet wor-*

den sein. Der Buddha der Zukunft, Maitreya, wird hier besonders verehrt. Von den Wänden des Hofes leuchten die Wandmalereien der 84 Mahasiddhas, der »Großen Wunderwirker«. Die Mönchsbehausungen schmiegen sich unterhalb des Hauptbaues an die Bergseite. Hier, wie in allen Klöstern, trommeln die Lamas auf die große Stehtrommel, um die Gläubigen zur feierlichen Zeremonie zu laden.

wegsamen Granitschlucht in nordwestlicher Richtung. Von Lamayuru aus führt die Militärstraße über den 4100 Meter hohen Fatu La, anschließend über den 3720 Meter hohen Namika La und erreicht, am Wakha Chu entlang, den wichtigen islamisch geprägten Ort Kargil. Wohl in keinem Gebiet der asiatischen Welt gibt es eine derart scharfe Abgrenzung zwischen einer buddhistisch und islamisch geprägten Gegend. In Kargil und den kleinen Dörfern des Suru-Tales gleißen die bunten Kuppeln der Moscheen mit ihren schlanken Minaretten. Die Wohnhäuser, meist aus Lehm und Holz gebaut, sind dagegen eher unansehnlich, das Straßenbild wird belebt durch

Rechte Seite: *Wenig bekanntes Felsrelief des Buddha Maitreya am Suru-Fluß in Zanskar. Dieses Relief wurde vor 10 Jahren vom Geologen Kaspar Honegger wiederentdeckt.*

Oben: *Steinstatue des Buddha Maitreya in Sani, Zanskar.*

Rechts: *Bronzene Kultfigur aus Kashmir, ca. 12. Jahrhundert. In Ladakh kam zunächst, vor etwa 1000 Jahren, das Licht noch nicht aus Osten. Kashmir war damals eine Hochburg buddhistischer Gelehrsamkeit, und viele Anregungen erreichten Ladakh von Westen aus. So auch diese hervorragende Statue eines Bodhisattva, die heute im Kloster Hemis aufbewahrt wird.*

die bunte Bekleidung und die obligate Kopfbedeckung der Frauen. Das weite Kargil-Becken mit seinen auffallenden Flußterrassen (heute vor allem Übungsgelände und Lager des Militärs) ist durch die 12 Kilometer lange Wakha-Schlucht von dem im Osten liegenden Tal von Mulbeck getrennt. Plötzlich, am östlichen Ausgang der Schlucht, sehen wir uns in eine buddhistische Landschaft versetzt. Umgeben von intensiv bebauten Feldern liegen die schmucken, weiß bemalten Tibeterhäuser; auf den flachen Dächern lagert Brennholz für den kalten, aber eher schneearmen Winter. Chörten und kleine Tempel stehen an den Wegen, und Klöster auf steilen Hügeln dominieren die Gegend. Die fremdartig wirkenden Kalkfelsen scheinen hier für den Klosterbau und die kunstvollen Felsreliefs geradezu

prädestiniert, dies wird besonders augenfällig im Klosterdorf von Mulbekh. Das ungewöhnliche Landschaftsbild ist gekennzeichnet von den entlang der Suturzone hochgepreßten »exotischen« Kalkmassen. Zusammen mit den ozeanischen Krustengesteinen hat diese Landschaft die naturverbundene, außergewöhnliche buddhistische Fantasie zu ihren Kunstwerken angeregt.

Der Indus hat nun ebenfalls islamisches Gebiet erreicht, aber in den steilen, wüstenartigen Granitschluchten bemerkt man wenig davon. Auch früher war dieses Gebiet unbewohnt, keine Karawanenwege führten längs seines Laufes. Heute ist dieser Teil militärisch verbotenes Niemandsland. Der Indus öffnet seine Schlucht erst wieder bei Skardu, einem früher wichtigen Durchgangsort von Kashmir, über den Burzil-Paß und das Deosai-Hochplateau in den Karakorum. Skardu liegt in einem weiten Wüstental mit hohen Flußterrassen und Sanddünen. Von Nordwesten mündet der breite Shigar-Fluß in den Indus, der den östlichen Karakorum entwässert. Er entspringt am Baltoro-Gletscher, den wir wegen seiner jungen Granite

Rechte Seite: *Brücke über den Barai Nala in Zanskar.*

Oben: *Der Hauptlama des Klosters Karsha.*

Rechts: *Kloster Karsha in Zanskar. Die ersten Missionare der 1419 in Tibet gegründeten Gelugpa (»Die Tugendhaften«) erreichten schon nach zehn Jahren den westlichen Himalaya. Karsha ist eine ihrer Gründungen. Im Vergleich mit dem benachbarten Ladakh sind die Klöster in Zanskar meist einfacher, aber auch ursprünglicher.*

mit den imposanten Trango-Türmen kennengelernt haben. In Skardu fällt auf, daß der Indus sich seit seinem Verlassen Ladakhs durch die Granitschlucht um das Doppelte vergrößert hat.

30 Kilometer östlich von Skardu mündet der Shyok in den Indus. An diesem Zusammenfluß können wir erkennen, daß beide Flüsse genau gleich groß sind, obwohl der Indus die doppelte Länge hat. Die Erklärung für dieses Phänomen liegt in den Quellflüssen des Shyok, die fast alle großen, sehr aktiven Gletschergebieten entspringen. Stauungen der Quellflüsse des Shyok durch rasch vorstoßende Gletscher haben häufig zu Flutkatastrophen geführt. 1840 soll eine Eisbarriere den Oberlauf des Shyok zu einem 16 Kilometer langen und 150 Meter tiefen See aufgestaut haben. Ein halbes

Buddha Maitreya von Mulbekh, Ladakh, in einen großen Kalkblock gemeißelt. Diese Kalke, die oft auch steile Felshügel bilden, sind entlang der Indus/Yarlung-Sutur aus unbekannter Tiefe hochgepreßt worden. Kleine Klöster sitzen oft auf den Spitzen oder Fresken zieren die Seiten. Das Gebiet von Mulbekh ist dafür ein klassisches Beispiel. Das Denkmal aus dem 8./9. Jh.

Jahr später donnerte eine 10 Meter hohe, alles vernichtende Wasserfront über 300 Kilometer durch die Täler. Am Zusammenfluß des Shigar mit dem Indus lag einst ein großer See. Die Seesedimente sind in den markanten Terrassen von Skardu ausgezeichnet aufgeschlossen.

Nach dem Skardu-Becken fließt der Indus wieder durch eine tiefe Schlucht; früher unpassierbar, wird diese heute durch eine kühn angelegte Militärstraße entlang der Nordhänge umgangen. Den letzten Teil dieser Schlucht bildet der altkristalline Keil des indischen Schildes, auf dessen

trägt die Inschrift des Ministeriums von Jammu und Kashmir: »Diese Statue von Maitreya wurde wahrscheinlich im 1. Jahrhundert v. Chr. während der Kushana-Dynastie in den Stein gemeißelt. Nach dem buddhistischen Glauben wird Maitreya der fünfte Buddha in der Serie der ›Tausend Buddha‹ sein, welche diese Welt besuchen werden. Es heißt, daß eine Inschrift auf der Rückseite des Felsens, anscheinend in Karoshti-Schrift, verschüttet wurde. Dieses Denkmal ist ein Wahrzeichen in der Geschichte von Ladakh, und wir müssen danach trachten, es zu erhalten.«

Westseite der Indus plötzlich scharf nach Norden biegt, gleichsam um das im Norden liegende wilde, 7300 Meter hohe Haramosh-Gebirge zu umfließen, um sich dann, wieder in südlicher Richtung, mit dem Hunza-Fluß zu vereinigen. Das breite Tal des unteren Hunza-Flusses führt zum wichtigen Zentrum von Baltistan, Gilgit, dem früheren Durchgangsort der alten Nord-Süd-Verbindungen entlang des mittleren Indus. Dieser Verbindungsweg folgte dem Hunza-Fluß nach Norden durch die Ketten des Karakorum und bahnte sich einen Weg neben dem unberechenbaren Pasu-Gletscher,

Unten: *Ladakh. Das Tal von Shey mit den vielen, meist verfallenen Chörten. Die Chörten ist die tibetische – auch ladakhische – Form des indischen oder nepalesischen Stupa. Dabei handelt es sich um eine Grabstätte, welche die Asche eines meist frommen Verstorbenen enthält. Die Chörten versinnbildlicht das Universum.*

Rechts: *Wenn man von Srinagar kommend den 4100 Meter hohen Fatu La überquert hat, erreicht man Lamayuru, eines der berühmtesten Klöster Ladakhs, das in der heutigen Gestalt im 16. Jahrhundert entstanden ist. Wie aus dem Fels gewachsen, schmiegen sich seine Bauten in die schroffe Landschaft. Es gehört der reformierten Gelben »Schule«, die hier eine prachtvolle Statue von Avalokiteshvara, dem Bodhisattva der Barmherzigkeit, in seiner elfköpfigen, tausendarmigen Form verehrt und eine große Bibliothek pflegt, in welcher die heiligen Schriften des Tanjur und Kanjur vorhanden sind.*

Unter vielen Bodhisattvas findet sich im Vorraum des Klosters Alchi – das älteste erhaltene Kloster in Ladakh – die Darstellung zweier bemannter und beflaggter Boote (hier ein Detail). Die Darstellung von Booten in einem Kloster, in dessen Umgebung seit seiner Gründung Wüstenklima herrscht, könnte entsprechend der Legende über die Gründung des Klosters Lamayuru eine »Erinnerung« an Seen sein, die tatsächlich in vorhistorischer Zeit in diesen Gebieten nachgewiesen werden konnten.

der regelmäßig das Tal füllt und zu gefährlichen Flußstauungen führt. Für die von den Chinesen neu gebaute Karakorumstraße ist der Pasu-Gletscher auch heute noch ein gefürchtetes Hindernis. Am Fuße der wilden Karakorumberge bewundern wir die alte Burg des Emirs von Hunza. Sie erinnert an frühere Zeiten, in denen ein weites Gebiet von den arbeitsamen Hunza bewohnt wurde. Über den Ursprung der Hunza wissen wir nur wenig. Mit ihrer eigenen Sprache könnten sie ein Überbleibsel früherer Völkerwanderungen sein. Ein großer Felsen am nördlichen Ausgang von Hunza ist mit Gravuren stilisierter Steinböcke bedeckt – eine Erinnerung an den Ursprungsglauben der Hunza? Noch heute fallen die besonders intensiv bebauten Felder auf, zu denen das lebenswichtige Wasser in komplizierten Kanälen, oft an senkrecht abfallenden Felswänden entlang, aus den wilden Schluchten geführt wird. Trotz oder gerade wegen der äußerst harten Lebensbedingungen und der einfachen, aber wertvollen landwirtschaftlichen Produkte zählen die Hunza noch heute zu den gesündesten Völkerschaften des gesamten Himalaya.

Rechte Seite: *Wilde, ungangbare Schluchten markieren den Südrand des Ost-Karakorums, in den Nebenflüssen des Shyok aufgeschlossen.*

Oben: *Die alte Burg der Könige von Hunza, auf der Südseite des Karakorum. Hunza liegt an der wichtigen Indus-Karawanenroute, und das Hunzavolk, heute noch mit eigener Sprache, dem Burushaski, könnte ein Überbleibsel der dieser Route folgenden Völkerwanderungen sein. In den weißen Marmorlagen dieser Gegend werden noch heute Rubine gewonnen.*

Weiter gegen Süden kann man schon das vergletscherte Massiv des 8125 Meter hohen Nanga Parbat erkennen, welches das weite Tal abschließt und

Landsat-Aufnahme vom 11. 9. 1976. Sie zeigt den hochvergletscherten östlichen Karakorum und bedeckt ein Gebiet von 32400 km². Der untere Teil der großen Gletscher ist meist schneefrei, die Schneegrenze liegt bei ca. 5000 Meter. Links unten erkennt man den Baltoro-Gletscher mit den Trangotürmen auf der Nordwestseite und dem K 2 am nördlichen Ende. Der Karakorum wird im Norden begrenzt durch das Flußsystem des Yarkand, der in Richtung Pamir fließt. In das Quellgebiet des Yarkand führt der Karakorumpaß (K.P).

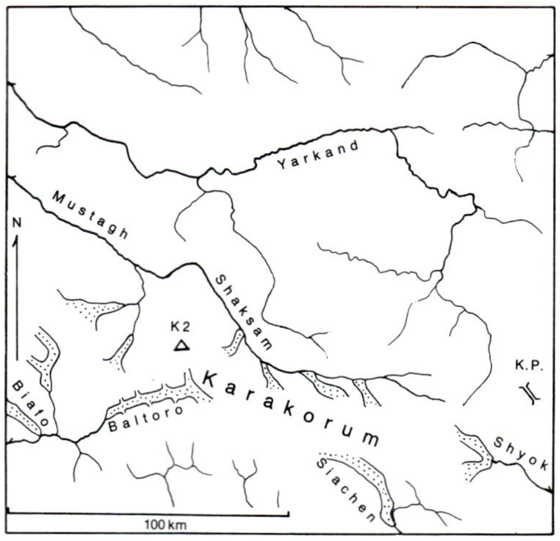

Rechte Seite: *Polnische Bergsteiger an der Nordflanke des Nordostgrates am K 2. Sie hatten 1976 eine neue Route versucht. Als sie sich nur noch rund 200 Meter unterhalb des Gipfels befanden, schlug das Wetter um und zwang sie zum Rückzug.*

Folgende Doppelseite: *Die Südflanke des östlichen Karakorum mit dem Mündungsgebiet des Hushe in den Shyok. Die riesigen Schwemmebenen werden von Hunderten von Flußarmen durchzogen. Ein auffallender Kontrast von Gebirge und Ebene.*

den Indus nach Südwesten und dann nach Westen abdrängt. Er fließt nun entlang der Nordwestflanke des Nanga Parbat durch die weite Schlucht von Chilas. In diesem Teilabschnitt finden wir die schönsten Felszeichnungen, die uns über die 3000jährige Geschichte der unzähligen Karawanen dieser Nord-Süd-Verbindung berichten. In dem immer noch trockenen Klima sind die großen, massigen, granitischen Felsen an den Ufern des Indus von einem glänzenden, schwarzen Wüstenfirnis oder Wüstenlack überzogen. Vor allem Mangan und Eisenoxide bilden durch Verdunstung an der Gesteinsoberfläche eine Verwitterungskruste. In diese schwarze Unterlage lassen sich besonders gut Figuren und Inschriften eingravieren oder meißeln. Sie bleiben als hellere Zeichnungen über Jahrhunderte erhalten. Hier bietet uns der Indus noch eine weitere Überraschung: er liegt nur noch 1000 Meter über Meeresspiegel und ist knappe 21 Kilometer vom Gipfel des Nanga Parbat entfernt. Auf dieser Strecke beobachten wir die unglaubliche Höhendifferenz von 7100 Metern. Und sogar dampfende, heiße Quellen treten hier auf.

Linke Seite: *Der Shyok fließt entlang des Ost-Karakorum teils durch enge Schluchten, dann wieder durch weite Schwemmebenen, die während der Trockenzeit ein kompliziertes Netz von Flußarmen bilden, im Frühling und Sommer aber vollständig überflutet werden.*

Eine neue Hängebrücke über den Hunza-Fluß, stark genug für kleinere Lastwagen.

Als höchste Erhebung im Westhimalaya läuft das 8125 m hohe Nanga Parbat-Gebirge nicht parallel zu Himalaya und Karakorum, sondern es streicht praktisch quer dazu. Mit dem weiter nördlich gelegenen, weniger bekannten 7300 m hohen Haramosh grenzt es scharf, und zwar entlang der Shyok-Sutur, an den Karakorum, kurz bevor der Indus zwischen beiden Gipfeln die Kette in einer tiefen Schlucht durchbricht. Hier treten stark gefaltete und umgewandelte Gesteine des indischen Schildes auf, dessen Nordsporn für die außergewöhnliche Lage des Nanga Parbat verantwortlich ist. Wetterumstürze sind hier besonders häufig und führen manchmal zu Katastrophen.

Der Nanga Parbat ist mit 8125 Metern der Hauptgipfel des Kashmir-Himalaya (Pakistan) und neunthöchster Berg der Erde. Allein 1985 waren 12 Expeditionen am Berg, drei davon erreichten den Gipfel. 1953 erreichte Hermann Buhl erstmals über die Nordwestflanke den Gipfel im Alleingang.

Westlich von Chilas ändert der Indus wiederum seine Richtung und beginnt allmählich nach Süden zu drehen, um dann endgültig in dieser Richtung weiter zu fließen. Mit dieser Richtungsänderung wechselt auch das Klima. Nach dem Trockenbereich entlang des westlich gerichteten Tales beginnt nun ein etwas feuchteres Klima, sobald die südlichen Winde ihren Einfluß in den jetzt nach Süden gerichteten Tälern geltend machen. Nach der niederen Strauchvegetation finden wir hier lichte Birken, Tannen und

In der religiösen Landschaft von Ladakh fallen besonders alte Felsreliefs und Felszeichnungen auf, die bezeugen, daß hier der Buddhismus schon sehr früh, während der Kushana-Dynastie, also schon vom 1. Jahrhundert v. Chr. bis zum 1. Jahrhundert n. Chr., florierte. Vielleicht war er schon viel früher durch Missionare eingeführt geworden, so wie es in vielen Legenden festgehalten ist. Danach wären nicht nur Mönche schon zur Zeit Kaiser Ashokas in der Mitte des 3. Jahrhunderts v. Chr. in Ladakh gewesen, sondern auch Schüler Buddhas, die ersten Arhats.

Rechts: *Diese zusammenfaltbare »Reisethanka« ist aus Bronze gefertigt und stellt den Buddha der Zukunft, Maitreya, dar. Im unteren Teil sieht man, zwischen aufsteigenden Löwen, einen Lama mit Gebetsmühle, einem typischen Motiv des alten Ladakh.*

weiter südlich auch Eichenwälder. Das Klima bleibt in diesem Bereich des Westhimalaya dennoch relativ trocken, mit kurzer Unterbrechung während des hier viel schwächeren Sommermonsuns.

Südlich von Patan, dem Ort häufiger Erdbeben – der Indus kreuzt hier die südliche Suturzone –, folgen weitere Schluchten. An den steilen Hängen finden sich Reste der alten Verbindungswege, oft mit Steintreppen im felsigen Gelände. Meist ziehen sich diese Wege die linken Talflanken entlang und verbinden kleine Gebirgsdörfer miteinander, die heute wegen der dem rechten Ufer folgenden neuen Karakorumstraße vom Verkehr abgeschnitten sind. Charakteristische, festungsartige Tempel-Türme mit reichlich geschnitztem Oberbau aus Holz setzen in diesen Dörfern bemerkenswerte architektonische Akzente. Sie gleichen ähnlichen Bauten im südlichen Zanskar oder an den südlichen Nebenflüssen des Sutlej in Höhenlagen zwischen 2000 und 3000 Metern.

Felsgravierungen am Indus bei Chilas, Nord-Pakistan. Entlang der alten Karawanenwege, ein Seitenast der Seidenstraße, haben Händler und Pilger an bestimmten Uferstellen des Indus interessante Bilder und Inschriften hinterlassen. Erst als ausländische Forscher nach Fertigstellung des Karakorum-Highway zu dieser Gilgit-Hunza-Region Zugang hatten, wurden die meisten dieser vor allem aus dem 6. – 7. Jahrhundert stammenden Felsbilder bekannt. Deutlich erkennt man Darstellungen des Buddha und des Stupa-Reliquienschreins.

Bevor sich das Industal endgültig weitet, verläßt die Karakorumstraße den Indus unterhalb von Besham über eine imposante von den Chinesen erbaute Hängebrücke, ein letztes Beispiel der im Himalaya vor Jahrtausenden entwickelten, aber in China erfundenen Kunst. Die folgende, letzte Schlucht des Indus ist noch fast unbekannt: sie hat keine Verbindungswege und wird von wenig freundlichen Stämmen bewohnt. Bei seinem endgültigen Austritt in ein weites Tal mit niedrigen Hügelzügen wird er durch eines der größten Stauwerke Asiens, den Darbela-Damm, zu einem großen

See aufgestaut. Einen Fluß von diesen Ausmaßen zu stauen, birgt große technische Probleme, besonders wenn quer zum Damm eine Bruchzone verläuft. Daher war der Damm nie ganz dicht, und an der Dammbasis sind sogar quellenartige Wasseraustritte festzustellen. Wie der Ganges und der Brahmaputra transportiert auch der Indus große Mengen Schlamm und Sand. Er wird in relativ kurzer Zeit sein Staubecken mit Sand und Schlamm verkleinern, besonders während des Monsuns. Nicht einmal die Turbinenkavernen konnten in sicheren Fels eingebaut werden, denn auch dort verlaufen Bruchzonen. Volle Kapazität konnte daher bis jetzt in Darbela, dem großen »weißen Elefant«, nicht erreicht werden.

In den abgelegenen südlichen Bergtälern zwischen Sutlej und Indus, in lichten Föhren- und Eichenwäldern, fallen in den Bergdörfern burgartige, hölzerne Turmbauten auf, oft mit reichen Holzschnitzereien versehen. Es sind dies eine Art Tempel, den lokalen Gottheiten gewidmet. Der aus Rundholz bestehende Unterbau ist mit weißlichem Lehm abgedichtet, was eine auffallende weiß-schwarze Streifung bewirkt.

Rechts: *In den Dörfern auf der Südseite der Zanskar-Kette erkennt man den Übergang von den flachen Tibethäusern zu den schindelbedachten Holzhäusern des Kashmir-Stils. Noch verbinden die typischen Tibetleitern aus einem Baumstamm die verschiedenen Stockwerke.*

Nach den großen westlichen Zuflüssen wie Kunar und Kabul, verläßt der Indus auf der Westseite der berühmten Saltrange, einer Hügelkette, die mit 600 Millionen Jahre altem Salz die südlichste Bastion des Westhimalaya bildet, endgültig das Gebirge. Durch die weiten Ebenen des Punjab und Sind erreicht er östlich von Karatschi das Arabische Meer, nachdem er die ältesten Kulturstätten Indiens, die Ruinen von Mohenjo Daro, hinter sich gelassen hat. Auch der Indus hat sich ein außergewöhnlich großes submarines Delta geschaffen, das in seiner Ausdehnung und Verzweigung fast dem

Während in vielen Bergdörfern
der bewaldeten Südabdachung des Himalaya
kunstvolle Holzschnitzereien Fensterrahmen und Balkone schmücken,
zeigen kleine Holztempel der südlichen Zanskar-Ketten
einen ganz eigenartigen Stil der Motive.
Die Darstellungen unterscheiden sich von den
hinduistischen und buddhistischen Motiven
in auffallender Weise.
Man vermutet, daß sie eine noch wenig bekannte
animistische Vorstellung widerspiegeln.

Folgende Doppelseite: *Der Indus unterhalb von Skardu. In der Abendstimmung gleicht der hier ruhig fließende Indus einem See. Diesen gab es in vorgeschichtlicher Zeit tatsächlich im Skardu-Becken, dort, wo der Shigar in den Indus mündet.*

des Ganges und des Brahmaputra gleichkommt. Der wichtige Murrey Ridge, der submarine Rücken des Arabischen Meeres, verschwindet in den jungen Delta-Ablagerungen, die auch hier einen Teil des abgetragenen Himalaya bilden.

Während Indus und Brahmaputra nur auf großen Umwegen die Himalaya-Kette durchbrechen konnten, überwinden die restlichen drei Kailasflüsse das Hindernis auf viel kürzerem Weg.

In den gleichen abgelegenen kleinen Dörfern auf der Südseite der vergletscherten Zanskar-Kette finden sich auch hochinteressante Holzschnitzereien, die noch weitgehend unerforscht sind. Gewisse Motive erinnern sogar an Maya-Skulpturen Mittelamerikas.

Der Sutlej

Der Sutlej entspringt nach offiziellen Angaben dem Raksas-Tal, doch sein Austritt aus dem Dämonensee ist nur bei Hochwasser sichtbar. Das Wasser sickert teilweise unterirdisch durch den Schotterboden. Der erste größere Seitenfluß entspringt im Süden am Himalayapaß Darma La, und da er mehr Wasser als der Sutlej führt, wurde er gelegentlich als dessen Quelle bezeichnet. Von besonderem Interesse ist der nächste, von Süden kommende Seitenfluß Shib Chu. Hier beginnt das große Schotterbecken des Sutlej, das Gebiet von Hundes, mit den auffallenden horizontal liegenden Terrassen, durchschnitten von steilen Schluchten, in denen schon vor 100 Jahren die berühmten Säugetierknochen gefunden wurden. Am Shib Chu liegen auch die östlichsten Vorposten der Höhlenklöster aus der Zeit des Königreiches Guge. Vor 50 Jahren entdeckte ich hier in senkrecht herabfallenden Schotterwänden ein solches, längst verlassenes und vergessenes Kloster, und zwar an der Stelle, wo der Shib Chu in einer Höhle verschwindet und erst viel weiter nördlich wieder zum Vorschein kommt. Wir beschlossen damals, in die Shib Chu-Schlucht hinabzusteigen. Von unserem idyllischen Lagerplatz am Fluß bot sich ein unvergeßlicher Anblick. Der ganze Talhang bestand aus wild gestuften, bis zu

Mythologische Darstellung des Weltenberges Meru, der »Mitte der Welt«. Wandmalerei im Kloster Likir (Ladakh). Das bekannte Welt-Bild der indischen Kosmologie wurde auch von den Tibetern übernommen und auf den Kailas übertragen.

Im 17. Jahrhundert, als unter der Mogulherrschaft in Indien, dem Mutterland des Buddhismus, der Name Buddhas vergessen war, erreichten christliche Missionare Tsaparang. Der Portugiese Antonio de Andrade (1580 – 1634) war 1624 der erste Europäer, der über den Mana-Paß West-Tibet erreichte und staunend ein buddhistisches Himalaya-Königreich vorfand. Seine »Beschreibung einer weiten und gefährlichen Raise« erschien 1627, gedruckt in Augsburg. Es ist die erste Schilderung der buddhistischen, den christlichen Geboten so ähnlichen Lebensordnung, die zunächst allgemeines Erstaunen und Ungläubigkeit erregte.

300 Meter hohen Wänden. Und in diesen befanden sich Hunderte von Höhlen, teilweise von Menschenhand geschaffen. War jemand da? Tagelang sind wir schon durch gänzlich unbewohnte Gegenden gereist, und jetzt stehen wir vor einer ganzen Felsenstadt, aber sie ist tot, verlassen, vielleicht schon lange vergessen! Eine große Höhle im unteren Teil wird als unser Lager bestimmt. Die ganze Decke ist mit einer dicken Rußschicht überkrustet. Rings an den Wänden befinden sich Felsnischen. In einer der Nischen steht ein kleiner, sehr kunstvoll aus Serpentin gearbeiteter Buddha.

Vom unteren »Stadtteil« kletterten wir in die höheren Viertel. Dies war nicht immer sehr leicht. Teilweise sind Felsen abgestürzt; auch müssen

früher Leitern vorhanden gewesen sein, von denen jetzt jedoch jede Spur fehlt. Ganze Galerien verbinden in den senkrechten Felswänden die verschiedenen Höhlen. Plötzlich stoßen wir auf Räume, die nicht durch Ruß geschwärzt sind. Mittendrin steht ein verfallener Altar. Ein großer Haufen Schriftstücke liegt umher, einzelne Blätter von typischen tibetischen Büchern. Auf Stoff sind in tadellos erhaltenen Farben interessante Götterfiguren gemalt. Der ganze Boden ist übersät mit kleinen, in Formen hergestellten Lehmfiguren (Tsa-tsas). Es muß sich hier um einen Tempel handeln.

Zanda, das antike Tholing im Königreich Guge, Westtibet. Die heute weitgehend zerstörte Tempelanlage war im 11. Jahrhundert das bedeutendste religiöse Zentrum Westtibets. Hier übersetzten die berühmten Religionsgelehrten Rinchenzangpo und Atisha wichtige Texte aus dem Sanskrit ins Tibetische.

Steilwand eines Felscanyons bei Tholing. Rund 700 Meter tief haben die Flüsse solche Canyonschluchten geschaffen: Formen und Farben von überwältigender Schönheit. Auch die Wege nach Tholing und Tsaparang im einstigen Guge-Reich folgen solchen tiefen Einschnitten in die horizontal geschichteten Sedimente. Hier wurden vor über 100 Jahren Knochenreste tropischer Säugetiere gefunden, welche die jüngste Hebung des Himalaya von über 4000 m beweisen.

Eine der eindrücklichsten Landsat-Aufnahmen vom 19. 11. 1976 aus 900 km Höhe bedeckt das obere Sutlej-Gebiet. In der mittleren westlichen Bildhälfte sind die intensiv erodierten Schotterterrassen, wo Knochen tropischer Säugetiere gefunden wurden, besonders gut sichtbar. In deren Mitte liegt die alte Ruinenstadt Tsaparang (Ts), Hauptstadt des frühen Königreiches Guge. Der Sutlej und seine Nebenflüsse bilden meistens steile Schluchten. Am untersten rechten Bildrand fließt der Shib Chu in den Sutlej. Dort befindet sich auch die 1936 entdeckte Höhlenstadt (X). Nordöstlich des weiten Sutlej-Beckens trennt eine markante Kette dieses von der von Südost nach Nordwest verlaufenden Senkung, durch die die markante Indus-Yarlung-Sutur (I. Y. S.) läuft. Hier liegt der einst wichtige Handelsplatz Gartok (Ga). Nordöstlich davon die Kailas-Kette des Transhimalaya. Die Südwestecke der Aufnahme bedeckt den Himalaya mit den Quellflüssen des Ganges und dem wichtigen Mana-Paß.

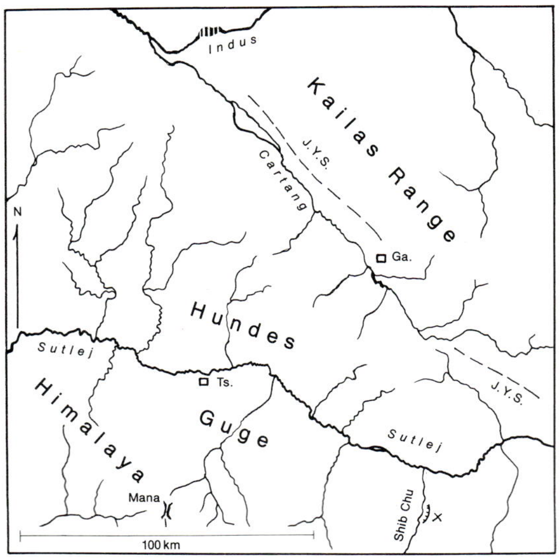

Ein niedriger Gang führt in eine weitere Höhle. Der Eingang ist halb zugemauert. Staunend stehen wir in dem Raum. Die mit Lehm gestrichenen Wände sind bedeckt mit farbenprächtigen Fresken. Weitere Räume folgen, wohl die Schlafzellen von Lamas. Hoch oben in der Wand befindet sich noch eine isolierte, feuerrot ausgemalte Höhle. Aber unsere Kletterversuche sind erfolglos. Eine große Felsmasse muß hier einst abgestürzt sein.

Nach vielen Stunden unserer Entdeckungsreise kehrten wir in unsere »Wohnung« zurück. Gegen den Himalaya sieht es wieder düster aus, im Süden hängen schwarze Gewitterwolken. Donner rollt weit entfernt. Es ist ganz dunkel geworden; eine unheimliche Nacht bricht an. Ich kann nicht recht einschlafen. Die vielen Entdeckungen schwirren im Kopf herum. In einer Gebetsnische sitzt noch der kleine Buddha aus Serpentin. Ganz schwach ist er von außen beleuchtet. Er grinst, er wächst, nimmt übermenschliche Gestalt an. In all den vielen Höhlen sitzen kleine Buddhas aus Serpentin, wachsen zusehends, steigen aus ihren Höhlen herunter, drängen sich um unseren Eingang. Das Donnern eines herabfallenden Felsblocks weckt mich; ein großer schwarzer Vogel fliegt lautlos aus unserer Höhle. In seiner Gebetsnische sitzt noch der kleine Buddha aus grünem Serpentin.

Auf einer Länge von fast 200 Kilometern fließen der Sutlej und seine vielen Nebenflüsse durch ein unübersehbares Gewirr von wildesten Fels-

Der Burghügel von Tsaparang, der einstigen Hauptstadt des Königreichs von Guge. Die Talsohle des Sutlej-Flusses auf nur 3700 m ü. M. macht vor allem den Anbau von Gerste möglich, Grundlage für jede seßhafte Siedlungsweise in Tibet.

Linke Seite: *Blick über die Canyonlandschaft bei Tholing und Tsaparang. Westlich vom Kailas entstand um das Jahr 1000 am Sutlej-Fluß eines der bedeutendsten Kulturzentren Tibets. Von hier aus gab es eine natürliche Verbindung zu anderen Regionen der buddhistisch-tibetischen Kultur wie Spiti und Ladakh. Erst durch den indisch-chinesischen Grenzkonflikt von 1962 wurde die alte Verbindung unterbrochen.*

Tsaparang wurde 1630 von Ladakh erobert. Das seit über 600 Jahren hier etablierte Königreich Guge hörte auf zu bestehen. Seither sind die Paläste verfallen und die Klöster verlassen. Erst 1933 beziehungsweise 1948 wurde der durch seine Naturszenerie faszinierende Ort von westlichen Forschern und gelehrten Pilgern wiederentdeckt.

Rechte Seite, oben: *Dieser kleine, nur sieben Zentimeter hohe Serpentin-Buddha ist wohl der seltsamste und in seiner Art einzigartige Fund in der versunkenen Felsentempelstadt. Serpentinstein mit leicht grünlicher Färbung kommt in dieser Gegend häufig vor.*

bastionen. Hier liegt das alte Königreich Guge mit vielen Zeugen einer vergangenen Kultur. Der bekannte deutschstämmige Lama Anagarika Govinda war der letzte Forscher, der kurz vor dem Einmarsch der Chinesen in Tibet diese Stätte besuchte und mit Hilfe seiner Frau Li Gotami viele der Kunstwerke kopieren konnte. Die lebhaften Schilderungen in seinem Buch »Der Weg der weißen Wolken« geben ein ausgezeichnetes Bild dieser eigenartigen Landschaft: »... für uns war es geradezu ein Paradies, eine verzauberte Welt von außerordentlichen Felsgebilden, die sich zu Bündeln riesiger Türme kristallisiert hatten und Hunderte von Metern in den tiefblauen Himmel ragten, wie ein magischer Schutzwall um eine grüne Oase, die von Quellen und schnellfließenden Gebirgswässern gespeist wurde.

Der Felsgrat war von Tempeln, Chörten, Klostergebäuden und den Ruinen alter Schlösser oder Burgen gekrönt und bot einen herrlichen Ausblick ins Tal, das von einer Phalanx von Felstürmen, die in Reihen hintereinander wie Orgelpfeifen aufstiegen und von Hunderten von Höhlenwohnungen und ihren Fensteröffnungen durchbrochen waren, begleitet wurde. Die größte Überraschung aber war der Haupttempel, der nicht nur unbeschädigt war, sondern noch ein goldenes Dach besaß, das in der wilden Szenerie von Felsen und Ruinen wie ein vergessenes Juwel strahlte – Erinnerungen und Symbol vergangener Pracht und eines lebendigen Glaubens, der hier blühte, als das Tal noch von Tausenden von Menschen bevölkert und von weisen und frommen Königen beherrscht wurde. Die Reste alter Fresken überzeugten uns davon, daß dieser Tempel gegen das Ende des zehnten Jahrhunderts n. Chr. errichtet worden war – also vor fast tausend Jahren!«

Die Ruinenstädte Tholing und Tsaparang liegen im Schottergebiet des Sutlej. Tholing wurde im Jahre 1076 berühmt durch das große religiöse Konzil unter König Tseldé, an dem alle geistlichen Würdenträger Tibets teilnahmen. Es wurde zum Triumph des Buddhismus in Tibet. 1625 erreichte der portugiesische Missionar Antonio de Andrade die Königsstadt Tsaparang. Der gutgläubige und tolerante König erlaubte dem Pater, eine Missionsstation einzurichten. Über die Tragik dieses Unternehmens schrieb Lama Govinda einen Bericht. Er beginnt mit einem Brief des Königs an den Jesuitenpater: »Wir, der König mächtiger Königreiche, begrüßen mit Freude die Ankunft des Paters Antonio in unseren Landen. Damit er uns die heilige Satzung lehren möge, ernennen wir ihn zu unserem Haupt-Lama und geben ihm volle Autorität, die heilige Satzung (tschö-dharma) unser Volk zu lehren. Wir werden es nicht zulassen, daß irgend jemand ihn daran hindere, und wir werden Befehle ergehen lassen, daß ihm ein Stück Land gegeben werde und jegliche Hilfe, derer er bedarf, um ein Gebetshaus zu bauen.«

Doch der König in seiner vertrauenden Güte ahnte nicht, daß der Fremde nicht gekommen war, um wahre und schöne Gedanken mit nach ähnlichen Idealen Strebenden auszutauschen, sondern mit der Absicht zu zerstören, was andere vor ihm gelehrt hatten, und es durch das zu ersetzen, was in seinen Augen die einzige Wahrheit war.

Die Gunst, die der König dem Fremden erwiesen hatte, erregte das Mißtrauen der buddhistischen Geistlichkeit. Dieser Argwohn gründete sich auf die unnachgiebige Haltung des Fremden, der keine anderen als seine eigenen Ideen anerkennen oder dulden wollte. Die Unzufriedenheit wuchs daher, je deutlicher die Gunst des Königs für den Fremden offenbar wurde, und die politischen Gegner des Königs sahen hier eine Gelegenheit zum Umsturz. Der König wurde gestürzt, und mit ihm fand die Guge-Dynastie und die Herrlichkeit Tsaparangs ihr Ende. Um das Jahr 1650 verschwand das Königreich von Guge von der Karte Tibets und kam unter die Herrschaft von Lhasa ...

Andrade verließ Tsaparang 1630 und widmete sich wieder seiner Aufgabe in Goa, wo er einige Jahre später vergiftet wurde. Zu dieser Zeit wurde Tsaparang durch die Truppen des Königs von Ladakh erobert und vollständig zerstört. Andrades Begleiter Marques, ebenfalls wieder in Indien, hoffte jedoch die Mission am Sutlej wieder beleben zu können. Mit weiteren

Blick vom Tsaparang-Burgberg auf das Canyon-Tal des Sutlej. Als 1985 die ersten Fremden wieder dieses Gebiet betreten konnten, bot sich ihnen ein überwältigender Anblick bis hin zu den schneebedeckten Himalayabergen an der Grenze zu Indien.

Jesuiten wurde er am Mana-Paß von tibetischen Wächtern angegriffen und gefangengenommen. Seine Begleiter konnten entkommen. Von Marques hat man nie wieder etwas gehört.

Das ungewisse Schicksal der bekehrten Christen in Guge war Ansporn genug für weitere Tätigkeiten christlicher Missionare. Dem 28jährigen Jesuitenpater Ippolito Desideri war es gelungen, den damaligen Papst für die Unterstützung einer neuen Missionsreise nach Westtibet zu gewinnen. Über Goa kam Desideri Anfang 1714 an den Hof der Mogulkaiser, deren Autorität jedoch zunehmend verfiel. Mächtige englische und französische Handelsgesellschaften hatten die eigentliche Macht in Indien übernommen. Desideri fand unerwartete Unterstützung bei einer adeligen portugiesischen Dame, Dona Juliana. Durch ihren Einfluß auf den letzten Mogulkaiser erhielt sie die Bewilligung für Desideris Reise und finanzierte diese sogar aus ihrer eigenen Tasche. Ein zweiter Missionar, Emanoel Freyre, dem enthusiastischen Desideri von Anfang an unterlegen, wurde von der Goa-Mission zum Leiter der Expedition bestimmt. Die Gruppe erreichte Srinagar im Herbst 1714, fand aber den einzigen Übergang nach Ladakh, den Zoji La, schon geschlossen. Die Teilnehmer der Expedition überwinterten in Srinagar; Desideri zeigte sich begeistert von den Gärten und Seen, während Freyre nur stinkendes Wasser und Müllabfälle feststellte, charak-

Ruinen von Tsaparang. Vergangen sind längst die weltlichen Spuren der einstigen Guge-Herrscher, glücklicherweise aber stehen noch die kleinen Tempel, »Palast-Kapellen« des Herrschersitzes von Guge.

teristisch für die verschiedene Lebenseinstellung der beiden Padres, die sich während der gesamten Reise widerspiegelte. Die Überschreitung des Zoji La im Frühsommer des darauffolgenden Jahres machte »unbeschreibliche Schwierigkeiten«. Über Leh erreichten die beiden Jesuiten völlig erschöpft den Grenzort Tashigang mit dem alten Kloster am Indus, zwischen Ladakh und Tibet gelegen. Durch die Mühsal der Reise war das eigentliche Ziel Tsaparang praktisch vergessen. Da die schwierige Überquerung des Zoji La noch in frischer Erinnerung war, entschied man sich, nicht wie ursprünglich geplant, nach Kashmir zurückzukehren, sondern über Tibet nach Indien weiterzureisen. Wegen der vielen Räuberbanden war diese Reise aber nur mit großen bewaffneten Karawanen möglich. Also wartete man in Tashigang auf eine solche Gelegenheit. Die Gebete der Padres wurden erhört und nahmen in Form einer hübschen und intelligenten Tataren-Prinzessin Gestalt an, die mit großem Troß auf dem Weg nach Lhasa war. Desideris Charme überzeugte die Prinzessin, die »zwei Lamas aus fernen Ländern« mitreisen zu lassen.

Ende November 1715 kampierte die Karawane der Prinzessin am Manasarovar-See. Desideri erfuhr hier, daß in einer Höhle eines hohen Gletscherberges Padmasambhava, der Begründer der Religion Tibets, gehaust hatte, und daß Pilger sogar um diesen Berg zogen, den sie Ngari Niongar nannten. Es war der Kailas! Desideri glaubte, hier die Quellen der heiligen Flüsse Ganges und Indus zu sehen und, nach Überschreitung des Maryum La, entdeckte er das Quellgebiet des Flusses »Tsangpo«, dem die Karawane nun weiter in Richtung Osten folgte. Der Tsangpo bestätigte Desideris Hypothese, nach der alle großen Flüsse dem Kailas entspringen.

Im März 1716, zehn Monate nach dem Aufbruch von Kashmir, erreichte die Karawane Lhasa, wo Desideri die nächsten fünf Jahre verbrachte, vom 6. Dalai Lama hoch geschätzt. Die hübsche Tataren-Prinzessin verließ Lhasa nach kurzer Zeit, um in einem entfernten Kloster Nonne zu werden.

Mit dem Tod Desideris im April 1733 in Rom verschwand das wichtige Manuskript über seine Forschung in Tibet spurlos. Es wurde erst 1875 in Pistoia, dem Heimatort Desideris, unter mysteriösen Umständen wiedergefunden. Das umfangreiche Werk erregte größtes Interesse, wurde aber leider erst 30 Jahre später publiziert. Hier finden wir die Angabe, daß der Yarlung Tsangpo sich mit dem Brahmaputra verbindet, eine Feststellung, über die sich 150 Jahre lang Geographen und Kartographen stritten.

Das alte Königreich Guge endet dort, wo der Sutlej in immer tieferen Schluchten, östlich des 6980 Meter hohen Leo Pargial, die Kette des Hochhimalaya durchbricht. Diese unpassierbaren Schluchten werden über den Shipki-Paß umgangen, der in das Hochtal von Poo führt. Hier leben immer noch Tibeterstämme, die früher regen Kontakt mit den Tibetern nördlich des Shipki-Passes hatten, jedoch wenig Verbindung mit den einige Tagesreisen weiter südlich lebenden indischen Bewohnern. Im Gebiet des nun waldumsäumten Sutlej und seiner vielen Nebenflüsse leben zunächst die Bhotias, weiter unten dann die indische Bevölkerung. Der gute Holzbestand von Eichen und Föhren erlaubte eine mannigfaltige Art von Holzbauten, von einfachsten Balkenhütten bis zu schön geschnitzten Holzhäusern mit Schindeldächern und Steinplatten, dort wo sich Schiefer findet. Von besonderem Interesse sind die Tempel, turmartige Bauten, die den lokalen Gottheiten gewidmet sind. Sie haben geschnitzte Holzlauben und im unteren Teil mit weiß bemaltem Lehm verdichtete Balken.

Der Sutlej verläßt den Himalaya durch eine letzte steile Schlucht, überragt von Simla, dem Sommersitz der früheren britisch-indischen Regierung. In einem weitverzweigten Staubecken kann der Sutlej sein Erosionsmaterial ablagern, bevor er durch die von Sikhs intensiv landwirtschaftlich genutzten Ebenen des Punjab fließt. Im pakistanischen Punjab vereint sich der Sutlej dann mit dem Indus.

Folgende Doppelseite: *Das Sutlej-Tal bei Tholing (heute: Zanda). Eine der seltenen Brücken überquert noch heute an dieser Stelle den Sutlej-Fluß, den weitverzweigte Wasseradern und Sandbänke kennzeichnen. Auch heute ist die Gegend, durch die moderne Grenzziehung im Abseits der Wege und Pfade, nur sehr dünn besiedelt.*

Wandmalerei in einem der Tempel von Tsaparang (15. Jahrhundert). Die unscheinbaren Sakralbauten sind wahre Schatzhäuser der tibetischen Kunst, die hier mit einigen ihrer schönsten Denkmäler vertreten ist. Unser Bild zeigt den Mystischen Buddha in der sein »weibliches Wesen« bzw. seine weibliche Partnerin einschließenden Yab-yum-Stellung.

KARNALI UND GANGES

Swami Pranavananda zeigt uns (nach einem Ölbild von E. H. Brew-

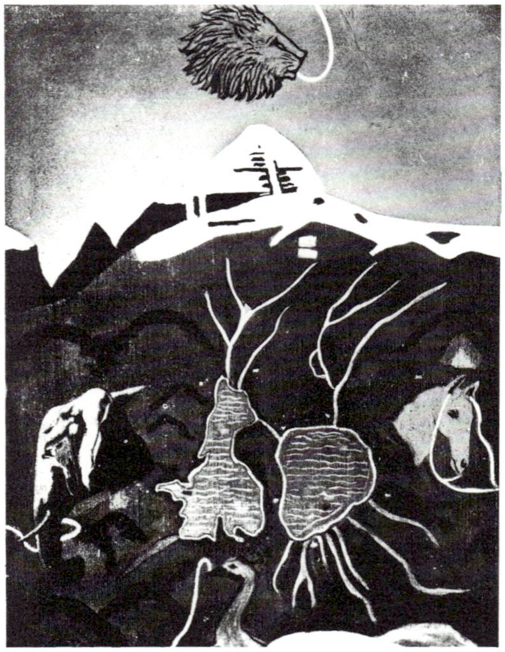

ster), wie die vier Ströme nach der tibetischen Vorstellung am Kailas und am Raksas- und Manasarovar-See entsprungen sind. Nach seiner Erklärung entspringt die Ganga (unser Ganges) aus dem Elefantenmaul; der Sindu aus dem Pfauenvogelmaul, um dann als Karnali westwärts zu fließen; der Pakshu kommt aus dem Pferdemaul und fließt als Brahmaputra nach Osten; der Sita-Fluß entströmt dem Löwenmaul und wird zum Indus.

Durch den *Karnali* lernen wir einen wenig bekannten Teil Nepals kennen. Er entspringt genau südlich des Kailas in den Gletschern des westlichen Gurla-Mandhata-Gebirges. Ein zweiter, ebenso großer Quellfluß kommt von Westen aus den Hügelketten südwestlich des Raksas-Tals. Zwischen Gurla Mandhata und Himalaya fließt er südostwärts an der kleinen Stadt Taklakoth (Purang) vorbei, deren verfallenes, auf einer hohen Terrasse liegendes Kloster den zentralen Blickpunkt des gesamten Tales bildet. Die weite, durch viele Terrassen geprägte Ebene, welche die jüngsten Hebungen des Gurla-Mandhata-Massives anzeigen, verengt sich an der nepalesischen Grenze, am heiligen Ort Kojarnath. Hier beginnt der

Links: *Der Karnali entspringt südlich des Manasarovar-Sees und fließt zwischen dem Gurla Mandhata-Massiv im Norden und dem Api-Saipal-Massiv im Süden nach West-Nepal und weiter nach Indien zum Ganges. Der Pilgerort Taklakot (Purang) liegt am Karnali.*

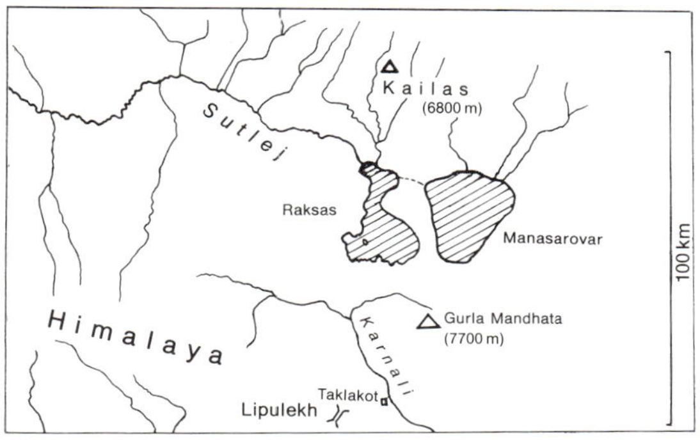

Das Quellgebiet des Karnali. Er wird von den Gletschern des Gurla Mandhata gespeist und bricht in tiefen Schluchten durch den Hohen Himalaya.

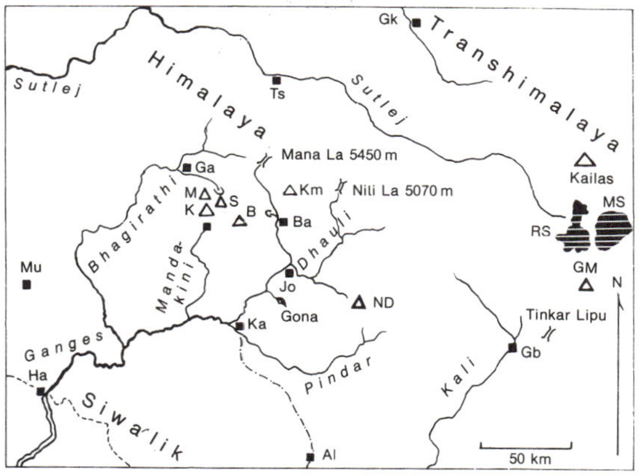

Das Quellgebiet des heiligen Ganges:

Al = Almora, Ba = Badrinath, B = Badrinath-Gipfel (7140 m), Ga = Gangotri-Tempel, Gb = Garbyang, Gk = Gartok, GM = Gurla Mandhata, Ha = Hardwar, Jo = Josimath, Ka = Karnaprayag, K = Kedarnath-Gipfel (6940 m), Km = Kamet-Gipfel (7770 m), M = Meru, MS = Manasarovar-See, Mu = Mussoorie, Nt = Naini-Tal, ND = Nanda Devi-Gipfel (7820 m), RS = Raksas-See, S = Shivling, Ts = Tsaparang.

Karnali den Hochhimalaya zu durchbrechen. In den unpassierbaren, meistens immer steileren und tieferen Schluchten, nimmt die Vegetation mit Nadelbäumen und Rhododendron zu, dazwischen Bergbambus, dann Eichenwälder. Der bislang in östlicher Richtung fließende Karnali ändert seine Richtung plötzlich nach Süden, und hier mündet der größte, dem Karnali fast ebenbürtige Nebenfluß Mugu. Dieser hat weit im Osten sein Quellgebiet, nicht weit entfernt von dem von Tibetern bewohnten abgeschlossenen Dolpo-Gebiet, wo Bön und Lamaismus noch miteinander leben. Das Urwaldgebiet des südwärts fließenden Karnali ist fast menschenleer. Die alten zentralnepalesischen Stämme haben diesen Teil Westnepals

Shivling ist die Kurzform von Shiva Lingam, dem Phallus des Gottes Shiva, von dessen Verehrung sich die Hindus Fruchtbarkeit erhoffen. Seit seiner Erstbesteigung im Jahr 1974 durch eine Expedition der indisch-tibetischen Grenzpolizei haben sich viele Bergsteiger an seinen extrem schwierigen Wänden und Graten versucht. Nur wenigen ist der Gipfelsieg gelungen. 2000 Meter hoch ragt die Nordwand des Shivling über der Bergwiese von Tapovan in den Himmel. Er wird auch in Zukunft eine Herausforderung für Spitzenalpinisten aus aller Welt sein.

Rechte Seite: *Der Shivling ist mit seinen 6534 Metern die kühnste Berggestalt des westlichen Garhwal-Himalaya. In Kennerkreisen zählt er zweifellos zu den schönsten Bergen der Welt.*

noch nicht erreicht. Nur weiter südlich, schon im eigentlichen Tropengürtel, finden wir die nepalesischen Tharu-Stämme. Der Karnali hat nun die Randketten erreicht, und dieses geologisch aktive Hebungsgebiet der Mahabharat-Ketten kann er nicht mehr direkt überwinden, sondern er vermag nur mit großen westöstlichen Schleifen die Fußhügel zu erreichen. Hier mündet, von Nordosten kommend, der größte Nebenfluß, der Bheri, in den Karnali. Er hat sein Quellgebiet nördlich des Achttausenders Dhaulagiri und entwässert ebenfalls einen Teil des abgelegenen Dolpo-Gebietes. Die Flußablenkungen durch die Mahabharat-Ketten des südlichen Nepal wären ein ganz ideales Gebiet für Wasserkraftnutzung. Durch Tunnelbauten zwischen den einzelnen, oft sehr nahe beieinanderliegenden Flußschleifen könnte die nötige Höhendifferenz auch ohne den Bau von Staudämmen erreicht werden. Dies ist besonders wichtig bei dem Schlemm-Material der Flüsse und deren unberechenbarer Wasserführung. Der Karnali kann in seinen Schluchten bei Hochwasser bis zu sieben Meter ansteigen! Nepal würde die viele Energie sicherlich kaum benötigen, könnte sie aber in die nahegelegenen Industriezentren Indiens ausführen.

Durch die früher dichtbewaldete, flache Zone des Terai, der als Urwaldgürtel das Grenzgebiet gegen Indien bildet, fließt der Karnali als breiter flacher Strom in den Ghaghara. Dieser mündet oberhalb von Patna in den Ganges.

Der heiligste Fluß Indiens, *der Ganges*, entspringt nicht wie die anderen vier Kaiḷasflüsse nördlich der Hauptkette, sondern in einem durch mehrere Siebentausender gekrönten Gebirge, das durch seine steilen, weißen Granitwände besonders auffällt. Wir finden hier die Leukogranite, die jüngsten in den Himalaya vorgedrungenen Granittypen. Wie alle anderen Kailasflüsse hat auch der Ganges mehrere Quellgebiete. Der religiösen Tradition entsprechend sind besonders drei von ihnen bemerkenswert, obwohl sie sich nicht immer durch die größten Wassermassen auszeichnen. Als größter Quellfluß ist der Alaknanda bekannt. Sein Quellgebiet ist bestimmt durch den Wallfahrtsort Badrinath, dessen Tempel über einer mehr als 60 ° Celsius heißen Quelle thront.

Bei unserem Besuch war die Pilgerzeit vorbei, und der Hohepriester hatte deshalb Zeit, uns den Tempel zu zeigen. Unerwartet war sein Interesse an unseren geologischen Untersuchungen. Wohl konnten wir ihm erklären, daß der große Granitblock vor seinem Haus einst von einem Gletscher transportiert worden sei, doch seine Frage, ob es auch Steine gäbe, die wachsen, war auch mit dem besten Dolmetscher nicht leicht zu beantworten. Beim Besuch der heißen Quelle, deren dampfendes Wasser über die Felsen rieselt und dicke Quelltuffe bildet, konnten wir dem Oberpriester immerhin einen »wachsenden« Stein zeigen, was ihm scheinbar einleuchtete. Vom Priester erfuhren wir auch, daß die wichtigste Gangesquelle am Satopanthgletscher entspringt, bewacht vom besonders heiligen Satopanthsee. Am Ende dieses Gletschers fanden wir ein Gletschertor im blanken, schwarzen Eis, aus dem ein milchiger Gletscherbach sprudelte – der Ganges! Einige Kilometer gletscheraufwärts, zwischen der Seitenmoräne des Satopanthgletschers und einem rechten Seitengletscher, liegt auf 4400 Meter Höhe der Heilige See, in dessen dunkelgrünem Wasser sich die Glet-

scher des 7140 Meter hohen Badrinath spiegeln. Die unheimliche Stille wird hier und da unterbrochen durch das Donnern von Eislawinen aus den hohen Granitbergen.

Nördlich von Badrinath entspringt aus einem kleinen See ein Zufluß des Alaknanda am 5450 Meter hohen Mana-Paß an der tibetischen Grenze. Alte Überlieferungen von Pilgern führten wegen dieses Sees zu der irrigen Annahme, daß der Ganges dem Manasarovar-See entspringen würde.

Von Badrinath, dem heute unschönen, mit viel Wellblech bedachten Pilgerort, zu dem eine Militärstraße führt, folgen wir dem Alaknanda südwärts durch eine 20 Kilometer lange enge Schlucht, die von steilen Quarzit-

Gaumukh oder Kuhmaul heißt der heiligste Pilgerort Indiens. Wild und ungestüm bricht der Baghirati – der wichtigste Quellfluß des Ganges – aus einem mächtigen Gletschertor. Manche Pilger sind jahrelang unterwegs, um von der Mündung des Ganges an seinen Ursprung zu wandern. Für sie ist Gaumukh das Ziel aller irdischen Wanderungen, der Übergang zwischen Himmel und Erde.

wänden flankiert wird. Beladene Schaf- und Ziegenkarawanen mit Salz und Wolle aus Tibet folgen dieser Schlucht, und Bergbewohner ziehen mit ihren Herden, mit Haushaltsgut beladen, in die Winterquartiere. Am Ende dieser Schlucht erhält der Alaknanda einen ebenbürtigen Nebenfluß, den Dhauli, der den Gletschern des 7770 Meter hohen Kamet entspringt.

Ein östlicher Nebenfluß des Dhauli, der Rishinganga, führt direkt zum 7820 Meter hohen Nanda Devi – dem heiligen Berg der Göttin Devi, der Shakti oder heiligen Gefährtin des Gottes Shiva – dem höchsten Berg des zentralen Himalaya. Ein hübscher kleiner Tempel in Lata, einem vergessenen kleinen Dorf in der Rishischlucht, ist der Göttin geweiht.

Auf 2000 Meter Höhe, über dem Zusammenfluß der beiden Flüsse Alaknanda und Dhauli liegt Joshimath, im Gegensatz zu Badrinath eines der schönsten Dörfer im weiten Ganges-Gebiet. Die Häuser sind aus Stein und Holz gebaut, alle Dächer mit großen Schieferplatten bedeckt. Türen, Fensterrahmen und Balkone sind mit großartigen Holzschnitzereien verziert, die Balkone oft mit dunkelrotbraun gefärbten Elefantendarstellungen. In vielen der kleinen, oft abgelegenen Himalaya-Dörfer sind diese kunstvollen Bauten zu finden, von der nepalesischen Grenze im Westen – hierzu gehört auch der im Sommer wichtige Handelsplatz Garbyang – bis zum Sutlej. Sie unterscheiden sich allerdings von den kunstvollen, eher tempel-

Gangotri, der letzte Ort am Oberlauf des Ganges. Heute verhüllt ein Tempel den Steinsitz des Heiligen Baghirati. Die Pilger beten hier zu Shiva und zur Göttin Ganga. In Klöstern und primitiven Hütten leben viele Gurus, Yogis und Swamis. Ihr Leben besteht aus Meditation und Askese.

und palastartigen Bauten Nepals. Der Pilgerweg führt weiter, entlang des Alaknanda nach Süden, meist hoch an der linken Talflanke, durch prächtige Eichenwälder, in denen große meerkatzenähnliche Affen mit schwarzen Gesichtern herumturnen. Hoch über der Schlucht kreisen Lämmergeier ohne einen Flügelschlag im Aufwind. Das ganze Alaknanda-Tal ist, vielleicht gerade wegen seiner Heiligkeit, äußerst tierreich.

In einem östlichen Seitental liegt einer der seltenen Seen der Südseite des Himalaya, der Gona-See. Er ist durch einen großen Bergsturz gestaut, dessen Abrißnische an den nördlichen Kalkbergen erkennbar ist, 1000 Meter über dem See. Nach einem offiziellen Bericht ereignete sich der Bergsturz

Garhwali-Frau mit dem typischen, durch die Nase gezogenen Goldschmuck. Sie ist nach Gangotri gekommen, um hier den Geburtstag des Gottes Shiva zu feiern.

Dieser Pilger trägt sein drei Meter langes Kopfhaar wie einen Schal. Sein ganzes Vermögen sind das safrangelbe Pilgerkleid, ein Pilgerstab und eine Kupferpfanne, in die er heiliges Gangeswasser füllt.

im September 1893, am Ende des Monsuns. Es dauerte fast ein Jahr, bis der gestaute Fluß das Becken gefüllt hatte – ein vier Kilometer langer und 300 Meter tiefer See. Am 26. August 1894 ereignete sich dann der katastrophale Durchbruch, der bis weit ins Tal hinab große Verwüstungen anrichtete. Dank der Tatsache, daß die Beamten schnell Alarm schlugen und daß die meisten Dörfer hoch über den Schluchten liegen, verlor nur ein einziger Mensch das Leben, ein Sadhu, der den Signalen nicht glauben wollte und betend am Fluß stehenblieb. Mit fortschreitendem Einschneiden des Schutzwalls senkte sich der See, der heute nur noch 120 Meter tief ist.

Bei Karnaprayag, nur 850 Meter über dem Meeresspiegel, mündet von Osten kommend der Pindari, der die Südostseite des Nanda-Devi-Massives entwässert, in den Alaknanda. Hier trennen sich die Pilgerwege. Einer führt nach Südosten über verschiedene niedere Pässe und über die frühere Gurkha-Hauptstadt Almora zum Städtchen Nainital, das, in den letzten Randketten gelegen, ebenfalls durch einen kleinen Bergsturzsee verschönert wird. Der andere folgt durch Eichen- und Föhrenwälder dem Alaknanda nach Südwesten. Nach 25 Kilometern mündet der zweite Quellfluß des Ganges in den Alaknanda, der Mandakini, der beim Tempel von Kedarnath den wilden Gletschern des gleichnamigen 7000 Meter hohen Gebirges entspringt. 50 Kilometer weiter flußabwärts treffen wir auch den dritten, dem Alaknanda in seiner Heiligkeit fast gleichwertigen Quellfluß Bhagirathi. Seine Quelle liegt auf der Westseite eines Granitgebirges, dessen westliche Ausläufer der Fluß in einer wilden Schlucht durchbricht. Diese führt zum heiligen Tempel der Göttin Ganga Mai, Gangotri. Nach zehn Kilometern, am Ende des großen Gangotri-Gletschers, finden wir die Quelle. Sie wird im Süden bewacht vom Shivling, dem wohl schönsten und wildesten Granitberg des zentralen Himalaya. Seine fast senkrechten, weißen Granitwände führen eine eisbedeckte Gipfelkappe aus schwarzen Schiefern.

Der nun von zwei weiteren heiligen Quellen gespeiste, stark angewachsene Alaknanda fließt weiter durch die Vorhügel des Himalaya, bis er beim Pilgerort Hardwar aus den letzten Siwalikhügeln als *Ganges* in die weite indische Ebene austritt. Seit 3000 Jahren ist diese Stelle besonders heilig.

Die Geschichte der Erforschung der Ganges-Quellen ist gleichsam die Erforschung des zentralen Himalaya und seiner nördlichen Grenzen. 3000 Jahre alte Berichte von Hindu-Pilgern und Yogis sprechen von geheimnisvollen Quellen im Gebirge. Die ersten offiziellen Nachforschungen gehen auf die Zeit des Großmoguls Akbar zurück, der von 1556 bis 1605 ganz Nordindien beherrschte. Er war bekannt für seine tolerante Einstellung gegenüber nicht-islamischen Kulturen; sein Hauptinteresse jedoch galt dem heiligen Ganges und seinen Legenden. Eine erste Forschungsexpedition folgte dem Lauf des Ganges unter größten Schwierigkeiten. Man erreichte einen Berg, der die Form eines Kuhkopfes hatte, aus dem ein Fluß sprudelte. Dieser wurde als eigentliche Quelle des Ganges angesehen. Der auch am Christentum interessierte Großmogul berief Jesuitenmissionare aus Goa an seinen Hof. Sie erfuhren von einer legendären Stadt an einem großen See nördlich des Himalaya, und in den lateinischen Angaben tauchte damals zum erstenmal der Name »Mansaruor« (Manasarovar) auf. Die Legende berichtete sogar von Resten christlicher Kultur, an denen die

Nächste Doppelseite: *Nanda Devi (7816 m), die »Göttliche Nanda«, ist der Hauptgipfel des Garhwal-Himalaya. 1936 wurde der Berg erstmals über den Südgrat bezwungen. Die 2000 Meter hohe Nordostwand (unser Bild) ist noch nicht durchstiegen.*

Jesuiten an Akbars Hof naturgemäß größeres Interesse zeigten als an den Gangesquellen. 1624 wurde eine Expedition unter der Leitung des Jesuitenpaters Antonio de Andrade organisiert. Als Hindu-Pilger verkleidet, startete er mit dem jüngeren Portugiesen Manuel Marques, christlichen Dienern und eingeborenen Trägern diese erste offizielle Himalaya-Expedition und folgte dem Alaknanda nach Norden. Sie erreichten den heiligen Tempel von Badrinath und die heißen Quellen, trennten sich dort von den Pilgern und versuchten im geheimen den Mana-Paß an der tibetischen Grenze zu erreichen. Unter größten Schwierigkeiten begann der letzte Anstieg. Nur Andrade und zwei seiner Diener kämpften sich im Schneesturm durch den

Zur Hochzeit bekommt die Braut von ihrem Mann und dessen Familie fein ziselierten Gold- oder Silberschmuck. Der durch die Nase gezogene Ring ist bei den Garhwalis das äußere Zeichen dafür, daß eine Frau verheiratet ist. Die Ehepartner werden in den Bergdörfern des Garhwal-Himalaya noch von den Eltern ausgesucht. Das Heiratsalter der Mädchen liegt zwischen 14 und 16 Jahren. Ehescheidungen sind nicht üblich.

tiefen Schnee, die anderen Begleiter waren bergkrank. Drei Tage dauerte der Anstieg auf den 5450 Meter hohen Mana-Paß, den Andrade schneeblind und mit starken Erfrierungen erreichte. Hier endete diese erste bekannte Himalaya-Expedition. Immerhin war Andrade der erste, der einen wichtigen Quellfluß des Ganges entdeckte und feststellen konnte, daß dieser aus einem kleinen See, dem Deo-Tal, entspringt. Einen Monat später war es Andrade und Marques möglich, den Mana-Paß zu überschreiten und durch die wildverzweigten Schluchten des Sutlej das Königreich Guge zu erreichen, wo sie zwar nicht auf Christen, aber auf eine sehr aufgeschlossene und freundliche tibetische Bevölkerung stießen.

Der Wasserfall von Gangotri. Hier fließt nach der indischen Mythologie der Ganges über das Haupt Shivas. Bhagirathi bewog die Götter, zur Rettung der Erde und zur Ernährung der Menschen Ganga auf die Erde zu senden. Die Wucht der vom Himmel stürzenden Ganga hätte jedoch die Erde vernichtet, und deshalb erklärte sich Shiva bereit, in seinen Locken die Wassermassen des herabstürzenden Himmelsflusses zu zerteilen.

Im 18. Jahrhundert war es die East India Company, die nicht nur Eroberungskriege führte, sondern auch geographische Forschung unterstützte. Sie richtete eine eigentliche kartographische Abteilung ein, das Survey of India, dem Mitte des 18. Jahrhunderts Major James Rennell vorstand. Er war der erste europäische Geograph, der die große Bedeutung der Himalaya-Kette erkannt hatte. Auf seiner Karte von Nordindien ist »erstmals«, entsprechende Berichte Desideris 100 Jahre früher waren verschollen, eine mögliche Verbindung des Yarlung Tsangpo mit dem Brahmaputra eingetragen. Bezogen auf den Ursprung des Ganges hingegen folgte man noch immer der Vorstellung der Hindu-Pilger, daß der Ganges im hohen Gebirge

Viele heilige Männer haben sich am Wasserfall Gangotri angesiedelt. Abgeschieden von der auf materielle Werte orientierten Welt leben sie hier. Im Lauf der Jahrtausende hat ihnen der Fluß Meditationsplätze aus dem Gestein gewaschen, wo sie versuchen, sich von allen weltlichen Werten zu lösen und neue geistige Dimensionen zu erreichen. Der Swami versucht seine Philosophie mit folgendem Gleichnis zu erklären: »Wenn ich Tee genießen lernte, müßte ich leiden, bliebe der gewohnte Genuß aus. Dieses Leid würde alle anderen Lebensgefühle dominieren. Aber erst nach der Entsagung aller Genüsse der materiellen Welt erfährt man die wesentlichen Freuden des Lebens!«

entspringe, diese Quelle jedoch durch einen langen Tunnel mit dem heiligen See Manasarovar verbunden sei und dieser also die eigentliche Quelle des Ganges darstelle. Dies wurde zu einer Herausforderung für die Kartographen jener Zeit, wie für die beiden Vettern Henry und Robert Colebrooke. Henry, der Theoretiker und Sanskrit-Experte, studierte die Ganges-Legenden, beteiligte sich aber auch an den ersten Höhenbestimmungen der höchsten Erhebungen des noch fernen Himalaya. Die erhaltenen 8000 Meter wurden noch für absurd betrachtet. Robert erforschte 20 Jahre lang den Unterlauf des Ganges. 1807 erlaubte der Generalgouverneur der East India Company dem Survey die Erforschung der westlichen Gangesquellen bis zum legendären Kuhkopf. Robert Colebrooke organisierte die Expedition mit den Offizieren Webb und Hearsey, die eine kleine Schutztruppe befehligten, zudem aber auch in Vermessungstechnik bewandert waren. Sie bestiegen zuerst eine Hügelkette, auf der später die wichtige Sommerstation

Zum Geburtstagsfest Shivas sind die Garhwali aus ihren Dörfern nach Gangotri gekommen. Durch rituelle Waschungen im heiligen Fluß befreien sie sich von ihren Sünden. Begleitet wird die Zeremonie vom monotonen Rhythmus alter Trommeln und Blechhörner. Das Wasser stellt die Verbindung zu ihren Göttern her, die sie in inniger Religiosität verehren. Der Ganges ist für die Hindus gleichbedeutend mit dem immer wiederkehrenden Kreislauf von Leben und Tod.

Mussoorie gegründet wurde. Von hier aus hatten sie eine großartige Rundsicht auf die Gebirge der Gangesquellen mit den Gipfeln des Badrinath, Kedarnath und Gangotri. Leider konnte Robert Colebrooke die Expedition wegen schwerer Malaria-Attacken nicht fortsetzen und wollte am Fuße des Gebirges auf seine Begleiter warten. Die Leitung wurde Webb anvertraut. Die kleine Gruppe folgte dem Lauf des Bhagirathi bis zur letzten Schlucht, konnte aber erstaunlicherweise dem hier sehr schwierigen Pilgerpfad nicht weiter folgen, obwohl er von vielen Pilgern begangen wurde. So erreichten sie den Tempel von Gangotri nicht, sandten aber einen mit Kompaß ausgerüsteten Einheimischen (einen Pundit) an die Quelle. Dieser konnte wohl den Tempel erreichen, doch die eigentliche Quelle war wegen des vielen Schnees – es war Ende April 1808 – nicht sichtbar.

Als Ersatz für diesen Fehlschlag erforschten Webb und seine Gruppe den Alaknanda und erreichten das Satopanth-Tal nördlich von Badrinath. Aber

Swami Sundarananda bei seinen täglichen Yoga- und Meditationsübungen. Swami ist ein religiöser Begriff und bedeutet Meister. Durch Yoga versucht er, den Körper vollständig unter Kontrolle zu bekommen. Dabei entwickeln manche Swamis erstaunliche Fähigkeiten. Sie können die vegetativen Funktionen des Körpers soweit beeinflussen, daß es ihnen gelingt, beispielsweise das Herz willentlich zum Stillstand zu bringen. Erst wenn sie den Körper unter Kontrolle haben, ist es ihnen möglich, in neue geistige Dimensionen vorzudringen.

Rechte Seite: *Erste Besteigung des Meru-Nordgrates am 1. September 1981 durch die Österreicher Sepp Friedhuber und Peter Haslinger. Drei Tage dauerte der Aufstieg vom Basislager auf 4500 Meter Höhe. Beim Abstieg überraschte ein Wettersturz die beiden Bergsteiger. In 6000 Meter Höhe mußten sie kurz vor Erreichen des rettenden Lagers im Freien biwakieren.*

auch hier war der Quellfluß von tiefem Schnee bedeckt, doch hatten sie immerhin eine der Gangesquellen entdeckt. Auf ihrer abenteuerlichen Rückreise wurden sie über eine Woche lang in der Gurkhafestung Almora festgehalten. Die Regenzeit hatte unterdessen begonnen, und so erreichten sie mit großer Mühe südlich von Almora – Webb auf einer Tragbahre – die kleine Grenzstadt Bareilli, wo der schwerkranke Robert Colebrooke auf sie wartete. Befriedigt von den Resultaten der Expedition, die durch eine erste Kartenskizze belegt waren, wollte Colebrooke nach über 30 Jahren Arbeit in Indien Urlaub in England machen. Wegen seiner Krankheit zog er eine Flußreise dem beschwerlichen Landweg vor. Sein Ziel hat er leider nie

Tapovan, die paradiesisch schöne Bergwiese unter der Nordwand des Shivling. Hoch über dem Gangotri-Gletscher, auf 4400 Meter, wachsen noch herrliche Blumen. Ein Ort, umgeben von den heiligen Bergen an der Quelle des Ganges.

Folgende Doppelseite: *Fischerboote auf dem Ganges am frühen Morgen.*

erreicht, er starb an den Folgen der Malaria am 19. September 1808 auf seinem geliebten Ganges.

Fast 10 Jahre später, im Juni 1817, erreichte Captain John Hoggson vom Survey of India mit vielen Pilgern als erster Europäer die sagenhafte Kuhkopf-Quelle. Bei seiner Ankunft am heiligen Gangotri-Tempel entkam er knapp einem Felssturz, hervorgerufen durch ein Erdbeben – die Rache der Göttin Ganga Mai? Er fand die Quelle am Ende eines großen Gletschers, anstelle des Kuhkopfs sah er ein großes Gletschertor, aus dem der Fluß sprudelte. Hingerissen blickte er auf einen besonders steilen, prächtigen Berg, der die Quelle zu bewachen schien – den Shivling!

ZWISCHEN MYTHOS UND WIRKLICHKEIT

VIELFALT UND EINHEIT RELIGIÖSER TRADITIONEN

Felsrelief bei Padum (Zanskar), ca. 10. Jahrhundert. Die ersten Dokumente der buddhistischen Bildkunst in Ladakh und Zanskar sind von der Kunst Kashmirs geprägt. Der Überlieferung zufolge soll die Lehre Buddhas Zanskar bereits unter Kaiser Kanishka im 2. Jahrhundert n. Chr. erreicht haben.

Über die unendliche Vielfalt und dennoch grundsätzliche Einheit der äußerlich oft so verschieden wirkenden religiösen Traditionen der Himalaya-Gegenden hören wir schönste Worte aus alten Quellen: »Höret auf des Buddhas Weisheitsreden,

das Gesetz der Jain beachtet treu;

regelt euer Leben nach den (Hindu-) Veden,

nach dem Höchsten (der Erlösung) in Versenkung trachtet!«

Es sind Worte, die *Sarasvati*, der Göttin der Gelehrsamkeit, in den Mund gelegt werden, Worte, die den indischen Geist widerspiegeln, dem Sinne nach uralte Sprüche, von Generation zu Generation weitergegeben und flammend in neue Form gegossen von dem indischen Dichter und Philosophen Rabindranath Tagore. 1913 mit dem Nobelpreis ausgezeichnet, gründete er »Das Heim des Friedens« und sprach von der Weltseele, von *Jivan Devata*, der Gottheit des Lebens, die weder weltfern noch unfaßbar ist, sondern sich als Freude, Schönheit und Liebe offenbart und Hingabe durch Mitwirken im Rahmen der gestellten Aufgaben verlangt.

Helmut von Glasenapp, der große Religionsforscher, hat uns durch die Worte Sarasvatis den »Jainismus als indische Erlösungsreligion« genauso nahegebracht, wie er in seinen »Weltreligionen« die Grundzüge von Hinduismus, Brahmaismus und Buddhismus erklärt. Durch Jahrzehnte hindurch und in fünfzig Bänden wurden unter Leitung von F. Max Müller die Grundtexte der »Heiligen Bücher des Ostens« in englischer Sprache herausgegeben. Es wäre vermessen zu glauben, daß man in wenigen Zeilen mehr als nur stichwortartige Auskunft geben könnte.

Rechte Seite: *»Om ma ni pad me hum« sind die heiligen Ursilben der Lebewesen der sechs Welten. Unzählige Male in Stein gemeißelt, flankieren sie die Himalayawege, die zu heiligen Stätten führen. Sie sprechen den Wunsch aus, daß sich das Heiligste auch auf Erden manifestieren möge. In Europa wurden sie fälschlicherweise als Sanskritworte gedeutet, und durch gewaltsame Zusammenziehung der Silben ergab sich dann die Bedeutung »Oh Juwel in der Lotusblume«.*

Die Titelseite eines illuminierten, kalligraphierten, nur handbreiten und spannenlangen Blockbuches der Sakya-Schule aus Mustang, in Goldschrift auf schwarzem Grund. Das Buch ist eine Kurz-Biographie von Sakya-Pandita, der Begründer der tibetischen Lama-Könige war und 1251 70jährig starb. Rechts *sieht man sein Abbild und* links *dasjenige des Bodhisattvas der Weisheit, Manjushri.*

Bevor man sich mit den verschiedenen religiösen Traditionen der Himalaya-Gegenden befaßt, muß man vor allem erwähnen, daß sich besonders in den versteckten Schluchten und Tälern Urformen des religiösen Lebens und Denkens erhalten haben, die von den dorthin gewanderten oder verschlagenen Stämmen fast unverändert weiter gepflegt werden konnten. Schamanistische Religionsformen mit archaischen Ekstasetechniken und magischen Kräften, den Himmels- und Höllenfahrten der zauberkräftigen Schamanen und Orakelpriester, haben sich erhalten. Sie geistern im Hintergrund des alten Bön-Glaubens der Himalaya-Gegenden herum, der sich

Die großen Meister

Rechts: *Buddha* Sakyamuni *(tibetische Miniaturmalerei, um 1400).*

Untere Reihe v.l.n.r.:
Padmasambhava – *führte den Buddhismus aus Indien in Tibet ein (8. Jh.), als Gründer und »zweiter Buddha« verehrt. Auf ihn gehen alle Mönchsschulen der »Rotmützen« zurück.*

Damarupa – *ein Siddha, Tantriker und Gelehrter der Frühzeit des tibetischen Buddhismus.*

Naropa – *tibetischer Religionsgelehrter und »Kirchenvater« der Kagyupa-Rotmützenschule. Lebte im 10. Jahrhundert.*

Malereien, die Erleuchtungswesen oder Heilige darstellen, deuten symbolisch an, daß der Abgebildete in den Fußspuren Buddhas wandelte, des Tathagata, der so den rechten Weg gegangen ist. Von Padmasambhava, dem größten Missionar der Himalayalegenden, bis zur aktuellen Inkarnation des Dalai Lama, verkörpern und verkünden sie den Weg des Buddhismus und sein Ziel, die »Heiterkeit der Seele«, frei von geistigen Giften, zu erlangen.

Padmasambhava

Damarupa

Naropa

Rinchenzangpo

Rinchenzangpo – *(958–1055), tibetischer Religionsgelehrter, der vor allem buddhistische Texte aus dem Sanskrit ins Tibetische übersetzte und neben* Atisha *die »buddhistische Renaissance« via Westtibet einleitete.*

Rechte Seite v.l.n.r.:
Atisha – *(ca. 982–1054), wie* Rinchenzangpo *in Westtibet/ Ladakh war auch* Atisha *vor allem in Westtibet tätig, in Ost-Bengalen geboren und hier zunächst ein großer Lehrer an den berühmten Klosterakademien. Er kam 1042 über Nepal ins westtibetische Königreich Guge, dessen kulturell-künstlerischen Ruhm er mitbegründete.*

in späteren Zeiten der ihn überrollenden Welle des Buddhismus angepaßt hat. Alte Bräuche konnten sich auch im Bereich des Mahayana-Buddhismus lebendig erhalten, der Blutopfer strikt verbot, ansonsten – in kluger Religionspsychologie – die alten Götter zwar besiegte, sie aber zu Schutzgottheiten der neuen Religion einsetzte. So blieben sie dem Volk erhalten und sind in ihren oft sehr grimmigen Aspekten äußerst beliebt, da sich ihr Grimm und ihre symbolisch gewordenen Waffen ja nur mehr gegen die Feinde der Religion richten.

Die indische Tradition stützt sich auf die *Veden*, das »Heilige Wissen«, das am Oberlauf der heiligen Himalaya-Flüsse entstand. Es ist seit viertausend Jahren mündlich überliefert und wurde später als ältestes indisches Sanskrit-Sprachdenkmal aufgezeichnet. Die Verfasser der ersten vedischen Hymnen waren die Sieben Weisen, die Rishis oder Eremiten. In der Geschichte Nepals wird betont, daß einer von ihnen, Kaushika Vishwamitra, an den heiligen Ufern des Flusses meditiert habe, der dann nach ihm benannt wurde: Es ist der heute Koshi genannte Fluß, an dem noch sein Andenken gefeiert wird.

»In Indien formt das religiöse Leben den Mittelpunkt und ist der Grundton zur ganzen Musik des nationalen Lebens", sagt Swami Vivekananda, der den indischen Geist in alle Teile der heutigen Welt getragen hat: „Sprich ihn [jeden Inder] auf Geistigkeit an, auf Religion, Gott und die Seele, auf das Unendliche und die geistige Freiheit, und ich versichere dir, daß auch der kleinste Bauer in Indien besser darüber informiert ist als mancher sogenannte Philosoph in anderen Ländern.«

Neben ersten Aussprüchen hoher Philosophie lebt in der indischen Mythologie der Kampf der neuen gegen die alten Götter auf, in dem sich auch die Wanderzüge neuer gegen alte, schon ansässige Stämme widerspiegeln mögen. Nach der vedischen Epoche entwickelte sich vom sechsten Jahrhundert v. Chr. an der Brahmaismus, in dem sich die Priesterherrschaft der Brahmanen steigerte. Ihr Weg zur Erkenntnis der Weltseele führt über Opfer, und sittliches Handeln regelt die Seelenwanderung: im irdischen Leben geprägt durch das Kastensystem der Priester, Krieger, Ackerbauern,

Der Lieblingsschüler Milarepas, *der wie jener die Hand ans Ohr hält, um seiner inneren Stimme zu lauschen. Wandmalerei in Kloster Ladakh, 1. Hälfte des 17. Jahrhunderts.*

Tsongkhapa – *(1357–1419), Reformator des tibetischen Buddhismus und Gründer der Gelugpa- (»Gelbmützen«) Schule. Nach Padmasambhava war er die wichtigste religiöse Persönlichkeit in Tibet. Zahlreiche seiner Schriften gehören noch heute zu den bedeutendsten der theologischen Literatur.*

Atisha

Milarepa

Schüler von Milarepa

Tsongkhapa

Milarepa – *(ca. 1040–1123), der große Dichterheilige und »Kirchenvater« der Rotmützenschule. Besiegte in einem Wettstreit am Kailas-Berg den Vertreter der Bönpos. Seine religiösen Dichtungen und anschaulichen Naturpoesien gehören zu den Juwelen tibetischer Literatur.*

Rechts: Dalai Lama – *der heutige Dalai Lama (»Großer Ozean«) ist die 14. Wiedergeburt des posthum zum 1. Dalai Lama ernannten Hierarchen der kurz zuvor von Tsongkhapa gegründeten Gelugpa-Schule. Er ist jeweils auch die lebende Manifestation des Bodhisattva Avalokiteshvara, des allerbarmenden Erleuchtungswesens.*

Panchen Lama – *im Bild der heutige 7. Panchen Lama (Foto von 1985), der in Peking lebt, von Zeit zu Zeit aber auch wieder Tibet besucht. Als Dank an seinen geistlichen Lehrer*

erklärte 1650 der 5. Dalai Lama einen seiner Vorgänger zu einer lebenden Manifestation des Buddha Amitabha.

Händler und der Dienenden. Der reformierte Hinduismus stützt sich ebenfalls auf die Urwahrheit und kämpfte gegen falsche Auslegungen, wie zum Beispiel die Witwenverbrennung, in die Gegenwart geführt vom Großvater des neuen Indien, Raja Rammohan Roy, der 1828 seine »Gemeinde der Gottesgläubigen« in Kalkutta gründete. Mahatma Gandhi, der sich als orthodoxen Hindu betrachtete, schrieb 1921 in seiner Zeitschrift »Junges Indien« über Toleranz: »Ich glaube nicht, daß ausschließlich die Veden göttlichen Ursprungs sind, sondern daß Bibel, Koran und Zend Avesta genauso göttlich inspiriert sind. Der Hinduismus ist keine exklusive Religion. In ihm ist Raum für die Verehrung aller Propheten der Welt. Der Hinduismus ermöglicht es jedem, Gott nach seinem eigenen Gesetz zu verehren ...« Mahatma Gandhi wurde 1948 von einem orthodoxen Hindu ermordet. Fanatiker schlagen sich dort wie anderswo die Schädel ein, und tolerante Weise bleiben oft einsame Rufer und Mahner, die aber gerade in den Himalaya-Ländern große Gefolgschaft haben.

Brahman ist die Weltseele, aus sich heraus bestehend, ewig, aus der alles entsteht und in die alles zurückkehrt. Ungeboren, unsichtbar, alles erfüllend, jedoch nur Gegenstand abstrakter Meditation für Hindu-Weise. Verehrt und vergöttert werden die Manifestationen des Allgöttlichen, wie sie sich im Sein, Werden und Vergehen zeigen: personifiziert in *Brahma*, dem Schöpfergott, *Vishnu*, dem Erhalter, und *Shiva*, dem Zerstörer. Jedes Vergehen bedingt jedoch auch neues Wiederentstehen.

Diese tantrische Doppelstatue zeigt den mystischen Buddha in Yab-Yum, *der Vater-und-Mutter-Stellung, als Symbol der Einheit aller Gegensätze. Sie ist eine der ältesten Statuen im Zylinder-Tempel in Paro (West-Bhutan) und wird seinem Gründer Thangtonggyalpo zugeschrieben.*

Rechte Seite: *Diese Riesenthanka ist ein Rollbild in kostbarster Appliquéarbeit, von Mönchen in jahrelanger Arbeit hergestellt. Sie stellt Padmasambhava dar, den zweiten Buddha und größten buddhistischen Missionar, der um das Jahr 800 auch Bhutan bereiste. Alljährlich im Frühjahr, zu seinem Geburtstag, wird die große Thanka in Paro ausgerollt und durch Mysterienspiele und Tempeltänze geehrt, an denen das ganze Volk teilnimmt.*

An die Tradition der Jain-Lehre werden wir noch an anderen Stellen dieses Buches erinnert werden. Sie gilt zumeist als erst vor 2500 Jahren, also zur Zeit Buddhas gegründet, ihre Vertreter pochen jedoch auf eine viel ältere Vergangenheit und betonen, daß schon ihre ersten geistigen Führer am heiligen Berg Kailas meditierten. Sie stützen sich auf eine der Lehre der Hindus analoge mythologische Geschichte und haben auch dieselben ethischen Grundsätze. Jedoch wird die Askese in der Praxis bis zum Exzeß getrieben, wie zum Beispiel das »Fasten bis zum Tode« der Heiligen. Die Seele erscheint als in sich geschlossenes Wesen durch achtzigtausend Wiedergeburten an den materiellen Körper gefesselt.

Dagegen wehrte sich Buddha und schied auch andere, damals spezifisch indische, sozial-religiöse Elemente aus, wie das Festhalten am Kastenwesen, die Vorherrschaft der Priesterkaste, die Alleingültigkeit der Veden und das Opferwesen. Wichtige Bestandteile der altindischen Weltanschauung wurden jedoch beibehalten: die Lehre vom Karman, dem Gesetz der Taten und ihrer Folgen, also des Schicksals, dem niemand ausweichen kann; das Gesetz der zwangsläufigen Wiedergeburt, von der man jedoch Erlösung finden kann; überlieferte mythologische und vor allem kosmologische Vorstellungen, die noch verfeinert wurden. Der Buddhismus verbreitete sich zuerst in der Form des *Hinayana*, des »Kleinen Fahrzeuges«, und vom zweiten Jahrhundert an in der Form des *Mahayana*, des »Großen Fahrzeuges«, das besondere Verbreitung in den Himalaya-Ländern fand. Shakyamuni, der Erleuchtete aus dem Geschlecht der Shakya, hielt seine erste Predigt 528 v. Chr. in Sarnath bei Benares. Er ging den mittleren Weg und eroberte damit geistig nicht nur Indien, sondern auch Sri Lanka (Ceylon), die Goldstädte und Inseln Indonesiens, China und Japan. Seit der Verdrängung des Buddhismus in Indien durch den Brahmaismus und seine Auslöschung

Die vier Weltenhüter sind die Lokapalas, die Könige der Weltgegenden, die den Buddhismus in allen Himmelsrichtungen beschützen.

Oben: *Der Schutzgott des Nordens,* Vaishravana. *Er schwingt das Rundbanner des Buddhismus in seiner rechten Hand und hält in der linken die juwelenspeiende Manguste. Mit der Wanderung der tibetischen Völkerstämme wurde er zum Hauptschutzgott von Sikkim, wo der Kangchendzönga, der »Große Gletscher der fünf Schätze«, zu seinem Göttersitz wurde.*
Aus dem Blockdruck der dreihundert Ikonen, 18. Jh.

Rechts: *Dhritarashtra, der Hüter des Ostens, mit der Laute, die ihn als König der himmlischen Musiker ausweist, dieser von süßen Düften lebenden Gandharvas, die im Götterparadies am Kailas hausen.*

durch das Schwert des Islam lebte er in den Himalayaländern fort: heute noch in Ladakh und Sikkim, und als Staatsreligion in Bhutan. In Nepal wurde der Buddhismus durch die Ankunft der vor dem Islam flüchtenden Brahmins in eine geduldete Stellung gedrängt. Er kam jedoch seit dem siebten Jahrhundert in Tibet zur Blüte. Von dort aus konnte nach dem 15. Jahrhundert auch die Mongolei zum Buddhismus bekehrt werden. Der Priesterstaat des Dalai Lama, zurückgerechnet bis zur Wirkungszeit des großen Reformators Tsongkhapa (1357 – 1419), wurde zur Hochburg buddhistischen Glaubens. Dessen theokratisches Oberhaupt wird als Inkarnation des Bod-

Oben: *Der Schutzgott des Westens,* Virupaksha. *Er ist mit einem kleinen Stupa-Chörten in der Hand dargestellt. Virupaksha schützt die Lehre des Buddhismus in den Ländern westlich des heiligen Berges Kailas.*

Aus dem Blockdruck der dreihundert Ikonen, 18. Jh.

Links: *Der Schutzherr des Südens mit dem flammenden Schwert ist Virudhaka, auf einer großen Thanka abgebildet. Er betont, genau so wie der König des Ostens, die Ausbreitung und den Schutz der Lehre im Süden des Kailas.*

hisattvas der Barmherzigkeit, Avalokiteshvara, verehrt bis zum 1935 geborenen, heute im indischen Exil lebenden 14. Dalai Lama. Bei Betonung der Unbeständigkeit aller Daseinsfaktoren vertritt der Buddhismus jedoch eine keineswegs traurige oder weltfremde Lebensphilosophie. Das Bestreben, im eigenen Interesse alle geistigen Gifte – Streit und Krieg schaffenden Haß, unstillbare Gier und vor allem den Wahn vorurteilsgeladener Unwissenheit – nicht nur zu verdrängen, sondern ganz auszulöschen, erzeugt »Heiterkeit der Seele«. Dies fördert eine echte Toleranz, die auch Brauchtum und Gesetze respektiert, die der Denkart eines jeden Volkes angemessen sind und den verschiedenen Veranlagungen der einzelnen Menschen entsprechen. Schon in den ältesten Mahayana-Schriften heißt es im »Lotos des guten Gesetzes« vom Bodhisattva der Barmherzigkeit, Avalokiteshvara, daß er schon so manchem Lebewesen das Heil gebracht habe als Indra, Brahma, Shiva oder daß er es in Gestalt eines Weltenherrschers verkündete:

Die klugen Bodhisattvas nehmen
Gestalten an von jeder Form
Und predigen in allen Zungen
Des ewigen Gesetzes Norm.

Zur Sonne werden sie, zum Monde,
Zu Erde, Wasser, Feuer, Luft,
Zu Indra, Brahma und zum Gotte,
Der Wesen in das Dasein ruft.

Denn welche Andachtsart auch immer
jedwedem Wesen hier gefällt:
Durch jene weisen sie den Weg ihm
Zur Überwindung dieser Welt.

Unten rechts: *Dieses Fresko aus dem Kyichu Lhakhang von Paro in West-Bhutan zeigt den König Songtsengampo, der in der Mitte des 7. Jahrhunderts n. Chr. buddhistische Missionare bis in den Südosten des Himalaya sandte. Kleine Stupa-Chörten im Hof dieses Tempels erinnern noch an das Ereignis.*

Rechte Seite: *Im Königreich Bhutan wird die Thanka-Malerei der religiösen Bildrollen emsig in Malschulen weiter gepflegt. Hier sehen wir eine alte Thanka mit dem Abbild eines Heiligen der Nyingmapa-Schule, der sich mit dem Buch der Transzendenten Weisheit auf der Lotusblume als Inkarnation des Bodhisattvas der Weisheit, Manjushri, zu erkennen gibt. Dies bezeugt auch das flammende Schwert auf der zweiten Lotusblume.*

Auf dieser Thanka schwebt der abgebildete Lama in einem großen Regenbogenkreis über der östlichen Bergwelt des Himalaya. Der in den fünf Farben zart leuchtende Regenbogenkreis deutet symbolisch an, daß der Lama bereits den Bewußtseinszustand des Nirvana erreicht hat.
Sammlung B. C. Olschak

Der Regenbogenkreis

Aus ältesten Zeiten stammend, bis zum heutigen Tage lebendig geblieben, ist die scheue Bewunderung des Regenbogens, der in den Überlieferungen als Glück verheißendes Symbol der Verbindung zwischen Himmel und Erde verehrt wird. Im verstädterten Alpenraum wird er meist eher volkstümlich nur noch als gutes Omen angesehen, im Himalaya und Zentralasien blieb er als Regenbogenwunder in verschiedenen Variationen alter Deutungen lebendig.

Von den legendären, ersten »Sieben himmlischen Königen« Tibets heißt es, daß sie nach ihrem Tod als Regenbogenkörper dem Himmel entgegen schwebten. Diese Auffassung hat sich – als Symbol seligen Dahinschwindens von Heiligen – in der Epoche des Buddhismus erhalten. Das Regenbogenwunder ist am schönsten beschrieben in der Biographie von Tibets größtem Dichter und Yogi, Milarepa, der 1123 starb. Der entsprechende Blockdruck wurde 1917 in Übersetzung den westlichen Lesern zugänglich

Linke Seite: *Lebensgroße Statue des Buddha Maitreya (17. Jahrhundert) im Stadttempel von Lhasa.*

Kopf einer etwa 10 Meter hohen modernen Statue des Buddha Maitreya im Kloster Thikse (Ladakh), Zeugnis für den lebendigen Buddhismus im Himalaya. Das »Weisheitsauge« ist ein Strahlenbündel zwischen den Augenbrauen und eines der äußeren Kennzeichen eines Buddha. Hier ist es einer Ammonitenspirale nachgeformt.

gemacht von W. Y. Evans-Wentz, der in Sikkim zum ersten populären Tibetologen wurde. Durch diesen Druck kann man die Zeremonie der Leichenverbrennung nachempfinden: Milarepas Schüler und Anhänger, die sich trauernd um seinen Scheiterhaufen versammelt hatten, sahen, wie sich Milarepas Seele, einem leuchtenden Regenbogen gleich, körperlos als strahlende Erscheinung gen Himmel erhob und schließlich verschwand.

Die Erscheinung des Regenbogens ist auch mit der jeweiligen Inkarnation des Karmapa-Lamas verbunden, der dem Karmapa-Zweig der Kagyüpa-

In den oberen Tempelräumen werden die kostbaren Masken und Gewänder der Tänzer und Schauspieler aufbewahrt. Sie werden nur anläßlich der Mysterienspiele herausgegeben, die in den großen Tempelhöfen stattfinden und immer feierlich angekündigt werden.

Im Gönkhang, dem geheimen Tempel der Schutzgottheiten im Kloster Tamzhing in Bumthang (Zentral-Bhutan) leuchtet dieses Fresko von der Wand. Es zeigt die führende planetarische Schutzgottheit Rahu, hoch zu Roß im lodernden Flammenkreis. Rahus vieläugiger Körper endet in einem Schlangenleib, und aus seiner Krone ragen die mächtigen Fänge eines Skorpions. Eine Menschenhaut flattert von seinem Rücken. So galoppiert er über den Nachthimmel – als Herr der planetarischen Schutzgottheiten.

Das Gefolge Rahulas, in grellen Farben auf leuchtend schwarzem Grund gemalt, füllt die Wände im Tempelraum der allgewaltigen Schutzgottheiten.

Am Tempeldach wird er angezeigt durch ein buddhistisches Rundbanner, das mit dem flammenden Dreizack gekrönt ist. Er bleibt dem profanen Auge verschlossen und kann nur mit besonderem Segen besucht werden. Leider besteht die Sitte, die zum religiösen Verdienst erhoben wird, von Zeit zu Zeit die Tempelwände neu zu übermalen. So verschwinden die alten Malereien und sind dann der Nachwelt nurmehr durch Fotos der staunenden Fremden erhalten, die mit offizieller Erlaubnis die alten religiösen Kunstwerke ablichteten.

Schule angehört und derzeit in seiner Emigrationsresidenz im Kloster Rumtek in Sikkim lebt. Auf seinen Missionsreisen erteilt er meist im Freien vor einem Tempel seinen großen Segen, wobei »Segen« wörtlich *Wangkur*, d.h. »Kraftübertragung« bedeutet. Dabei ertönen die Tempeltrompeten bis zum höchsten Diskant, je nach Dauer der Zeremonie bis zu einer Stunde lang. Dann kann es vorkommen, daß es plötzlich – aus heiterem Himmel – leicht zu regnen beginnt, und wenn der kurze Regenschauer vorbei ist, zeigt sich ein zarter Regenbogen am Himmel. So gesehen und miterlebt von westlichen Beobachtern (darunter auch Naturwissenschaftler wie A. Gansser). Dieses Phänomen mag für uns unerklärlich sein, aber man sollte sich an die Worte des Tibetologen Giuseppe Tucci erinnern, der sagte, man müsse sich stumm und ehrfurchtsvoll überall dort verneigen, wo andere ihr Heiligstes sehen und erleben.

Aus dem Fels gehauener Stupa von Sungkhar beim Kloster Samye, am nördlichen Ufer des Yarlung Tsangpo.

Der Regenbogen entsteht, wenn Wassertröpfchen einer Regenwolke oder eines Wasserfalls von einer starken Lichtquelle, der Sonne, angestrahlt werden. Das Zentrum des Bogens liegt so tief unter dem Horizont, wie sich die Lichtquelle darüber befindet. Wenn jedoch – so lautet eine der naturwissenschaftlichen Erklärungen – die Wassertröpfchen von der reflektierenden Lichtquelle einer großen Wasserfläche beleuchtet werden, erscheint der Regenbogen als riesiger, geschlossener Kreis über dem Horizont. Diese Erscheinung ist als »Brockengespenst« in den Alpen bekannt, und seine Sicht soll von dem Standpunkt des Betrachters abhängen, dessen eigener, dunkler Schatten sich im Zentrum des Regenbogenkreises zeigt. Dieses »Brockengespenst« wird auch in englischen Nachschlagewerken beschrieben, und es wird daran erinnert, daß der Name vom Brocken stammt, dem mit 1142 Metern höchsten Punkt des Harz-Gebirges. Hier haben sich die proto-keltisch-druidischen Traditionen am längsten erhalten. Nach vorchristlichen Riten wurde dort am 1. Mai, dem vorzeitlichen Frühlingsfest, die sogenannte Walpurgisnacht gefeiert. Dieses später Hexensabbat genannte Ritual ist als gewaltige Szene in Goethes »Faust« verewigt worden.

Der britische Naturforscher Joseph Dalton Hooker schilderte 1850 diese seltsame atmosphärische Erscheinung, die er am *Donkyala*, dem Paß der Wilden Yaks, im Norden Sikkims erlebte: »Nämlich meinen eigenen Schatten in einer dünnen Nebelwand, die über den fürchterlichen Abgründen, an deren Rand ich stand, emporstieg. Mein Kopf war mit einer Regenbogenglorioele umgeben.« Diese Schattenspiegelung hat auch in der Sprache der Urbewohner Sikkims eine feststehende Bezeichnung: *Tungkung Taklak*.

Diese Erscheinung des geheimnisvollen Schattens im Regenbogenkreis tritt heute noch manchmal am heiligen Berg *E-mei* auf, der sich südlich von Chengdu, der Hauptstadt der chinesischen Provinz Sichuan, erhebt. Das E-mei-Gebirge mit dem 3099 Meter hohen Hauptgipfel trägt den Ehrentitel »Schönstes Gebirge unter dem Himmel«, ist älteste Pilgerstätte und heute beliebtes Touristenziel als eines der vier heiligen Gebirge des chinesischen Buddhismus, wo man den Schatten Buddhas im Regenbogenkreis sehen kann. Er wird zum Symbol von Nirvana, der zum Kreis geschlossene Strahlenaspekt eines, von der Fessel der zwangsläufigen Wiedergeburt Erlösten, eines Buddhas, eines Erleuchteten. So wird es auch in den *Thankas*, den bemalten Rollbildern Tibets und der Himalaya-Länder, dargestellt. Von einem Regenbogenkreis umgeben, schwebt der Erleuchtete

Rechte Seite: *Das Tigernestkloster Taktshang klebt an der hohen Felswand über dem Tal von Paro (West-Bhutan). Es wurde um 800 n. Chr. durch Padmasambhava und seine Partnerin, die tibetische Wolkenfee Yeshe Khado, gegründet.*

über den Gipfeln der Bergwelt. Durch den Regenbogenkreis wird angedeutet, daß der Dargestellte den Bewußtseinszustand des Nirvana erreicht hat.

Man kann dieses für uns so seltene Phänomen sogar vom Flugzeug aus beobachten. Mit den Sonnenstrahlen im Rücken sieht man dann den Schatten des Flugzeugs im Regenbogenkreis über dem Wolkenmeer schweben.

Der Blitz in der Hand der Götter

Unter den rituellen Gegenständen und Werkzeugen, die wir aus vorgeschichtlichen Zeiten durch Funde kennen, fallen die aus Erzgestein hergestellten Opfermesser, die Donnerkeile oder *Vajra* (tibetisch Dorje genannt)

Der 76jährige Lama des Klosters Samling, des wichtigsten Zentrums der Bönpo-Sekte im Dolpo. Er trägt die traditionelle Spitzhaube.

Rechts: *Das Kloster von Dechenlabrang, der Wohnsitz der »Großen Glückseligkeit«, liegt oberhalb des Flusses Nankhong in Dolpo. Die Häuser der Laien sind weiß, jene der Mönche ockerfarben. Angebaut wird Gerste. Die Chörten schützen die Bewohner vor bösen Geistern. Eine Karawane mit Salz aus Tibet hat ihre Zelte aufgeschlagen.*

und vor allem auch der *Phurbu* auf, jener eigenartige Zeremonial-Nagel, mit dem böse Dämonen symbolisch festgenagelt und gebannt wurden, genauso, wie er heute noch – bei Mysterienspielen – von den die Dämonen bannenden Tänzern geschwungen wird. Das seltene, älteste Material dieser Stücke heißt in Tibet *Namdo*, »Himmelsstein«, und ist ein Meteorit, dessen Herkunft vom Himmel wohl bekannt war. So betont auch der amerikanische Meteorologe F. A. Paneth: »Lange bevor der Mensch gelernt hatte, Eisen zu schmelzen, verwendete er Meteorite zur Herstellung von

Diese Durchgangs-Chörten oder Chörten-Tore, hier aufgenommen im Zanskar-Tal, sind typisch für die Himalaya-Gegenden. Der Durchgang ist oft mit Schieferplatten-Reliefs oder Steinzeichnungen geschmückt.

Eisenwerkzeugen. Wir haben Beweise dafür, daß man den himmlischen Ursprung dieses kostbaren Metalls kannte: denn in vielen Sprachen bezieht sich der Name dafür auf den Himmel, und in einigen Quellen wird sein Ursprung ausdrücklich demjenigen von irdischem Gold und Silber gegenübergestellt. Das Ehrfurcht erzeugende Phänomen, das den Fall der Meteoriten begleitete, überzeugte die ursprünglichen Menschen auf der ganzen Welt, daß die Meteoriten von den Göttern kommen müßten. Deswegen finden wir sie auch in verschiedenen Kulten verehrt ... Dabei muß man sich daran

Unterhalb des Tigernest-Klosters in Paro klebt in der Felswand eine winzige Meditationsklause über einem kleinen-sprudelnden Bach. Hier meditierten einst Yogis und Heilige in der Einsamkeit der Bergwelt. Sie waren für die Außenwelt nur unter erheblichen Strapazen erreichbar und schlossen sich oft jahrelang von allen weltlichen Kontakten ab, um in der Abgeschiedenheit der Wahrheit näherzukommen.

Fromme Verehrer brachten ihnen von Zeit zu Zeit das nötige Minimum an Nahrung, meist ein Säckchen voll Tsampa, der Grundnahrung der Himalayabewohner, legten es scheu in der Nähe der Klause nieder und kletterten wieder zurück, ohne den Weisen in seinem geistigen Streben zu stören ...
Es ist charakteristisch, wie sich die Architektur den Gegebenheiten der Natur anpaßt, sich in sie einfügt und ergänzt, ohne sie zu verändern.

Rechts: *In eine senkrecht abfallende Felswand ist diese Eremitenklause gebaut, nur mit einer steilen Leiter erreichbar. Sie liegt in einer Schlucht am Weg zum Kloster Taktshang in West-Bhutan.*

Oben: *Das Felsenkloster bei Shergol liegt an der buddhistisch-islamischen »Grenze« östlich von Kargil. Das Kloster mitsamt seinen Meditationshöhlen ist in einem Konglomerat-Felsen gebaut. Früher soll es ein Nonnenkloster gewesen sein.*

erinnern, daß im Europa des 18. Jahrhunderts von der französischen Akademie, der damals höchsten wissenschaftlichen Autorität, erklärt wurde, daß ein so irreguläres Phänomen, wie der Fall eines Steines vom Himmel, unmöglich sei.«

Als die Wasser schwanden ...

Nicht nur wir denken darüber nach, wann und auf welche Weise wohl erste Menschen in die neu besiedelbaren Gebiete der aufsteigenden Himalaya-Berge wanderten. Auch die Bewohner selbst haben darüber Vermutungen,

Unten: *Ladakhi-Mönche mit Weihrauchgefäßen und den typischen Musikinstrumenten bei einer festlichen Zeremonie.*

Oben rechts: *Ein Lama im bhutanesischen Pharo Dzong studiert einen Blockdruck. Seine rituellen Gegenstände sind Glocke, Zepter und Stehtrommel.*

Rechts: *Der Oberlama des Klosters Lamayuru.*

Daneben: *Gelugpa-Mönch mit der für diese geistige Schule typischen gelben Mütze (Kloster Ganden, 1983).*

Der Oberlama des Klosters Rumtek in Sikkim murmelt die heiligen Silben. Er trägt die fünfblättrige Krone als Symbol der fünffachen Weisheit.

die durch Jahrtausende mündlich überliefert, später aufgezeichnet wurden und heute noch lebendig sind. Nach pan-global verbreiteter, vorgeschichtlicher Sitte begann man auch auf dem Dach der Welt wichtige Genealogien – und die späteren Geschichtsschreibungen – mit der Entstehung von Welt, Erde und Menschheit, die zumindest angedeutet und mit einem Hinweis auf ältere Werke erwähnt wurde.

Auch die Tibeter sind keineswegs arm an vorzeitlichen Berichten, wie Padmakarpo, ein Historiker des 16. Jahrhunderts, beweist: »Man liest im

Manjushri-Mulatantra, daß hundert Jahre nach dem Tode [Buddhas] sich die Seen im Lande des Schnees [Tibet] verkleinert hatten und ein Wald von Sal-Bäumen heranwuchs. Gemäß der Vorhersage, war dies das Ende der Austrocknung des großen Sees, der einst das ganze Land des Schnees bedeckt hatte. Wenn es heißt, daß ein Wald wuchs, so stimmt dies mit der Überlieferung der Tibeter überein, wonach das ganze Land einst von einem Wald von Wacholdersträuchern bedeckt gewesen ist.«

Stellt man hier die Querfrage, daß die Erdgeschichte wohl älter sein müsse und Buddha Shakyamuni vor 2500 Jahren gestorben sei, erhält man nur die vorwurfsvolle, mit Kopfschütteln erteilte Antwort, daß mit »Buddha« ja schließlich auch einer der Buddhas der vergangenen, menschlichen Zeitalter gemeint sein kann, als deren siebenter Shakyamuni als Buddha der jetzigen Epoche genannt wird.

Mythologische Erdgeschichte war keineswegs unbeliebt und wird auch in den »Blauen Annalen«, dem wichtigen tibetischen Blockdruck von 1478, erwähnt, der die Entwicklungsstufen des Erscheinens der buddhistischen Lehre in Tibet schildert. Hier tritt sogar der indische Weise Phadampa auf,

Links: *In den Wandmalereien der Himalaya-Klöster werden vielfach die berühmtesten tibetischen Klöster, wie zum Beispiel Samye, dargestellt und verehrt. Hier sieht man ein Fresko im Haupttempel von Gangtok, der Hauptstadt von Sikkim.*

Das Drehen der Gebetsmühle, die mit Schriftröllchen gefüllt ist, bedeutet, den buddhistischen Wunsch für »Glück und Segen für alle Lebewesen« tausendfach vervielfältigt in alle Windrichtungen zu verbreiten.

Pilger in Ladakh im Monsunregen. Seine einzige Habe: Der Regenschirm ist sein Haus, und im Kännchen trägt er seine Nahrung.

Rechts: *Felsentreppenaufgang zu Tongsa Dzong, der Stammburg des bhutanesischen Königshauses. Die ersten Festungsbauten wurden schon 1648 unter Shabdung errichtet und dann im Laufe der Jahrhunderte ergänzt. Die nagelfrei zusammengefügten Holzbalkone und Veranden sind typisch für das holzreiche Bhutan und fallen durch ihre schönen Bemalungen auf, die reich mit buddhistischen Symbolen verziert sind.*

der mehrmals nach Tibet pilgerte und um 1117 n. Chr., mehr als hundertjährig, gestorben ist. In Tibet gehörte er zu den beliebtesten Tantrikern, wozu die vielen Geschichten, die man über ihn erzählte, beigetragen haben dürften. Als man ihn einst ausweisen wollte, erzählte er – in munterer Ich-Form –, wie gut er Tibet kenne, das er in seinen früheren Leben bereits mehrmals besucht hätte. Sieben Male sei er dort gewesen. Das erste Mal war das ganze Land noch von Wasser bedeckt; bei seinem zweiten Besuch seien die Wasser bereits etwas zurückgegangen und schließlich, nach weiteren Besuchen, sah er, wie nur noch die zwei großen tibetischen Seen als

Rest des großen Ozeans übriggeblieben waren: im Norden der Nam Tso, der »Himmels-See«, und im Süden der Yamdog Tso.

Auch in späteren Geschichtswerken wird, wie zum Beispiel von Sumpa Khanpo im Jahre 1784, hervorgehoben, daß die Türkis-Seen Tibets einst viel größer und zahlreicher gewesen seien und sich auch in der Ebene von Lhasa lange ein kleiner See erhalten habe, genannt Othang Tso, der »See der Milchebene«, über dessen Resten zur Zeit des Königs Songtsengampo in

Ganz oben: *Holzdecken-Malerei eines Tor-Chörten im Kloster von Alchi aus dem 11. Jahrhundert.*

Darunter: *Chörten im Kloster von Alchi.*

der Mitte des 7. Jahrhunderts n. Chr. der Haupttempel von Lhasa erbaut wurde.

Verblüffend ist – bei diesen Erinnerungen an mythologische Erdgeschichte und ihre Erzähler –, daß offenbar die pädagogischen Methoden von einst und heute ziemlich gleich geblieben sind. So versuchte Professor Wilhelm Bölsche seine Erklärungen über »Festländer und Meere im Wechsel der Zeiten« im Jahr 1913 seinen Schülern auf ähnliche Weise nahezubringen, wie der Inder Phadampa im 12. Jahrhundert. Um dies zu erreichen, läßt er einen fiktiven Ruderer in einem schmalen Boot die Verschiebungen der Kontinente und das Vergehen des geologischen Mittelmeeres Tethys miterleben. Er reißt damit seine Leser ebenso mit, wie Phadampa seine Zuhörer fesselte, indem er aus eigenem, früheren Leben und Erleben die Veränderungen der Landschaft beschrieb.

Potala-Palast in Lhasa. Residenz der Dalai Lama seit 1650. Tausend Jahre früher hatte hier bereits der tibetische König Songtsengampo eine erste Residenz errichtet. Als das Oberhaupt der Gelugpa-Schule, der 5. Dalai-Lama, kurz vor Mitte des 17. Jahrhunderts durch den damals in Tibet einflußreichen Mongolenfürsten Gushri Khan auch die politische Macht auf dem »Dach der Welt« übertragen bekam, war die Zeit für einen neuen Potala-Palast gekommen. Sie dauerte bis 1959, als der 14. Dalai Lama seine Heimat verlassen mußte und ins indische Exil ging.

In der mythologischen Tradition haben sich die versunkenen erdgeschichtlichen Tatsachen, wie zum Beispiel über Reste des Tethys-Meeres, in den verschiedensten Variationen erhalten. Bei Kathmandu wird genau jene Stelle bezeichnet, an der einst, als das ganze Tal noch mit den Wassern des Sees Naga Hrad bedeckt gewesen ist, der Bodhisattva der Weisheit, Manjushri, mit seinem flammenden Schwert die Talsperre durchschlagen habe, so daß die Wasser abflossen und das Land fruchtbar wurde. Diese Stelle, Chovar genannt, liegt etwa 11 Kilometer von der Stadt entfernt, dort

Die fein geschnitzten und mit leuchtenden Farben bemalten Säulen im Potala-Palast zeigen Pflanzen- und Blumenranken, die auch glück- und segenbringende Inschriften mit Heiligen Silben in alter Götterschrift umschließen.

Unten: *In der großen Halle des Klosters Drehpung meditieren Lamas zu Füßen der Tempelsäulen, die mit Seidenwebereien umkleidet sind, die aus China eingeführt wurden. Zwischen den Säulen hängen runde Tempelbanner aus kostbaren Brokaten.*

Die Butterlampen (hier in der Kathedrale von Lhasa) sind eine der »Sieben Opfergaben«: Wasser und Blumen, Weihrauch und Licht, Speisen und Düfte und Musik (in Form von erhebenden Tönen).

wo sich die berühmte Bagmati-Schlucht befindet, die durch den Schwertschlag von Manjushri entstanden sein soll.

Bei dieser Legende dürfte es sich um die vage Erinnerung an einen Kulturheros handeln, der aus dem Nordosten kam und aus dem noch überschwemmten Tal von Kathmandu fruchtbare Erde für Ackerland schuf. Daß er, der dann wegen seiner großen Taten kurzerhand mit dem Bodhisattva der Weisheit identifiziert wurde, aus »Cina« gekommen sein soll, würde mit der Geographie von vor mehr als 2500 Jahren übereinstimmen. Lag doch damals die Macht des Handelns und des Handels beim Königreich Qin, das mit weit westwärts reichender Macht den ganzen Verkehr mit dem Westen kontrollierte, und zwar schon viele Generationen vor dem Aufstieg von Qin Shi Huangdi, der in der Mitte des 3. Jahrhunderts v. Chr. ganz China vereinte.

Die traditionelle Maskenkunst, im ganzen Himalaya verbreitet, kommt bei den Mysterienspielen – wie hier in Bhutan – zur Geltung. Die ältesten, aus Holz geschnitzten Masken haben nur kleine Augenlöcher. Der Tänzer sieht fast nichts. Andere Masken werden höher am Kopf befestigt, so sieht der Träger durch das offene Maul mit den gefletschten Zähnen. Die kunstvoll bemalten Masken gehören zum Tempelschatz.

Besonders auffallend sind die Totenkopfmasken mit der fünffachen Totenkopf-Krone. Der grimmige Ausdruck wird noch durch die langen Eckzähne verschärft, die den bedrohlichen Eindruck des aufgerissenen Mauls betonen. Für den frommen Betrachter hat dieser Ausdruck nichts Erschreckendes, er erinnert nur an die Vergänglichkeit allen Lebens und fordert dazu auf, im jetzigen Leben Gutes zu tun. Den gleichen mahnenden Charakter haben bei den Tanzspielen auch die dunkelblauen, totenkopfgekrönten Masken der Schutzgottheiten und die stilisierten Tier- und besonders Vogelmasken der Begleiter.

Wie sehr Manjushri als Schöpfer des Tales von Kathmandu verehrt wird, bezeugt auch seine Stupa, die Manjushri Chaitya, ein buddhistischer Tempel, der aber auch mit dem Namen seiner Weisheitspartnerin als Sarasvati-Tempel bezeichnet wird. Er liegt westlich von Swayambhunath. Von den Hindus wird hier Sarasvati als Shakti, als aktive Kraft des Schöpfergottes Brahma und ebenso als Göttin des Lernens verehrt.

Rechts: *Der Aufmarsch der Begleiter der Totentänzer wirkt atemberaubend: Im Donnerkeilschritt marschieren die Tänzer, die kreuzweise das Böse am Weg zerstampfen und immer wieder daran erinnern, daß alle Daseinsfaktoren, alles, was lebt und existiert, leer von absoluter Wirklichkeit und nur vergänglich ist.*

Im Westen des Himalaya, im heutigen Ladakh, werden an manchen heiligen Stätten, nicht nur in Lamayuru, die ersten Missionare, welche den Buddhismus predigten, auch als jene angesprochen, die mit ihren heiligen Kräften die großen Wasser zum Verschwinden brachten. Dabei handelt es sich um Pilger, die schon zu Buddhas Zeiten oder in der Epoche Kaiser Ashokas, also 500 bzw. 250 v. Chr., diese Karakorum-Gegend erreichten. Jedoch auch hier würde eine Frage nach dem Zeitunterschied nur bedauerndes Kopfschütteln erregen. Haben doch diese Heiligen schon in unzähligen vorhergehenden Inkarnationen diese Stätten besuchen können. Auch Jahrmillionen spielen dabei keine Rolle. So heißt es doch deutlich in der Legende, daß jedes Lebewesen die ganze Last und auch das Erleben der gesamten Vergangenheit unbewußt in sich trage: vom kosmischen bis zum irdischen ständigen Werden, Sein und Vergehen; eine psychische Tatsache, die nur dem Erleuchteten erkennbar wird, der imstande ist, den gesamten Inhalt des Unbewußten kontrollieren zu können. Unsere materiellen Relikte sind dabei nur eine willkommene Bestätigung von bereits geistig erkannten oder innerlich erschauten Tatsachen.

Eine Spezialität der Tanzspiele Bhutans sind die Rittertänze. Die Darsteller treten dabei im mittelalterlichen Ritterkostüm auf, mit dem langen Rock, der im Tanze weit ausschwingt, und dem Kronenring am Haupt. Sie tanzen den Reigen der Ritter zu Ehren des Tempels und des am betreffenden Festtag gefeierten Heiligen.

Die Landung des altindischen Noah-Manu am Himalaya-Felsen

Der Stammvater, der das Steigen der Großen Wasser überlebte, ist auch in der Hindu-Mythologie bekannt. In Sanskrit heißen die Ahnen der Menschheit Manu, der »Denkende«, der Mensch. Derer gibt es vierzehn, jeder steht einem Menschenzeitalter vor, einer *Manu*-Antara, die einer Zeitspanne von

Links: *Einmalig in Bhutan, hat sich eine uralte Zeremonie erhalten: der Tanz des alten Schwerttänzers, dargestellt vom Dorfhäuptling im bodenlangen Gewand und der hohen, rot gefärbten Ziegenfellmütze. Mit Lanze und Schwert führt er hier, im Hof von Bjakar Dzong, der »Burg zum Weißen Vogel«, seinen Schwerttanz auf.*

Im Klosterhof, der zur Festspielbühne wird, drängen sich die Zuschauer. In der ersten Reihe sitzen die Mönche, jedes Jahr von neuem fasziniert von diesem Schauspiel.

4 320 000 Jahren entspricht. In der gegenwärtigen Epoche handelt es sich um den siebenten Vaivashwata, den »Sonnengeborenen«, der mit der indischen Version der Sintflutsage verbunden ist. Einst fing Manu einen Fisch und ließ ihn am Leben. Dafür versprach der Fisch, ihn zu retten, und zwar vor der bevorstehenden Katastrophe einer Sintflut. So baute Manu ein sicheres Schiff, und als die tödlichen Fluten stiegen, rettete er sich mit den Sieben Weisen, den Rishis, und den Heiligen Büchern in die sichere Arche und befestigte diese an dem Horn des Fisches, der inzwischen zu einem Riesenfisch ge-

Rechte Seite: *Vor der alten Rundfahne, die zum Banner des Buddhismus wurde, entfaltet der Orakelpriester seinen ekstatischen Tanz. Im altertümlich langen Gewand, mit Schmuck behangen und dem schweren Helm auf dem Kopf, führt er seinen Orakeltanz auf, bis er, zusammenbrechend, prophetische Worte flüstert, die von einigen Lamas gedeutet, erklärt und aufgeschrieben werden.*

wachsen war und das Schiff zu den hohen Bergen des Himalaya leitete. Dort riet er Manu, es an einem Felsen zu befestigen, um mit den Wassern langsam absinken zu können. Im Großen Epos, dem Mahabharata, dessen Handlungen nach indischer Tradition über 3000 Jahre zurückliegen und das mit 220000 Zeilen wohl das längste der Welt ist, wird berichtet:

»Im stattlichen Schiff entlang des Ozeans trug es den Herrn der Menschen, durch tanzende, rotierende Wellen in stürmischen Wassern. Nur Manu und die Sieben Weisen überlebten in dem Schiff, das der Fisch endlich zu einem sich aus den Wellen erhebenden Gipfel des *Himavan* zog. Er sprach zu Manu: Jetzt befestige dein Schiff an dieser hohen Felsenspitze und erkenne mich als Brahma, den Schöpfergott, der dich in Gestalt eines Fisches errettete ...«

Der Gott und die Tochter des Himalaya

Eine Spezialität der Himalayaländer sind die »Dämonenfallen«, die aus Fäden in allen Regenbogenfarben kunstvoll um kreuzweise zusammengefügte Stäbe gespannt werden. Diese Fadenkreuze, Dö *genannt, sieht man in allen Größen über den Dächern aufragen, wie hier in Bhutan, wo sich dieser Brauch noch erhalten hat. Sie werden auch, winzig klein, über Pflanzenfaserpapier gespannt und als Amulette getragen, um das Böse abzuwehren.*

In der Mythologie spielen die Gletscher des Himalaya schon in der ältesten Namensgebung eine bezeichnende Rolle. Devi, »Göttin«, ist ein Wort, das von *div*, »scheinen«, kommt. Sie ist in unzähligen Manifestationen die Große Göttin, Maha Devi, sie ist Gattin und die weibliche Kraft *(Shakti)* von Shiva, unzertrennlich mit ihm verbunden. Er ohne Sie und Sie ohne Ihn: nicht zu denken. Aber, nach ihrer Abstammung ist und bleibt sie *Haimavati*, die »Tochter des Himalaya«, denn *Himachala* und *Himadri*, wie die Bergwelt in den Hindu-Quellen genannt wird, heißt in der Personifikation *Himavat*. Devi wird aber auch vielfach als *Parvati*, d. h. »Bergbewohnerin«, angerufen und nennt sich auch *Giri-Ja*, »Berg-Geborene«. Shiva und Parvati, der Gott und die Tochter des Himalaya, spielen Hauptrollen im mythologischen Drama. Dabei wird sie zur *Sati*, ein später klassischer Ausdruck für die liebende Witwe, die sich freiwillig in die Flammen des Scheiterhaufens stürzt, um den Gatten ins Jenseits zu begleiten – ein Ritus, der erst unter der Brahminen-Priesterschaft zum erbarmungslosen Zwang wurde. Im Ur-Mythos stürzt sich jedoch Devi-Parvati in die Flammen, aus Protest gegen ihren Vater, der ihren Gatten zum Fest des heiligen Opferfeuers nicht eingeladen und damit nicht anerkannt hatte. Der verzweifelt herbeieilende Shiva nimmt daraufhin seine Parvati-Sati in die Arme, und durch die Lüfte rasend, verstreut er ihre Leichenteile über die Bergwelt. Jene Orte, auf die ihre Körperteile herabfielen, sind allerheiligste Stätten, *Pitha-Sthana*, an denen Tempel errichtet wurden. Dort, wo ihr allerheiligstes Geschlechtsteil, die *Yoni*, hinfiel, im Tal von Kathmandu, wird heute noch ihr Tempel heilig gehalten, zusammen mit dem heiligen Ort von Shiva, wo sein Phallus, der *Lingam*, in Stein aus der tiefen Erde aufragt, geschmückt mit dem Antlitz der lieblichen Großen Göttin. Dieser Mythos wird in verschiedenen Variationen erzählt und in geheimen Tempelstätten verewigt, deren Betreten Fremden strikt verboten ist.

Dorthin wandern die Hindu-Pilger seit Jahrtausenden immer denselben Weg. Unter ihnen die *Sadhu*, heilige Männer, nackt und bar von irdischem Tand. Für sie und ihre Anhänger waren diese aus der indischen Ebene in den Himalaya führenden Wege immer offen bis zu den Tempeln des Kathmandu-Tales. Von dort ging es, zuerst nordwärts und dann westwärts, bis zum Kailas, der auch »Shivas Paradies« genannt wurde. Der Pilgerpfad dorthin blieb begehbar, auch in jenen Jahrhunderten, während derer sich Nepal

Rechte Seite: *Der Regenbogen wird als glückverheißendes, den Himmel und die Erde verbindendes Symbol im ganzen Himalaya verehrt. Er erstrahlt hier über dem Kloster Chökhor Yangtse im Tal von Thimphu in West-Bhutan. Das seltene Naturphänomen des Regenbogenkreises, auch seit Urzeiten bekannt, wurde zum Symbol des Bewußtseinszustandes von Nirvana.*

ganz abschloß, um sich vor dem Eindringen mohammedanischer Truppen zu schützen. So blieben in Nepal alte Traditionen erhalten, die von den aus Indien flüchtenden Brahminen weitergepflegt wurden.

Die Tempelsymbole Yoni und Lingam stellen die allerheiligste tantrische Einheit der Gegensätze von Mann und Frau dar, kosmisch-irdisch, göttlich-menschlich, unzertrennlich miteinander verbunden. Es ist immer wieder Devi, die Große Göttin, deren weiß leuchtender Gletscherthron in verschiedenen Himalaya-Gipfeln verehrt wird. Es ist sie, die allgegenwärtige Devi, auch dann, wenn sie in anderen Sprachen angerufen wird, wie zum Beispiel als »Herrin des Götterberges«, *Jomolhari*, im Westen von

Das Kloster von Yangser liegt am Fluß Panzang in Dolpo. Es wurde vor 600 oder 700 Jahren erbaut. Sein religiöser Name bedeutet »Insel der Erleuchtung«.

Bhutan. Sie ist es auch, die in tibetischen Worten als »Große Schutzgöttin der Religion«, *Päldän Lhamo*, verehrt wird, und ihr Gefolge, die »Fünf Schwestern des Langen Lebens«, stürmen durch die wilde Bergwelt des Labchi (Everest). Und schließlich wurde Shri Devi mit ihrem Partner im buddhistischen Bereich *Mahakala*, der »Große Schwarze«, zur Hauptschutzgottheit der Religion. In ihrer lieblichen Form ebenso wie in ihren grimmigen Erscheinungsformen, die jedoch immer beruhigend auf den Sinn der Gläubigen wirken, richten sich doch Grimm und symbolische Waffen nur gegen die Feinde der Religion.

HEILIGE BERGE, FLÜSSE UND SEEN

Alter Schamane als Bön-Priester mit langem blauen Gewand und der magischen Trommel. So trat er zum Kampf um den allerheiligsten Berg Kailas an, den er gegen Milarepa, den tibetischen Dichter, Yogi und Heiligen, verlor. Nach einem illuminierten Blockdruck, den der Tibetologe H. Hoffmann in seinen »Quellen zur Geschichte der Bön-Religion« erstmals vorstellte.

In der Forschungsgeschichte des Kailas begegnet uns erstmals Sven Hedin, der den Heiligen Berg 1907 umwanderte, dies jedoch hoch zu Roß, eine Beleidigung der mühsam laufenden und teilweise sogar kriechenden Pilger. Zum Entsetzen der Lamas der umliegenden Klöster wurden sogar die Heiligen Seen mit dem Faltboot überquert, wobei Sven Hedin im Sturm der erzürnten Götter fast umkam, eine göttliche Rache, die sicher viele Male schrecklicher für den ausfallen würde, der es wagen sollte, den Kailas zu besteigen. Dies ist glücklicherweise, trotz des heutigen Sensationsalpinismus, noch nicht geschehen. Sven Hedin glaubte, als erster die Heiligen Seen befahren zu haben. Er wußte offenbar nicht, daß ein halbes Jahrhundert vor ihm ein verwegener Engländer, Robert Drummond, den Manasarovar mit einem Gummiboot »entweiht« hatte. Da der überraschte *Dzong Pön*, Burgherr oder Distrikts-Gouverneur dieser Gegend, die Schändung des Heiligen Sees nicht verhindern konnte, wurde er enthauptet.

1936 wanderten erstmals zwei Geologen, der Wiener Herbert Tichy und Augusto Gansser, unabhängig voneinander und als Pilger verkleidet, um den Kailas. Über diese Erfahrung im unabhängigen Tibet vor 50 Jahren erzählt Augusto Gansser in seinem Buch *Thron der Götter*: »Als am nächsten Tage zum ersten Male die ganze Größe des mächtigen Kailas vor uns steht, da kniet mein Begleiter Paldin nieder und berührt mit der Stirne den Boden. Über tausend Meter hohe, senkrechte Wände säumen unseren Weg. Es handelt sich hier wirklich um einen Weg, beidseitig von kleinen Steinmännchen begleitet. Zur Hauptsache stehen jedoch diese Gebilde auf der rechten Seite; denn an jedem Heiligtum muß links vorbeigegangen werden, so wie auch der gesamte Kailas im Uhrzeigersinn umpilgert wird. Einzig die Bön-Po, die Träger der vorbuddhistischen, ursprünglich animistischen Religion Tibets, treten ihre Umwandlung in entgegengesetzter Richtung an.

Die Gesteine dieser Gegend sind besonders heilig, und wehe dem, der sich solche aneignen würde. Diese rosigen Aussichten für Geologen verlangen darum ganz besondere Arbeitsmethoden. Allgemeine Anpassung, Wetter und Lagerfeuer haben zwar mein Äußeres schon ziemlich echt gestaltet. ›Innen‹ sah es jedoch sehr unreligiös aus. Geologisches Skizzenbuch, Hammer, Kompaß, ein kleiner Feldstecher, allerhand Gesteinsproben, Salzsäurefläschchen und eine kleine praktische Kamera verhalfen mir zu einem ganz respektablen Känguruhbauch.

Während ich an einer Skizze tätig war, trockneten meine in einem kleinen Schmelzbach frisch gewaschenen Socken an der Sonne. Doch lange wollte sie nicht mehr scheinen. Noch bevor sich die düsteren Gewitterwolken zusammenballten, donnerte es schon mit vielfachem Echo in der kahlen Landschaft des wilden Hochtales. Unser heutiges Ziel war ein über 5000 Meter hoch gelegenes Gompa, genau im Norden des Kailas gelegen. Noch einige Stunden davon entfernt, überrascht uns ein heftiges Gewitter, wie ich es nur selten in den Alpen erlebt hatte. Dazu beginnt es heftig zu schneien. Blitze zucken durch die tanzenden Schneeflocken; düster ragen die zackigen Granitgipfel gegen den dunkelgrauen Himmel. Während unseres ganzen Aufenthaltes im Hochgebirge des Himalaya haben wir nicht ein einziges Gewitter wahrgenommen. Kaum waren wir im Transhimalaya, donnerte es fast jeden Tag. Die mächtigen Monsun-Wolken, die sich wie riesige Föhnmauern über den Himalaya wälzen, erreichen die Ketten des

Transhimalaya nicht mehr. Trotzdem stehen wir auch hier unter dem Einfluß des Monsuns, wobei die Hauptbewegungsrichtung der niederschlagbringenden Wolken eine west-östliche ist. Diese Niederschläge kondensieren sich jedoch zur Hauptsache als Gewitter und weniger als lang andauernde Regenfälle.

Schon dunkelt es, als wir zwischen den mächtigen Granit-Trümmern das einsame Gompa gewahren (Diriphu Gompa wurde während der Kulturrevolution vollständig zerstört)... Als müder Pilger, mit einem leicht ungemütlichen Gefühl, betrete ich die niedere Eingangspforte, um gleich in

Folgende Doppelseite: *Kailas – der heiligste Berg, von Nordwesten aus gesehen. Wie ein Kristallstupa ragt der in dieser Ansicht so symmetrische Berg auf, einem Eisdom gleich hat sein geradezu überirdischer Glanz etwas Schwereloses und Transparentes. Seit 1981 können ihn wieder Hindu-Pilger aus Indien umwandern. 1985 erreichten auch erstmals ausländische Besucher – unverkleidet – dieses Traumziel im Himalaya.*

Im tantrischen Zeitalter der Suche nach der Verbindung zwischen Kosmischem und Irdischem ist Sarasvati, wie es Lokesh Chandra beschreibt: »Sie ist Prajna, transzendente Weisheit, und Gnosis, mystisches Erschauen, das verstandesgemäßes Wissen in seelisches Erleben verwandelt. Der Mensch, wie tief er auch in Unwissenheit versunken ist, trägt dennoch in sich den eingeborenen göttlichen Funken. Zur Erlösung von den Übeln der Welt braucht er die Versenkung in mystische Weisheit, hier verwandelt und symbolisiert als göttliche Kraft, die sich in der Gestalt der Göttin zeigt.«

Sarasvati, die »Göttin mit der lieblichen Stimme«, ist hier in ihrer vierarmigen Form dargestellt und strahlt ihre Kräfte in alle Himmelsrichtungen aus. Sie ist die Verkörperung der »Quelle der rauschenden Wasser« und der »ersten raunenden Worte«, Symbol der Befruchtung der Erde und des Geistes. Sie wird gleichermaßen verehrt von den Jain, den Hindus und den Buddhisten.

einer dunklen, rußgeschwärzten Granithöhle zu verschwinden. Hier wollen wir uns verstecken, sicher vor den neugierigen Blicken der Lamas. Unser Eintreffen hatte ja an sich nichts Verdächtiges, da dieses Gebiet häufig von Kailas-Pilgern besucht wird, die im Gompa Unterschlupf suchen. Die Hauptsache ist, daß der Europäer unerkannt bleibt.

Ein jeder Pilger, der etwas auf sich hält, muß dem Oberlama einen Besuch abstatten. Ich war ja ein großer Lama, der aus einer ferneren Gegend kam, und, meiner wichtigen Mission bewußt, sollte ich eigentlich freudig diesem Interview entgegensehen. Mit etwas gemischten Gefühlen stand

Rechte Seite: *Für den Pilgerweg zum heiligen Berg Kailas gibt es verschiedene »Pilgerkarten«, die teilweise auf Pflanzenfaserpapier gemalt oder als Wandfresken in den Tempelstationen des Pilgerwegs zu sehen sind, immer im Stil der »peinture naive«, volkstümlich verständlich. Hier wird der Weg zum Götterberg auf einer Thanka von Tulku Tsewang vom Tragyam Gompa in Dolpo beschrieben.*

ich dann vor der kleinen Türe, die zu dem Aufenthaltsraum des Oberlamas führte. Paldin und einer der Bhotia-Männer wollten mich begleiten.

Paldin, der mit den klösterlichen Gebräuchen gut vertraut war, gab mir kurz vor der Audienz eine Privatstunde, wie man sich bei solchen Angelegenheiten zu verhalten habe. Barfuß, mit gefalteten Händen und gesenktem Haupte betrat ich den düsteren Raum, der nur durch einige kleine Butterlämpchen erhellt war. Hinter einem langen Altar hockte der Hohepriester mit verschränkten Beinen. Langsam ging ich auf seine Heiligkeit zu. Ich blickte in ein scharfgeschnittenes, intelligentes Gesicht, das gar nicht die sonst häufig materialistischen Züge vieler Lamas zeigte. Als großer Heiliger einer entfernten Gegend war ich gemeldet, und glücklicherweise sind die großen Heiligen stumm. Mit tief gesenktem Haupt überreiche ich zwei kleine, buntmarmorierte Bakelitbecher, ein kitschiges Geschenk, das aber meistens bedeutend imponiert und leicht zu transportieren ist. Umständlich wird in einer kleinen Truhe gegrübelt, und mit einer feierlichen Geste überreicht mir seine Hoheit ein rotes Band, das sogleich, dem Brauch gemäß, um meinen Hals gelegt wird. Aber nicht nur das, ein kleines Säckchen mit allerkleinsten Pillen soll mich vor jedem Übel bewahren...

Der Gipfel des Kailas von Nordosten. Im Vordergrund der kleine See Gaurikund, den man nach Überschreiten des 5500 Meter hohen Dölma-Passes erreicht. Mit seinem Wasser sich zumindest zu benetzen ist Vorschrift – vor allem für die Hindu-Pilger.

Ein strahlender Morgen. In aller Frühe bin ich schon draußen, mit meiner Kamera bewaffnet, um den unvergeßlichen Anblick festzuhalten. Wie eine Vision erhebt sich, eingerahmt von zwei schattigen Granitgipfeln, der sonnenbeleuchtete Kailas, mit Neuschnee auf Felsen und Gletschern. Hinter

Unten: *Das Kloster Gossul am Westufer des heiligen Manasarovar-Sees (Foto von 1985). Inzwischen wurde das Kloster, dessen Umgebung Sven Hedin 1907 eindringlich beschrieben hatte, teilweise wieder aufgebaut.*

Rechts: *Der heilige See Manasarovar, im Hintergrund das 7700 Meter hohe Bergmassiv des Gurla Mandhata. Als Pilgerziel für Hindus und Buddhisten ebenso bedeutend wie der Kailas ist dieser »See des Höchsten Bewußtseins«, den man in drei Tagen umwandeln kann.*

Milarepa, der nur in Baumwolle gekleidete große Yogi, lebte von 1024 – 1123 und war der beliebteste Dichter Tibets. Neun Jahre lang meditierte er in den Felsengrotten von Kyirong, dem »Glücklichen Dorf« an der Grenze zu Nepal, und wanderte dann zum Kailas, wo er den Bön-po besiegte. Die Bronze wird in einer Altarnische des Zylinder-Tempels von Paro in West-Bhutan verehrt.

Pilger bei der mühevollen Umrundung des Heiligen Kailas.

einem großen Felsblock versteckt, mache ich die Aufnahme. Langsam wandere ich zum Gompa zurück. Vom ersten Sonnenstrahl beleuchtet steht der Oberlama auf dem Flachdach. Er schaut zum Kailas, faltet seine Hände und beugt sich vor dem herrlichen Anblick. Jeden Morgen, jahrelang, Sommer und Winter schaut er hinauf zum Gipfel des Berges. Er betet zu seinem Gott, aber er betet auch zu seinen Dämonen. Unter dem Kloster, in einer dunklen Granithöhle, sind die vergoldeten Göttersymbole aufgestellt. Sie grinsen mich an: denn ich kann die durch ihre Formen und Gesichtszüge veranschaulichte Symbolik nicht verstehen. Durch eine niedere Türe betreten wir das Heiligtum, nachdem wir eine kleine Bibliothek passiert hatten. Im Vorbeigehen wird die große Gebetstrommel in Umdrehung versetzt.

Aber schon stehe ich dem Allerheiligsten gegenüber, dem symbolisierten Kailas. Vor dieser mit Tüll verhängten Gottheit verbeugen wir uns alle. Ein jeder opfert ein kleines Butterlämpchen. Überall stehen die abenteuerlichsten Dämonenfiguren, aus allen Ecken starren uns die glotzenden Augen an. Dem hohen Heiligkeitsgrade entsprechend, gebe ich beim Verlassen dieses unheimlichen Raumes der großen Gebetstrommel einen ganz besonders ehrerbietigen Stoß. Aufatmend steht man in der Sonne. Weiße Gebetsfahnen flattern; der Kailas leuchtet.

Wir pilgern auf den Dölma La, dem 5600 Meter hohen Paß, den höchsten Übergang auf der Reise um den Kailas. Ein Wald von Steinmännchen kennzeichnet die Heiligkeit der Gegend. Große Haufen von Menschenhaar sind von kleinen Mäuerchen umgeben. Ein Felsblock ist ganz bedeckt mit ausgerissenen Zähnen – religiöse Taten leidenschaftlich frommer Pilger. Wilde Granitberge umrahmen den frisch verschneiten Paß. Auf dem Grabe eines Heiligen knien meine Begleiter nieder. Ein Felsblock soll noch seine Fußabdrücke erkennen lassen.

Auf dem Dölma La steht ein mächtiger Felsblock, eine lange Stange darauf, ganz behängt mit kleinen, bunten Gebetswimpeln. Der Reichtum an Steinmännchen gibt der Gegend ein ganz eigenartiges Gepräge. Jeder, der vorbeikommt, errichtet meistens ein neues solches Kunstwerk; nur muß er, teilweise aus Mangel an Baumaterial, frühere Frömmigkeitsbezeugungen entheiligen. Meistens bildet ein weißer Stein die höchste Spitze. Obgleich der Kailas selber nicht mehr sichtbar ist, handelt es sich hier um eine ganz besonders wichtige Stelle. Wie viele der Pilger sind den Strapazen einer solchen Reise auf dieser Höhe erlegen, wenn man bedenkt, daß manche dabei sind, die sonst nie über die Ebenen Indiens hinausgekommen sind.

Ein Pilger, der den höchsten Grad der Seelenreinigung erstrebt, muß den gesamten Weg mit seiner Körperlänge messen. Die gefalteten Hände hält er vor Gesicht und Brust, kauert nieder und legt sich flach auf den Bauch. Mit den mit Blech beschlagenen Handschuhen zeichnet er mit ausgestreckten Armen eine Marke auf den Boden. Dann geht er in die Ausgangsstellung zurück, schreitet bis zur gezogenen Marke, also eine Körperlänge weit, und legt sich erneut nieder.

Etwas unterhalb des Dölma La befindet sich ein kleiner heiliger See. Hier sollten die Pilger ihre Waschung vornehmen. Doch der See, auf 5600 Meter Höhe gelegen, ist gänzlich zugefroren und ganz mit Schnee bedeckt. Am Ufer zeugen einige auf das Eis geworfene Felsblöcke von dem hoffnungslosen Versuch der Pilger, das eisige Wasser zu erbrechen; das dicke Eis trotzt der größten Frömmigkeit. Dieses Jahr scheint für eine vollkommene Pilgerfahrt nicht gerade günstig zu sein.

Die Ostseite des Passes führt steil in ein neues langes Tal, das weit im Norden in einem Hochpaß endet, einem wichtigen Übergang über die Ketten des Transhimalaya. Wir wandern wieder gegen Süden, und schon sind wir aus der wilden Granitlandschaft heraus und bestaunen wieder die imposanten Konglomerat-Wände. Bald sollen wir an einem neuen Kloster vorbeikommen, dem Tsumtulphu-Gompa...

Der heilige See Gosainkunda liegt nördlich von Kathmandu in Nepal auf 4298 Metern Höhe.

Noch im Dämmerlicht mache ich die letzten geologischen Skizzen. Dunkle Gewitterwolken haben sich zusammengeballt. Als Pilger sind wir im Tsumtulphu-Gompa eingekehrt, doch ist dasselbe eher uninteressant. Eine ziemliche Unordnung herrschte hier, da der Oberlama in Lhasa sei, und so fehlt die Autorität. Mehr interessierten mich die vielen Höhlen in den senkrechten Felswänden. Behausungen berühmter Asketen, die aber jetzt alle leider unbewohnt waren. Das Tal weitet sich, und wir sehen hinaus in die weite Ebene an den Südfuß des Transhimalaya. Noch etwa 10 Kilometer trennen uns von Darchén, dem Ausgangspunkt unserer Pilgerfahrt um den Kailas. Am Wege sind große Haufen der schön beschrifteten »Manisteine« aufgestapelt, alles Steinplatten, auf denen mehr oder weniger kunstvoll das Gebet »Om ma ni pad me hum« in tibetischer Schrift eingemeißelt ist. »Nein, nein Sahib, das ist nicht gut, die Götter werden böse.« Paldin hat meinen Beutehunger schon verstanden. Und trotzdem will ich mir einen solchen Stein aneignen. Drohend hängt ein Gewitter am Himmel, es wird immer dunkler. Vorsichtig wird Umschau gehalten, und schon verschwindet ein besonders schön gearbeiteter Manistein in meiner Mantelfalte. Ein krachender Donnerschlag, und im gleichen Moment geht

Der Ama Dablau (6856 m) im Khumbu-Himalaya wird von den Sherpas als Heiliger Berg verehrt.

ein Platzregen los, als sei das jüngste Gericht über uns gekommen. »Leg den Stein weg, Sahib, leg den Stein weg!« Paldin ist ganz bleich vor Angst. Wirklich, ein beängstigender Zufall. Die Götter scheinen erzürnt zu sein! Aber der Stein bleibt in meinem Besitz, und ich habe das Gefühl, er müsse mir Glück bringen... Nach einem Gewaltmarsch kommen wir nach Darchén. Unterwegs wären wir fast über einen am Boden liegenden Lama gestolpert. Er war ob seiner Kriechübung im strömenden Regen eingeschlafen ...«

Die unnahbare Herrin des Götterbergs

Gläubige Tibeter umwandern den heiligen Berg Kailas in drei oder dreizehn Runden. Die allerfrömmsten unter ihnen vollziehen diesen Rundgang mit der Prostrations-Umwandlung. Sie werfen sich flach auf den Boden und messen den heiligen Weg mit ihrer ganzen Körperlänge. Manche vollbringen die *Parikrama* genannte Umkreisung an einem einzigen Tag. Alte und kranke Pilger, die selbst nicht mehr zu dieser Strapaze imstande sind, »mieten« Bettler oder Träger, die für sie den heiligen See oder Berg umwandeln. Früher wurde für ein stellvertretendes Parikrama ein Schaf bezahlt. Damit glaubte man, für den Seelenfrieden Verstorbener gesorgt zu haben. Man erhoffte, daß eine Umwandlung die schlechten Taten eines Lebens tilge und zehn Umwandlungen gar die Sünden eines ganzen Erdzeitalters, wie Swami Pranavananda, der emsigste Kailas-Forscher der Gegenwart, 1949 berichtete.

Ein riesiger Mani-Stein im Khumbu-Tal. Die Gebete sind aus dem großen Granitblock herausgemeißelt. Die Schrift ist, der früheren Oberfläche entsprechend, dunkel, das herausgemeißelte Material zeigt den frischen, schneeweißen Granit.

Die heiligen Berge werden als »Göttliche Ahnen« oder »Throne der Götter« verehrt, und es wäre gänzlich unfaßbar sich vorzustellen, sie zu bestei-

Rechte Seite: *Der heilige Machhapucharé (6992 m), der »Fischschwanz«, nördlich von Pokhara in Zentralnepal gelegen. Er wird auch als nepalesisches Matterhorn bezeichnet. Er bildet einen südlichen Eckpfeiler der Annapurna-Kette und bewacht das Quellgebiet des Modi Khola. Seine Besteiger durften den eigentlichen Gipfel nicht betreten, 50 Meter vor der höchsten Erhebung kehrten sie um. Der Gipfelaufbau des heiligen Berges war mit seinem steilen Eisgrat obendrein auch technisch äußerst schwierig. Heute besteht ein Besteigungsverbot durch die nepalesische Regierung.*

Der tantrischen Schutzgottheit Sambara ist die heilige Pilgerstätte am Berg Tsa-ri im Südosten von Tibet geweiht. Wir sehen sie hier in der Vater-Mutter-Stellung Yab-Yum. Ihre vier Gesichter blicken in alle Weltrichtungen. Diese Thanka zeigt ihn in seiner zwölfarmigen, dreizehnfältigen Form. Sakya-Thanka im Stil der Mandalaschule von Ngor.
(Sammlung B. C. Olschak)

gen und auf ihnen herumzuwandern. Wie fest dieser Glaube bei den Bergvölkern des Himalaya verankert ist, beweist die erste, von Bhutan aus geleitete Besteigung der Chomolhari (auch Jomolhari), der »Herrin des Götterberges«. Im April 1970 machte sich eine indo-bhutanesische Expedition auf, den Gipfel zu ersteigen. Das bedeutete einen akuten Zusammenprall von alter Tradition und neuer Zeit, der sich im Schicksal des bhutanesischen Leutnants Chachu widerspiegelte: »Für unser Volk ist der 24000 Fuß hohe Chomolhari die Wohnstätte der Großen Göttin. Die meisten Bhutanesen glauben, daß der heilige Gipfel nicht bestiegen werden kann. Diese Gefühle überwiegen unter allen Bergbewohnern ...« So berichtete Leutnant Chachu und genoß anfänglich noch die Ehre, an der Expedition teilnehmen zu dürfen. Immer im Bestreben, auch die alte Tradition zu berücksichtigen, war eine bronzene Buddha-Statue mitgenommen worden, die mit Segnungen am Gipfel deponiert werden sollte.

»Wir gingen zusammen als Team, wie eine Familie auf dem Pilgerweg. Das Basislager wurde auf einer Höhe von 16500 Fuß errichtet, gerade unterhalb der Eisgrenze. Der heilige Gipfel konnte gesehen werden, majestätisch über uns. Es war ein ehrfurchtgebietender Anblick ...« Drei Tage später wurde ein Lager auf 23000 Fuß Höhe errichtet. Leutnant Chachu brach mit seiner Fünfergruppe auf: »Es war ein klarer Tag. Ich betete eine Weile, dann begannen wir den Aufstieg. Wir schlugen Stufen in Eis und Schnee.« So erreichten sie den Südwestgipfel und sollten nun zum Hauptgipfel weitersteigen. »Nach einer Zeit, die mir lange, wie viele Tage, erschien, waren wir nahe dem Gipfel, nur noch rund 100 Fuß darunter. Da blickte ich zum Thron der Göttin Chomolhari empor, und in mir geschah etwas. Ich fühlte, daß ich nicht weitergehen konnte, zu stark war ich in der Überlieferung meines Landes verwurzelt. Ich beschloß, knapp unter dem Gipfel zu bleiben. Nur zögernd, nach vielen Argumenten, sicherten mich dort meine Kameraden. Vergeblich versuchten sie mich zu überzeugen, daß es nichts Schlechtes sein könne, zum Wohnsitz der Göttin zu gehen und dort zu beten, in aller Demut seien wir doch nur auf einem Pilgerweg. Aber es ist die Art der alten Bergbewohner: Sie lieben und respektieren die Berge und wollen sie nicht entweihen. Nachdem meine vier Kameraden die bhutanesische Flagge und die Buddha-Statue am Gipfel gelassen hatten, holten sie mich ab.«

Zurückgekehrt ins Lager II, trafen sie auf eine zweite Bergsteigergruppe, die gerade zum Gipfel aufbrach. Doch wegen eines jähen Wetterumschwunges verloren die Mitglieder dieser zweiten Gruppe sich im Nebel der Bergwand und wurden nie wieder gesehen.

Die Urheimat der Götter und Menschen

Wohl nirgends wird man so sehr vom »genius loci« erfaßt wie in den Himalaya-Bergen. Vielleicht liegt der Grund darin, daß hier in ununterbrochener Abfolge, trotz Völkerwanderungen und Kriegsstürmen, Traditionen lebendig bleiben konnten, die andernorts unter den Schutthaufen der geschichtlichen Vergangenheit begraben liegen.

Vielleicht ist dieser »Geist des Ortes« im Himalaya aber auch besonders lebendig, weil er sich in Gletschergipfeln dokumentiert, die dem Himmel so nahe sind, daß sie ganz selbstverständlich als Wohnsitz der »Himmlischen Leuchtenden«, der *Deva* und *Devi*, verstanden wurden, die wir

»Götter« nennen. Ragen doch die weiß leuchtenden Gipfel so einladend nach oben, daß man sie als Ankunftsplätze der ersten, vom Himmel gekommenen Könige deuten kann, so wie es auch in den Sagen und Mythen Alt-Tibets beschrieben wird.

Der Berg Kailas, der *Kailasa* der Sanskrit-Mythologie, der im Westen des Himalaya noch mit seinem vortibetischen Namen *Tisé* bezeichnet wird, besitzt alle Eigenschaften eines heiligen Berges, der – frei stehend – umwandelt werden kann. So kann man sich die alten Sagen lebhaft vorstellen, in welchen der vom Himmel herabgestiegene Prinz, von den anwohnenden Stämmen zum König erhoben, auf ihren Schultern in friedlicher Prozession um den heiligen Berg getragen wurde. Diese Sitte bestimmte seinen Namen und seinen Titel, heißen doch in Tibet die ältesten Königsstammväter *Nyathitsänpo*, der »auf den Schultern Erhobene«.

Bei dieser Vogelkopfmaske aus Bhutan sieht man deutlich, wie das Auge des Maskenträgers durch das offene Schnabelmaul sehen kann. Die bunt bemalte Holzmaske trägt die dreifache Totenkopf-Krone und fällt unter der Gefolgschaft der grimmigen Schutzgötter im Tanzspiel der Mysterienvorstellungen besonders auf. Diese Masken werden mit einem Stirnband fest am Kopf des Tänzers montiert.

Aber der Kailas-Tisé ist nur das irdische Abbild des mythologischen Urberges *Meru*, Nabel der Welt, und *Swarga*, das Paradies des altindischen Gottes Indra. Goldberg, Juwelengipfel wird er genannt und selbstverständlich auch *Deva-Paravata*, »Berg der Götter«. Es gibt jedoch Anzeichen dafür, daß dieser Berg ursprünglich jenseits des Pamir lag und der Kailas erst von den aus dem Norden einwandernden Stämmen als ihr Götterparadies neu entdeckt wurde. Die vorbuddhistischen »Quellen zur Geschichte der Bön-Religion« (H. Hoffmann) geben uns einen deutlichen Hinweis, wie vor mehr als zweitausend Jahren einwandernde Stämme, Anhänger der alten Bön-Religion, ihren heiligen Berg hier am Kailas wiederfanden, einer Gegend, die damals zum versunkenen Königreich Zhangzhung gehörte.

Auch in alten geographischen Beschreibungen Tibets heißt es, daß man »heutzutage« den Tisé als jenen Kang Rimpoché, den »Kostbaren Gletscher« betrachte, aus dessen Quellgebiet die vier heiligen Ströme entspringen. Schon der britische Repräsentant in Lhasa, Charles Bell, hat auf diese mythologische Geographie aufmerksam gemacht. So fließt der Fluß aus dem »Maul der Pferdequelle« durch Tibet, das Land der Pferde; der Fluß aus dem »Maul der Elefantenquelle« fließt durch Nepal, das Land der Elefanten; der aus dem »Maul der Löwenquelle« durch Ladakh, wo viele Menschen Löwenstärke besitzen, und schließlich der Fluß aus dem »Maul der Pfauenquelle« durch China, das Land der schönen Frauen.

Die *Sarasvati* war einst ein gewaltiger Strom, der in altindischen Zeiten parallel mit dem Indus bis zum Meer floß. An einer Stelle heißt es in *Rig Veda*, dem ältesten Wurzeltext der Hindu-Tradition: »Sie, die rein weiter verläuft von den Bergen bis hinab zur See.« Heute wird der beim Kailas entspringende Sutlej als Sarasvati gedeutet. Auf jeden Fall spielt die Sarasvati in der altindischen Tradition eine große Rolle. An ihren Ufern lebten einst die *Rishi*, die berühmten Weisen und Eremiten des Himalaya, und komponierten Hymnen, vom Rauschen der heiligen Wasser bewegt. Vielleicht kamen auf diesem Weg auch jene Einwanderer, die zusammen mit den Urbewohnern vor fünftausend Jahren die herrlichen Kulturen der Indus-Zivilisation von Mohenjo Daro am unteren Indus und von Harappa, nahe dem oberen Sarasvati-Becken, geschaffen haben.

Aus dem Aufdämmern der Frühgeschichte berichtet uns die Tradition der Jain-Gläubigen, daß schon ihr erster legendärer Furtfinder *Rishabha* am Kailas, den sie *Ashtapada*, den »Achtfüßigen«, nennen, sein Nirvana gefunden habe: Nach Jain-Art habe er in Meditationshaltung den Fastentod gewählt. Sein Leichnam wurde dann von den Göttern mit festlichem Gepränge verbrannt, was als Einführung der neuen Bestattungsart der Einäscherung gilt. Rishabhas Sohn war *Bharata*, der von allen anerkannte erste Weltenherrscher Indiens, der dem Land den Namen *Bharat* gegeben hat. Von ihm erzählen die Jain, daß er am Kailas einen Tempel zur Erinnerung an seinen Vater erbauen ließ. Dieser war so prächtig, daß Bharatas Söhne befürchten mußten, daß die Tempelschätze geraubt würden. Deshalb bauten sie schützende Wassergräben durch Umleitung der *Ganga*, des heutigen Ganges, und verärgerten damit die unterirdisch wohnenden Naga-Geister so sehr, daß der Naga-König sie alle vernichtete. Bharata, der zunächst darüber verzweifelt war, versöhnte schließlich den Naga-König und ließ durch seinen Enkel den Ganges in das alte Flußbett leiten, damit er wieder zum Meere ströme. Deswegen wird die Ganga auch *Jahnavi* oder *Bhagirathi*, nach dem Sohn und dem Enkel des Königs Bharata, genannt.

Böse Dämonen bewohnen diesen in Ostbhutan in einer Granitlandschaft auf über 5000 Meter gelegenen See. Es wird erzählt, daß sieben böse Geister vor langer Zeit in Tibet besiegt wurden und über die Berge in den Bhutan-Himalaya flüchteten. Einige, darunter der mächtige Nidupgelzen, zogen sich in die auf über 4000 Meter gelegenen Juniperuswälder zurück. Niemand darf diese heute uralten Bäume fällen. Die anderen Geister, auch der besonders unheilvolle Parep, suchten sich spezielle Hochgebirgsseen aus.

In der nach dem Glauben der Jain so uralten Tradition spielt Sarasvati als Urquell der Heiligen Wasser und ersten raunenden Worte eine Hauptrolle als *Shruti-Devi*, als führende Göttin. Ihre Bedeutung kam durch die große Sarasvati-Bewegung zum Ausdruck, die im zweiten Jahrhundert v. Chr. begann und eine – für ganz Indien wichtige – Renaissance der Jain-Literatur hervorrief. Als im 11. Jahrhundert n. Chr. König Boja unter den Lehrmeinungen aller Sekten die Wahrheit suchte, heißt es, daß Sarasvati in Visionen erschien und einen der schönsten Sprüche über den Urgrund der Ebenbürtigkeit der Religionen prägte.

Nicht nur Sarasvati und der »achtfüßig« genannte heilige Berg Kailas spielen in der Jain-Überlieferung eine Rolle, selbstverständlich auch der allerheiligste See, den sie *Padma Hrada*, die »Lotusquelle«, nennen. Als *Manasarovar*, auch Manasa-See genannt, wird er in alten Hindu-Texten beschrieben. Dort heißt es, daß einst der Ozean vom Himmel auf den Berg *Meru* fiel, dessen irdische Entsprechung der Kailas ist. Und viermal lief dieser Himmels-Ozean um den Berg und teilte sich dann in die vier Flüsse, die den Berg herabliefen und die heiligen Seen bildeten.

Rechts: *Badende Hindus beim Pashupati-Tempel am heiligen Bagmati-Fluß, östlich von Kathmandu. Die Ufer-Plattformen (Ghats) dienen auch hier, ähnlich wie in Benares am heiligen Ganges, zur Verbrennung von Leichen.*

Oben: *In einem kleinen heiligen Teich bei Kathmandu ruht der Gott Vishnu, hier als Narayana (Nara = Wasser, Ayana = Ruhestätte) bezeichnet, auf der Schlange Ananta, dem Symbol für die Unendlichkeit der Zeit. Die außergewöhnliche Figur ist aus einem einzigen Steinblock gehauen. Der heutige König von Nepal, Birendra, eine Inkarnation Vishnus, darf diese Stelle nicht besuchen.*

Swami Pranavananda schwärmt über den Manasarovar: »Er ist majestätisch ruhig und würdig wie ein blau-grüner Smaragd oder ein reiner Türkis, zwischen zwei mächtigen und gleichermaßen majestätischen Silberbergen, dem Kailas im Norden und dem Gurla Mandhata im Süden, und zwischen seinem Schwester-See, dem Rakshas-Tal oder Ravana Hrada (dem Langak Tso der Tibeter) im Westen und einigen Hügeln im Osten. Acht Klöster stehen an seinen Ufern, worin buddhistische Mönche ihr ganzes Leben danach trachten, die Erhabenheit und die ewige Ruhe des Bewußtseinszustandes ›Nirvana‹ zu erreichen.«

In vorbuddhistischer Zeit wurden die Gletscherberge noch als Ahnen der verschiedenen Volksstämme verehrt, wie es heute noch bei den Leuten von *Laya,* im Nordwesten von Bhutan, in Erinnerung geblieben ist. Sie wurden zu Thronsitzen und Wohnstätten der Götter, die von den Bön, den Hindus und den Buddhisten verehrt werden. Die Wohnsitze der Götter gelten als unnahbar und vor allem unbetretbar. Die Volksstämme, die zu Füßen dieser Gletscherriesen wohnen, verfolgen scheu und mit Entsetzen die Entweihung ihrer Göttersitze durch moderne Bergsteiger.

Am Fuße des Masang Kang lebt das kleine Bergvölkchen von Laya, das sich in vieler Hinsicht von den anderen Bhutanesen unterscheidet. Die Frauen tragen lange Haare und eigenartig geformte, geflochtene Hütchen. Sie sprechen einen eigenen Dialekt und sind offenbar noch stark an der Bön-Religion orientiert. Eigenartige Holzskulpturen bewachen den Zugang zum Dörfchen Laya, die an die Holzkultur im Osten Afghanistans erinnern.

Wohnstätten der Götter

»Mit dem Eispickel bewaffnet will der Fremde aus dem Westen die Götterherrlichkeit erobern, die Gipfel bezwingen und erstmals ganz oben, dort wo noch kein Mensch vor ihm gestanden ist, weilen. Dort kann er die einsame Schönheit der Natur in ihrer gigantischen Form – und dem Himmel am nächsten – genießen. Die Einheimischen des Ostens sehen die Berge ganz anders. So manch einer von ihnen erschrak wohl über die Vermessenheit jener Menschen, die es wagen, den Wohnsitz der Götter zu erstürmen. Für Hindus und Buddhisten ist der Himalaya heiligster Boden. Dorthin, auf die schneebedeckten Gipfel, haben sie das Paradies der Götter, die unerreichbaren Wohnstätten der übermenschlichen Wesen verlegt. Dort thronen auch die Götter der einst schamanistischen Urbewohner. Die vorbuddhistischen Anhänger des Bön-Glaubens im tibetischen Hochland sahen ebenfalls in den Himalayabergen ihren heiligen Boden. Dorthin pilgern alle demütig, um zu Füßen der Gletscherberge, den Göttern nahe zu sein und vor allem geistige Höhen zu erreichen.«

B. C. Olschak »Sikkim – Himalayaland zwischen Gletschern und Dschungeln«

Der heilige Masang Kang (7200 m). Er ist das Sinnbild des legendären Stammes der Masang, der, aus dem Südosten von Tibet kommend, den westlichen Osthimalaya bevölkert hat. Die Masang sollen die Ureinwohner Bhutans sein.

VIELFALT DER HIMALAYA-BAUTEN

Selten finden wir in einem Gebirge eine solche Fülle verschiedenartiger architektonischer Stile wie im Himalaya, entstanden durch den Einfluß von Klima, Höhenlage, Baumaterial, Menschentypen und Religion. Beispielhaft dafür ist der am wenigsten bekannte Osthimalaya. Von der primitivsten Bambushütte – im tropischen Teil oft auf Pfählen und bewohnt von Stämmen animistischer Religionen – über einfache Steinhäuser mit Schindeldächern, wie sie die Mönpa bewohnen, bis zu den gewaltigen Klosterburgen oder Dzongs des Bhutan-Himalaya, finden wir alle möglichen Bauformen. Als Prototyp der berühmten Dzongs gilt der Yumbu Lhakhang, die älteste Burg Tibets. Sie liegt im legendären Tal der Yarlung-Dynastie südlich des Yarlung Tsangpo und wurde nach der vollständigen Zerstörung während der Kulturrevolution kürzlich wieder aufgebaut.

Der bhutanesische Dzong zeigt einen ähnlichen Grundbau mit sich nach oben verjüngenden Mauern, wie es bei den Burgen- und Klosterbauten Tibets der Fall ist. Durch den Holzreichtum des Landes bedingt, haben die Dzongs ein in nagellosem Fachwerk gebautes, meist mehrstufiges Holzdach, das mit steinbeschwerten, großen Schindeln gedeckt ist. Wegen der latenten Brandgefahr wurde diese Dachkonstruktion teilweise durch Wellblech ersetzt, heutzutage kommen vermehrt lokal abgebaute, dunkle

Der Zylinder-Tempel Dumtsi Lhakhang, den Thangtonggyalpo in der Mitte des 15. Jahrhunderts in Paro (West-Bhutan) errichtete. Abseits und bescheiden, oft unbeachtet, steht er im Hintergrund der riesigen Burganlage. Heute ist der Zylinder von einem quadratischen Tempelumbau geschützt und halb verdeckt. Er ist überkront von einem Aufbau der dreizehn Stufen der Erleuchtung.

Schieferplatten zur Anwendung. Bei den ältesten Dzongs finden wir häufig halbgerundete Türme, die als Festungs- und Wachtürme meist peripher gelagert sind.

Alle Dzongs haben doppelte Funktion – als Sitz der lokalen Administration sowie als Kloster. Sie dienen außerdem als Lagerhäuser für Lebensmittel, die in knappen Zeiten den Bewohnern zur Verfügung stehen. Auch die staatliche Verwaltung und der Sitz der buddhistischen Staatsreligion sind in einem großen Dzong der Hauptstadt Bhutans, Thimphu, vereinigt. Vor

Linke Seite, rechts: *Diese überreich mit Türkisen und Juwelen geschmückte Statue ist 45 cm hoch und aus Bergkristall. Sie stellt den Dhyani-Buddha des Ewigen Lebens dar. Die Erfindung und Verarbeitung dieser einzigartigen Juwelenstatuen wird dem genialen Thangtonggyalpo zugeschrieben.*

Rechts: *In der Nepali-Architektur ist nicht nur älteste indische Holz-Baukunst erhalten und raffiniert weiterentwickelt worden, die Nepali-Architekten und Künstler gehörten auch zu den am weitesten gereisten Baukünstler, die (um 800 n. Chr.) ebenso bei der Erbauung von Borobodur auf Java dabeigewesen sind, wie sie im 11. Jahrhundert als begehrte Hofarchitekten nach China gerufen wurden. Der Nyatapola-Tempel in Bhaktapur nahe Kathmandu mit den in den Himmel ragenden, immer kleiner werdenden Dächern ist typisch für die Plätze und Straßen der Hauptstadt. Die – auch durch klimatische Einflüsse bedrohte – Erhaltung dieser architektonischen Kostbarkeiten gehört zu den größten Sorgen von König und Regierung.*

Rechts: *Der Bjakar Dzong in Ostbhutan. Er geht auf Zhabdung I. zurück, Begründer des damals noch theokratischen Königreichs Bhutan. Der Dzong dominiert das Hochtal von Bhumtang, in dem weiße Kraniche überwintern, die oft über dem Dzong kreisen. Zhabdung nannte den Dzong »die Burg zum weißen Vogel«.*

Rechte Seite: *Das Kloster Thikse in Ladakh, von Norden gesehen. Es dominiert das weite Industal. Thikse ist ein typisches Kloster tibetischer Bauart und unterscheidet sich mit seinen Flachdächern von den Dzongs des Bhutan-Himalaya.*

25 Jahren wurde der Dzong durch den damaligen, vorausschauenden König umgebaut, und zwar im alten Stil und mit den ursprünglichen Baumethoden. Die bis zwei Meter dicken Grundmauern haben meist einen Lehmkern, der beim Bau festgestampft werden muß. Es war interessant, dieser Phase des Bauens zuzuschauen: Bis zu hundert Frauen und Mädchen standen auf den Mauern, jede mit einem »Stampfer« bewaffnet. Unter lautem, rhythmischem Gesang stampften sie mit fast tänzerischen Bewegungen den Lehm, der ihnen von den Männern über Leitern zugeführt wurde.

Nicht nur die Dzongs sind im Bhutan-Himalaya auffallend, auch die gewöhnlichen Wohnhäuser beeindrucken durch den Chalet-Stil, oft mit buntbemalten Holzlauben. Entlang der wichtigen Karawanenwege, die von Sikkim durch Bhutan nach Osten führen, finden wir unzählige Chörten und kleinere Kapellen, die abgeleitetes Wasser durch eine mit einem Mühlrad versehene Gebetstrommel drehen. Man kann hier von einem eigentlichen Chörtenweg, der um 800 n. Chr. von Padmasambhava begründet wurde, sprechen. Auf diesem Weg ist auch die Kunst des Stupabaues in den Osthimalaya »eingewandert«. Ein besonders schönes Beispiel stellt der große »Chörten Khora« in Ost-Bhutan dar.

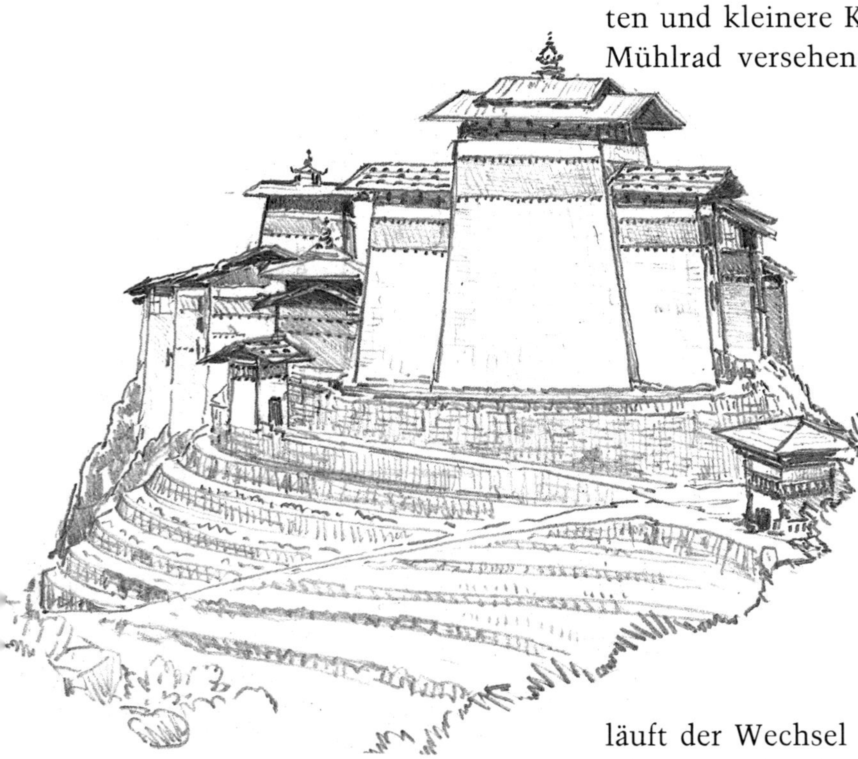

Der Tongsa Dzong im Zentrum von Bhutan ist das Stammschloß der Königsfamilie. In seinen komplizierten Bauten sind zwanzig Tempel eingeschlossen. Der Dzong liegt über der steilen Schlucht des Mangde Chu, der am höchsten Berg Bhutans, dem Kangkar Pünsum, entspringt.

Eine großartige Mischung von Bauwerken finden wir im Nepal-Himalaya, wo Hinduismus und Buddhismus sozusagen zusammenleben. Neben charakteristischen Hindutempeln, die oft mit Affen bevölkert werden, stehen große, mit Gebetsfahnen behangene Stupas. Lediglich in den nördlichen Grenzgebieten wie Mustang und Dolpo hat sich der reine Lamaismus mit seinen Bauten erhalten. Auch im Westhimalaya läßt sich eine Mischung verschiedener Baustile erkennen. Hier läuft der Wechsel jedoch nicht nur von Norden nach Süden, vom tibetischen zum hinduistischen Einfluß, sondern verändert sich, teilweise auffallend scharf, vom buddhistischen zum islamischen Stil.

Die kolossalen Stupa-Bauten Nepals mit den in alle vier Weltrichtungen blickenden Augen des mystischen Buddha über der leuchtenden Kuppel haben Schule gemacht. Padmasambhava, der als zweiter Buddha verehrt wird, begründete in Tibet nicht nur den ersten Tempel, Samye, südlich von Lhasa, ihm sagt man auch die Anlage ganzer Stupa-Wege nach, die er vom Osten bis zum Westen Bhutans gründete, als er das Land um 800 n. Chr. durchwanderte.

Erste Missionare und Gründer der Stupa- und Tempelbauten

Rechts: *Die reiche Fassade des Innenhofes des Sakya-Klosters südlich des Yarlung Tsangpo. Sakya war vor dem Potala das Hauptkloster Tibets und wirkt mit seinen düsteren, von roten und weißen Streifen durchzogenen Umfassungsmauern geradezu unheimlich. Nur das Südkloster mit einer der größten Bibliotheken ist erhalten, während die verschiedenen Bauten des Nordklosters vollständig zerstört wurden.*

Nach der buddhistischen Legende waren es bereits einige der *Arhats*, die als erste die Lehre in der Gegend des Berges Kailas verbreiteten. Das waren jene Schüler Buddhas, die schon vor rund 2500 Jahren die erste Stufe der Befreiung, das Nirvana, erreicht hatten und frei von den »drei geistigen Giften« – dem Wahn der vorsätzlichen Unwissenheit, unstillbarer Gier und Haß – die »Heiterkeit der Seele« erlangt hatten. Sie sollen nicht nur bis zum Kailas gekommen sein, sondern dort die »Kinder der Götter« in der Lehre unterrichtet und dafür gesorgt haben, daß es den armen Nomaden dieser Gegend besser gehe. Vom heutigen Ladakh bis zu dem Gebiet des heiligen Berges werden ihre Legenden erzählt und teilweise, wie in Ladakh,

Die solide Fassade eines Thakali-Hauses im Kali Gandaki-Tal. Die plattigen Gesteinsschichten dieser Gegend erlauben den Bau von soliden Steinmauern, mit »Lehmzement« verfestigt. Die sehr dürftigen Baumbestände des trockenen Tales werden immer noch rücksichtslos abgeholzt und als Brennholz für den Winter aufgestapelt.

ihre ununterbrochen wiedergeborenen Inkarnationen verehrt. Die Orte ihres Wirkens werden mit Stupa- und Tempelbauten geehrt.

Die zweite große Welle der Pilger wird in die Regierungszeit des großen buddhistischen Kaisers *Ashoka* (272 – 231 v. Chr.) verlegt. Zuerst förderte er gleichermaßen alle Religionssysteme, wie dies für indische Könige üblich gewesen ist. Er wird daher auch von Hindus und besonders von den alten Jain als der Ihrige gepriesen. Gegen Ende seines Lebens widmete er sich jedoch ganz dem Buddhismus und förderte diesen in der gesamten Weite seines Riesenreiches. Alljährlich pilgerte er selber entlang der Reichsstraßen, die er anlegen ließ. Dort fanden sich im Abstand von jeweils etwa fünf Kilometern bequeme Rasthäuser unter schattigen Bäumen. Den Berichten zufolge muß das damalige Verkehrssystem äußerst durchdacht gewesen sein, es hat sich aber in den nachfolgenden Jahrhunderten verschlechtert. Man stelle sich die kaiserliche Karawane vor, gegen tausend Mann stark, die sich langsam vorwärtsbewegte, um von der Hauptstadt im Zentrum Indiens, *Pataliputra*, dem heutigen Patna, die weit entfernt liegenden Pilgerorte zu erreichen. Die Kaiserbesuche wurden durch das Erbauen von heiligen Monumenten, den *Stupas*, tibetisch *Chörten*, markiert, deren Standorte heute noch, vom fernen Nordwesten des Himalaya bis Nepal, verehrt werden.

Die buntbemalte Fassade eines der königlichen Sitze in Bumtang, Ostbhutan. Die typischen bhutanesischen Fensterformen, mit Holzläden verschließbar, finden sich in sämtlichen Bauten des Königreiches, sogar bei Militärbaracken.

Die berühmten chinesischen Pilger, die vom 6. bis zum 8. Jahrhundert reisten, besonders Xuanzang (Hsüan Tsang), berichteten noch von der Lebendigkeit dieser Orte, ansonsten war man eher geneigt, die kaiserlichen Inspektionsreisen als fromme Legende zu betrachten. Doch jetzt erscheint auch der Besuch Ashokas in Nepal in neuem Licht. Im Tal von Kathmandu soll er nicht nur einen der größten Stupa-Tempel begründet haben. Seine Tochter, die ihn begleitete, heiratete dort einen hochgestellten Nepali und wurde Gründerin von Klöstern und Tempeln.

Rechte Seite: *Das von zwei Steinlöwen bewachte Portal des alten Königspalastes in Patan. Bis zum Jahr 1769 waren Kathmandu, Patan und Bhaktapur lokale, jedoch unabhängige Königreiche, bis sie durch die Rana-Dynastie vereint wurden.*

Auch die Missionierung des Nordwestens, des heutigen Ladakh, wird etwa auf diese Zeit datiert und knüpft sich an den Namen einer ganzen Gruppe von Mönchen, *Madhyantika* genannt, die auch als Einzelpersonen an verschiedenen Orten verehrt werden. Sie lebten ursprünglich in Benares, wo das Volk auf die geradezu privilegierte Stellung der buddhistischen Mönche neidisch wurde. Es herrschte allgemein die Auffassung, daß sie das Volk zu viel kosteten. Deshalb beschloß man, als sich eine Gruppe von ihnen zu Schiff auf den Fluß begab, sie zu ersäufen. Doch die Mönche erhoben sich in die Lüfte und flogen dem Himalaya zu, um dort ihre Lehre zu verbreiten. Levitation galt damals als ganz »normale« Fähigkeit gewisser, mit besonderer geistiger Kraft und körperlicher Übung ausgestatteter Yogis.

Es gibt noch eine besonders interessante Missionsfahrt, die nach der tibetischen Tradition in das Jahr 233 n. Chr. fällt. Damals soll die erste Botschaft des Buddhismus, d. h. heilige Bücher, auf das Schloß des damaligen Königs Thothori im Yarlung-Tal herabgefallen sein. Nüchterne, gelehrte Lamas der späteren Generationen deuteten diese Legende im modernen Sinne, wie in den »Blauen Annalen« geschrieben steht. Sie meinten, daß die alten Bönpos, bei denen alles Heilige vom Himmel käme, die Geschichte auf diese Weise erzählt hätten. In Wirklichkeit habe es sich um indische Missionare gehandelt, die auf ihrem Weg über den Osten des jetzigen Bhutan das Yarlung-Tal erreichten. Da weder der König noch sonst jemand sie verstehen konnte, seien sie wieder fortgezogen.

Die einzigartigen Holzschnitzereien der Königspaläste im Kathmandu-Tal zeigen eine Mischung von hinduistischem, buddhistischem und früherem animistischem Einfluß. Sie gehen auf den Kunstsinn der Newars zurück, die 900 n. Chr. als dominierende ethnische Gruppe auftauchten und deren Ursprung noch im Dunkeln liegt. Man sagt, daß ein echter Newar kein Stück Holz liegen lassen kann, ohne es nicht vorher kunstvoll zu bearbeiten.

Die großartigen Holzschnitzereien der früheren Königspaläste in Bhaktapur, östlich von Kathmandu, sind unübertroffene Kunstwerke. Ihre dunkle Farbe wirkt harmonisch mit dem Rot der Ziegelbauten. Die Kunst des Holzschnitzens soll von den Newar vor über 1000 Jahren eingeführt worden sein.

Pilgerwege, die auch als Handelsstraßen von hervorragender Bedeutung gewesen sind, wurden in allen Jahrhunderten gepflegt. Ganze Bücher könnte man über die Reisetätigkeit von chinesischen und indischen Pilgern schreiben. Als charakteristisches Beispiel kann hier der Guru Phadampa genannt werden. Über seine fünf Besuche im Tibet des 11. und 12. Jahrhunderts steht manches in den »Blauen Annalen«. Zuerst wanderte er über Dingthang zum heiligen Berg Tsa-ri und erreichte Kongyül und den Distrikt von Unter Kham in Ost-Tibet. Sein zweiter Besuch erfolgte über

Rechts: *Der Lüntse Dzong in Ostbhutan, eine der eindrucksvollsten und wenig bekannten Klosterburgen. Hier herrschen die Regierung und die geistliche Oberhoheit des Distrikts nebeneinander. Der Dzong dient auch als Speisekammer für schlechte Zeiten.*

Drei Wasser-Gebetsmühlen unter einem Dach. In jedem der kleinen Häuschen wird eine Gebetstrommel von einem abgeleiteten Bach durch ein horizontales Mühlrad gedreht und »betet«, solange das Wasser fließt. Das vorne austretende Wasser ist »heilig«.

Kashmir und West-Tibet; beim dritten ging es über Nepal nach Süd-Tibet. Beim vierten Besuch blieb er länger in Nepal und pilgerte von dort nach Zentral-Tibet. Als Phadampa zum fünften Male nach Tibet aufbrach, gelangte er bis Chian, wo er 12 Jahre blieb, und kehrte dann nach Dingri in Südwest-Tibet zurück. Dort begründete er das Kloster Dingri Langgor im Nordosten des Gletschers Labchi (im Everest-Gebiet), wo er 21 Jahre lang predigte und auch starb.

Besonders interessant erscheint hier Phadampas Pilgerweg zum heiligen Berg Tsa-ri. Dieser liegt im Südosten Tibets, nahe den damals noch sehr gefürchteten wilden Lopa-Stämmen, wahrscheinlich Verwandte der sich nach Süden (Assam) absetzenden, kopfjagenden Naga. Die Stätte am Tsa-ri war der tantrischen Gottheit Sambara Demchog geweiht. Heilige Erde vom Tsa-ri wurde in Amuletten getragen. Thangtonggyalpo errichtete Bauten, Wege und Brücken in der Gegend des Tsa-ri. Sie war berühmt für Heilkräuter, die dort wuchsen und nach den Einwohnern *Lalö Tigtu* genannt wurden. Man verwendete sie gegen Gelbfieber und Gallenkrankheiten. Wie berichtet wird, sind in der Mitte des 14. Jahrhunderts Brücken und Wege restauriert, Fähren eingerichtet und Seil- und Kettenbrücken konstruiert worden. Es wurden auch Rasthäuser erbaut, um Pilgern die Anreise nach den Bergen Kailas und Tsa-ri zu erleichtern.

Rechts: *Der Paro Dzong in Westbhutan. Er ist bekannt durch die Neujahrsfestspiele mit der Riesentanka des Guru Rimpoche, die nur früh morgens für die Dauer der Heldentänze aufgerollt wird. Im Vorhof des Dzongs fällt der Blick auf das großartige Kosmische Mandala.*

Der elegante Gaza Dzong im mittleren Mo Chu-Tal in Nordwest-Bhutan. Er ist berühmt für seine heilenden heißen Quellen, sowie als Umschlagsplatz für die von Norden kommenden Yak-Karawanen. Gaza liegt am Fuß des Kang Bum, des »Großen Berges« (im Hintergrund sichtbar).

Ein »Leonardo da Vinci« des Himalaya

Thangtonggyalpo lebte von 1385 bis 1464, nach seiner legendären Biographie wurde er jedoch 125 Jahre alt. Er war der größte Architekt, Künstler, Bildhauer und vor allem Pionier-Ingenieur der Himalaya-Länder. Er wurde, als sich die Interessen von jeder weiteren technischen Entwicklung ab- und nur dem religiösen Wege zuwandten, als einer der »Neunzig Großen Wunderwirker«, der *Mahasiddhas,* verehrt. Die Tibeter fügten dem Kreis der in Indien und Nepal gerühmten, ursprünglichen Vierundachtzig noch weitere

Rechts: *Eines der malerischen alten Häuser am Barkhorring von Lhasa. Im allgemeinen leben die Tibeter in der Hauptstadt in zweistöckigen Häusern. Im Erdgeschoß befinden sich Küche und Vorratsräume, im Obergeschoß die Wohnräume.*

sechs Mahasiddhas hinzu. Unter ihnen ist Thangtonggyalpo als »Eisenkettenbrückenbauer«, *Cagzampa*, verewigt, waren doch die Eisenkettenbrükken sein letztes großes Lebenswerk, das allen in lebhaftester Erinnerung blieb. Es heißt, daß er über 58 Kettenbrücken konstruierte, von Zentralasien bis weit in den Osten von Bhutan. Er überwachte selbst den Eisenbau und ließ die festesten Ketten von Schmieden vor allem in Kongpo und Bhutan anfertigen und dann an die Baustellen transportieren. Noch mit 73 Jahren plante er die Bauten am Wasserberg, dem *Chuwori*, südwestlich von

Der Baustil des Klosters von Sakya basiert auf den Herrscherburgen der Yuan-Dynastie (1276 – 1368). Die quadratische Anlage ist von streifenbemalten Mauern umgeben. Diese Streifen symbolisieren die verschiedenen Richtungen innerhalb der Sakyaaspekte. *Die Dachstürze sind mit gleichfarbigen Stoffblenden geschmückt.*

Lhasa: zwei Klöster, große Stupa-Chörten und seine bekannteste Kettenbrücke.

Danach zog er sich nach Bhutan zurück und baute sein heute noch gepflegtes, kleines Familienkloster zwischen Thimphu und Paro, wo seine geheime Biographie als Schatz gehütet wird. Es ist ein kleiner Blockdruck, nur vier Finger breit und eine Handspanne lang, aus hellem Pflanzenfaserpapier, scheinbar leer und ohne Beschriftung. Erst wenn man die Blätter in Wasser hält, erscheinen die Buchstaben in zartem Rot. Thangtonggyalpo wurde in Ölkha Lhatse, einem kleinen Fürstentum westlich von Shigatse beim Weißen Fluß geboren. Schon als Kind zeigte er übernatürliche Kräfte und wußte bald mehr als die Lamas, die ihn unterrichteten. Als Jüngling betrieb er in Dölkha, im Süden Tibets, Handel mit Yakschwänzen und Moschus, den kostbaren tibetischen Exportwaren. Als dort sieben Menschen zum Tod verurteilt wurden, schenkte er seine ganzen Waren dem Fürsten und kaufte sie damit frei. Um 1429 absolvierte er drei Jahre Militärdienst, denn es mußten, gleich einer Familiensteuer, Kräfte zur Verteidigung des

Landes zur Verfügung gestellt werden. Er errang dabei einen unblutigen Sieg gegen die heranstürmenden Feinde, von dem heute noch erzählt wird.

In Lhasa wurde Prinzessin Kälzang zu seiner Hauptgönnerin. Sie ermöglichte ihm die Verwirklichung seiner künstlerischen und architektonischen Pläne. Auf dem Eisenberg, dem *Cagri*, wurde ein Haus für ihn erbaut, aus dem sich später die berühmte Medizinhochschule entwickelte. Dank seiner Gönnerin konnte er eine Statue des Beschützers der Weisheit, *Manjushri*, aus purem Gold anfertigen und auch seine Idee der Juwelenstatuen

Kloster Tashilhunpo in Shigatse, Südtibet. Im Zentrum das Mausoleum für den 3. Panchen Lama (gest. 1737), worin nach Art der Dalai Lamas im Potala von Lhasa der Leichnam des Verstorbenen in einem Stupa-Reliquiar ruht. Die von einem Dreizack bekrönten Zylinder auf dem Dach sollen jedes Übel vom heiligen Ort fernhalten.

verwirklichen, die er aus eingeführten Muscheln, Korallen und Türkisen zusammenstellte. Berühmt wurde sein Bildnis des Schutzpatrones von Tibet, *Avalokiteshvara-Cänräzi*, der ihm in einer Vision erschienen war und ihn zu seinen Werken inspirierte.

Rechte Seite: *Der goldene Turm des Stupas auf dem Hügel von Swayambhunat bei Kathmandu. Dieses älteste und bedeutendste Heiligtum Nepals ist nach der Legende 3500 v. Chr. entstanden.*

Einmalig unter seinen Bauten ist der »Zylinder-Tempel« *Dumtsi Lhakhang* im Tal von Paro in West-Bhutan. Seinem Namen entsprechend erhebt sich dieses Bauwerk aus dem ihn umgebenden, jedoch später hinzugefügten, viereckigen Tempel. Der Zylinder ist fensterlos und mehrere Stockwerke hoch, die nur durch Leitertreppen verbunden sind. Es will fast

Der Chörten Kora ist der größte Stupa-Bau von Bhutan. Er erhebt sich im Osten des Landes und markiert den östlichsten Punkt des sogenannten »Chörten-Weges«, der um 800 von Padmasambhava begründet wurde. Der gewaltige Stufenaufbau trägt die Kuppel, über der die Augen Buddhas in alle vier Weltrichtungen blicken und an die Stupas von Nepal erinnern.

scheinen, als ob Thangtonggyalpo den urzeitlichen, stockwerktiefen Bau unterirdischer Tempelgrotten in die Höhe projiziert hatte. Die Wände sind mit schönsten Fresken ausgemalt, und in dem säulenartig aufragenden Mittelteil sind in jedem Stockwerk vier Altarnischen eingebaut. Hier werden, im flackernden Licht der Butterlampen, die Heiligen Statuen verehrt, deren Anfertigung Thangtonggyalpo zugeschrieben wird. Dies betrifft besonders die tantrische Darstellung des mystischen Buddha in *Yab-Yum*, der Vater-Mutter-Stellung, und eine große Bronze des Dichters Milarepa.

Wer heute im Zeitalter exotischer Reisemöglichkeiten auf dem Basar von Leh, der Hauptstadt von Ladakh, spaziert, kann unter dem fröhlich sich drängenden Völkchen einzelne Typen studieren, die einem viel von der bewegten Geschichte des Landes erzählen. Die Gesichter an der Karakorumstraße zeigen die Vielfalt ihrer Abstammung. »Klein-Tibet« wird es nicht ganz zu Unrecht genannt, haben doch hier, zur Zeit von Tibets Eintritt in die Universalgeschichte im 8. Jahrhundert, tibe-

In Schluchten und höchsten Höhen

Die berühmten chinesischen Pilger scheuten besonders während des 5. bis zum 9. Jahrhundert keine Mühen und Gefahren, um auf der Suche nach den Originalen heiliger buddhistischer Schriften bis nach Indien zu gelangen. Weder die Pamirberge noch die Karakorumschluchten hinderten sie an ihrem religiös motivierten Vorhaben. Weniger bekannt ist die Entstehung und Förderung dieser Pilger- und Handelswege durch dynastische Heiraten. So vermählte sich der erste tibetische Großkönig Songtsengampo mit einer nepalesischen und einer chinesischen Prinzessin und ließ für jede von ihnen in Lhasa eine eigene Residenz erbauen. Sie wurden zum Treff- und Kreuzpunkt von Händlern, Pilgern und vor allem buddhistischen Missionaren, die jetzt vom Herzen Alt-Chinas über Lhasa nach Nepal und Indien zogen, reich beschenkt und ausgestattet von Brikuti, der Nepalkönigin, und von Wengcheng, der chinesischen Prinzessin. Die völker- und kulturverbindende Wirkung dieser Heiraten wird erst allmählich durch die Geschichtsforschung in ihrem ganzen friedensfördernden Ausmaße erkannt.

Der den Buddhismus predigende Arhat Angaja *pilgerte bis zum Heiligen Berg Kailas, wo er den Götterkindern die Lehre erklärte. Aus Dankbarkeit beschenkten sie ihn mit einem Räuchergefäß und einem Fliegenwedel aus Yakschwanz, den er als Symbol in der Hand schwingt.*

tische Truppen gekämpft. Damals wurde nicht nur Zhangzhung endgültig als West-Tibet angegliedert, sondern auch mit den Chinesen um Baltistan gekämpft. Im Jahre 740 hatte der König von Brusha (Gilgit) eine tibetische Prinzessin geheiratet, um die dynastischen Beziehungen zu stärken. Sein Reich fiel damit von China ab, das vergeblich eine Strafexpedition in Marsch setzte. Der Wakhan, die Hochlandzunge im Nordosten Afghanistans und südlich der Pamirberge, unterstand den Arabern, während die Pamirgebiete die tibetische Oberherrschaft anerkannten. Badakhshan, südlich von Ferghana, wurde von islamischen Schriftstellern als Tor zu Tibet bezeichnet. Doch das Kriegsschicksal drehte sich wie der Wind. Anfang des 8. Jahrhunderts kämpften Tibeter gemeinsam mit Arabern gegen die Chinesen in Ferghana, doch dann war es umgekehrt. Im Jahre 791 siegten die Tibeter und beherrschten wenige Jahrzehnte lang das Tarimbecken. In der Legende ist es *Pehar*, der Hauptschutzgott des Klosters von Samye, der bekehrt von dort nach Zentral-Tibet gebracht wurde.

Karawanen überqueren den Baga-Paß auf der Getreide-Straße. Gemälde des Mönchs Kungya vom Kloster Tarap in Dolpo.

Vom 11. Jahrhundert an, als sich die flüchtenden Nachfahren der tibetischen Königsdynastie nach Westen absetzten und dann nach Ladakh einheirateten, setzte sich tibetischer Einfluß in diesem Gebiet immer stärker durch. Die Nachfahren der Königsdynastie von Yarlung träumten sogar davon, von Ladakh aus Tibet zurückzuerobern. Mehrere Dynastien verfolgten diese Idee auch mit kriegerischen Mitteln. Vergeblich wurden sogar mohammedanische Truppen zu Hilfe gerufen. Eine Moschee aus der Mitte des 17. Jahrhunderts inmitten von Leh zeugt noch davon.

Daß zuerst wohl hauptsächlich tibetische Krieger ins Land kamen und dann hier einheirateten, zeigt sich an der Tracht der Frauen aus dem Norden Ladakhs mit ihrer schweren Perak-Kopfbedeckung. Besonders auffallend sind jedoch die hohen Männergestalten mit ihren Turbanen: Sie haben Adlernasen, oft blitzend helle Augen und lieben es, ihren Bart grellgelb nachzufärben. Es sind Nachkommen der indo-europäischen Darden, vermutlich ein abgesprengter Stamm der von den Chinesen beschriebenen, gelbhaarigen Wusun-Völker von Ferghana. Ihr indo-europäischer Gesichtsschnitt hat oft dazu Anlaß gegeben, sie als »Söhne Alexanders« zu bezeichnen, haben doch vor 2300 Jahren die Truppen Alexanders des Großen das Indus-Gebiet erreicht. Tatsächlich wird »Iksander« auch als Ahnherr in verschiedenen Genealogien der Kleinfürsten dieser Gegenden genannt. Wenn

Rechte Seite: *Die weißen Yaks werden, im Gegensatz zu ihren schwarzen Artgenossen, oft als heilig verehrt.*

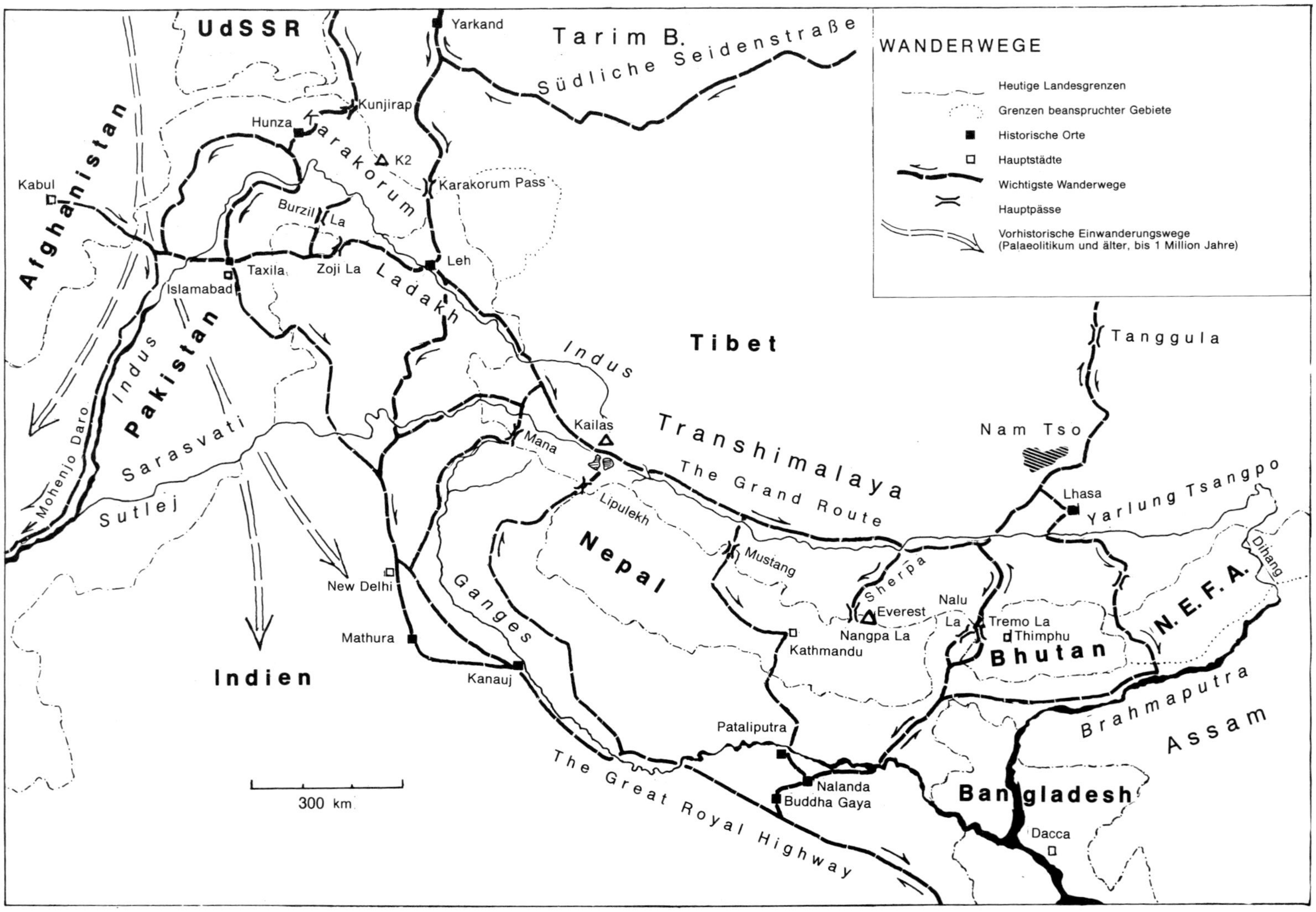

Die Karte der »Wanderwege« umspannt eine Zeit von 5000 Jahren. Die Wanderrichtungen (Pfeile) entsprechen den Frühphasen. Schon früh entwickelten die Indo-Europäer große Handelswege und breiteten sich vom Gebiet der Indus-Zivilisation nach Osten aus. Das große Hindernis, der Himalaya, konnte nur im Norden oder im Süden der Kette umgangen werden, und dementsprechend folgten die Karawanen der großen Senke zwischen Himalaya und Transhimalaya nach Lhasa, bekannt als »Der Große Weg« (The Great Route), oder im Süden entlang der Hauptkette durch die Flußebenen des Ganges, berühmt als »Die Große Königsstraße« (The Great Royal Highway).
Seit der Zeit Buddhas entstanden Verbindungswege zwischen den zwei Hauptrouten, die sehr beschwerlich über die hohen Himalaya-Pässe führten. Entlang dieser Haupt- und Nebenwege verbreitete sich der Buddhismus. Zu den Handelskarawanen gesellten sich nun Pilger, sehr früh schon die Hindu, die Bönpo, die Jainisten und Buddhisten. Mit der Belebung der südlichen Seidenstraße finden wir auch Verbindungen über Yarkand und Kashgar mit den südlichen Migrationsrouten.

Der chinesische Mönch und Pilger Xuanzang (602 – 664), einer der bedeutendsten Übersetzer buddhistischer Texte, war der Reisende par excellence. Auf dem Rücken trägt er eine Buchtrage voller buddhistischer Texte und Bilder.

Rechts: *Eine Yak-Karawane mit Salz aus Tibet zieht im Schneegestöber durch die Bergurwälder, um in einem Dorf der Ron-Pa, der »Talleute«, das Salz gegen Gerste zu tauschen.*

Folgende Doppelseite: *Eine Yakkarawane zieht über den verschneiten, 5300 Meter hohen Kagmara La im Dolpo-Gebiet. Unbeladene Yaks werden vorangetrieben. Sie sollen – ähnlich wie Schneepflüge – den beschwerlichen Weg für die Lasttiere gangbar machen.*

Ein junges Mädchen aus Dolpo. Mit einem Fettanstrich und einer aus Wurzeln hergestellten schwarzblauen Flüssigkeit schützt sie sich gegen die Sonne beim Überschreiten der hohen Pässe. Die Bemalung kann auch rituelle Bedeutung haben.

Rechte Seite: *Ein Dolpo-Mädchen trägt ihren Hausrat über einen Paß. Die Yaks sind für den Salztransport und die Ausrüstung der Männer reserviert.*

man den Sinn der dynastischen Heiraten bedenkt – von den Großen vorexerziert und von den Kleinen nachgeahmt –, klingt dies gar nicht so abwegig. Alexander selbst hat die Hochzeit von Orient mit Okzident buchstäblich vorgespielt. Er vermählte sich mit der Fürstentochter seiner Verbündeten von Taxila bei Rawalpindi im Punjab. Tausend Jahre später, als die indischen Fürstentümer dem Schwert des Islam erlagen, flüchteten die indischen Prinzen. In der eigenen Heimat – ein Groß-Indien gab es damals nicht – wenig erwünscht, segelten sie bis zu den »Goldländern«, um dort ihr Glück zu suchen. So kommt es, daß in indonesischen Fürstenhäusern heute noch »Iksander« als Ahnherr in den Genealogien »herumgeistert«.

Beim Stamm der Hunza, der jetzt durch die Eröffnung der Hochlandstraße, die Kashgar mit Pakistan verbindet, wieder bekannt wird, wird sogar *Gesar*, der Held der zentralasiatischen Saga, als Ahnherr bemüht, gibt es doch tatsächlich eine Version der zentralasiatischen Saga in Burushaski, der alten Sprache der Hunza, die mit keiner anderen Sprache verwandt erscheint. Die Hunza mit ihren rotgelb gefärbten Schnauzbärten haben sich als abgesplitterter Stamm zäh in ihrem Hochtal erhalten. Wie ihnen dies auch gegenüber der siegreich vorstürmenden muslimischen Armee gelang, wird als seltsame Geschichte erzählt. Der schlaue Fürst von Hunza sandte Späher aus, die ihm meldeten, daß Widerstand vergeblich sei, glaubensgleiche Stämme jedoch anerkannt würden. Da griff der Fürst tief in die Schatztruhe und sandte Späher mit Gold aus, um einen Mufti mit einer Koranausgabe nach Hunza einzuladen. Als dann die ersten Krieger erschienen, wurden sie von einem »Allah inshalla« rufenden Fürsten und einem Mufti empfangen, der einen Koran in Händen hielt. So kam »Muslim-Patina« ins Leben dieser Bergleute, die schon Jahrtausende an einer jetzt wieder neu gebauten Karawanenstraße leben, die sicher zu den ältesten überhaupt gehört. Es fallen an dieser Stelle nicht nur buddhistische Felsbilder auf, sondern auch alte Tierzeichnungen und andere Darstellungen, die beweisen, daß hier schon vor Jahrtausenden gewandert und gehandelt wurde.

Einen durch die unzähligen Kriegswirren vermutlich schon vor mehr als 2000 Jahren in den Himalaya versprengten Kriegerstamm stellen die Lepchas von Sikkim dar. Als Rongpa, »Schluchtenbewohner«, errichteten sie ihr Königreich in Rongyül, im »Schluchten-Land«, das einst ein Gebiet umfaßte, das vom heutigen Darjeeling bis zum Chumbi-Tal im Süden Tibets reichte und noch Teile des heutigen Südwest-Bhutan umfaßte. Ihr »tatarischer Gesichtsschnitt« wurde schon von Joseph Hooker, einem der ersten Himalaya-Forscher, beschrieben. Aber seit 1900 bestand ihre Sprache bereits zur Hälfte aus tibetischen Lehnwörtern. Heute nur mehr aus wenigen Tausend bestehend, konnten sie ihre Eigenart ziemlich lange erhalten, weil sie sich mit dem siegreich vorrückenden Bhutia-Stamm, der das Königreich Sikkim begründete, seit dem 15. Jahrhundert in Blutsbrüderschaft verbanden. So konnten sie ihre schamanistischen Riten mit Himmelsleiter, Regenbogenfeen und Berggeistern und ihre Sprache bewahren. Sie lebten jahrhundertelang mit den Bhutia-Sikkimesen zusammen, am Fuße des heiligen Kangchendzönga, des »Großen Gletschers der fünf Schätze«.

Auch versteckt, aber keineswegs in einer Talschlucht, leben die Leute von Mustang im hohen Norden von Nepal auf einem schmalen Hochland, das bis nach Tibet hineinreicht. Mustang ist das einzige noch ganz in

Folgende Doppelseite: *Auch auf schwierigen, oft von Felsstürzen bedrohten Wegen in steilen Felshalden, wie hier in Zanskar, können die kleinen, aber sehr zähen Tibeter-Ponies ihre Lasten tragen.*

Rechte Seite: *Im Schutz der Salzsäcke sitzt die Großmutter mit ihrem kleinen Enkel wie eine Madonnenfigur, in eine schwere Wolldecke gehüllt.*

mittelalterlichem Stil erhalten gebliebene tibetische Fürstentum. Auch Mustang hat seine alten, noch kaum erforschten Geschichten. Es wird überliefert, daß es von einem Enkelsohn des tibetischen Großkönigs Thisongdetsän, also um 800 n. Chr., begründet worden sein soll. Seit 1795 blieb es als kleines, autonomes Fürstentum an Nepal angeschlossen.

In Mustang dominierte die Sakya-Sekte. In mittelalterlicher Pracht müssen einst die Felsgrottenklöster floriert haben. Nichts ist mehr übrig von ihren Holzumrandungen und Treppenaufgängen. Wie der Tiroler Bergsteiger und Kollege von Heinrich Harrer, Peter Aufschnaiter, erzählte, können

Eine Salzkarawane übernachtet am Rastplatz Kianglapa im Dolpo-Gebiet. Die Salzsäcke werden hufeisenförmig als Windschutz aufgestapelt, während die Tiere an den Hängen ihr mageres Futter suchen. Ein Mädchen füttert einen der Hunde, deren Aufgabe es ist, die mitgeführten Schafe vor den Wölfen zu schützen.

die hoch oben in den Felswänden gähnenden Grotteneingänge heute nur noch kletternd oder per Seilaufzug im Korb sitzend erreicht werden.

Zu den spät angekommenen Wanderstämmen gehören die Sherpas, deren Name wörtlich »Ost-Leute« bedeutet. Sie haben erst vor rund einem halben Jahrtausend im Nordosten Nepals ihre neue Heimat gefunden. Dort konnten sie, wie der Völkerkundler Friedrich W. Funke beschreibt, »geschützt durch die höchsten Mauern der Erde, ein Geistesgut bewahren, das viel älter ist als das des buddhistisch reformierten Mutterlandes Tibet«. Auf dem

Dach der Welt wurde die alte Bön-Religion, mit ihren bösen und schützenden Geistern, blutigen Opferpraktiken, Naturgottheiten, Zauberern, Fruchtbarkeitsriten, schwarzer Magie, Wunderheilungen und unheimlichen Mächten, von einer strengen und mächtigen Priesterschaft unterdrückt. Die Sherpas blieben ihrem urtümlichen Volksglauben aber treu, verließen Ost-Tibet und fanden zu Füßen der höchsten Bergkette der Erde eine neue Heimat.«

Vom 16. Jahrhundert an sind tibetische Stämme in den Südosten des Himalaya gezogen. Mit den bereits anwesenden Lepcha haben sie das Königreich Sikkim gegründet. Weiter östlich entstand das Königreich

Unten: *Zubereitung des Tees im schwarzen Yakhaar-Zelt der Nomaden.*

Rechts: *Aus einem Fenster eines typischen Dolpo-Hauses verfolgen Mutter und Tochter das Umladen von Salz und Getreide.*

Bhutan, das »Land des Donnerdrachens«, das zuerst mit seinen theokratischen Herrschern eine Jahrhunderte währende buddhistische Kultur aufbaute, die im 20. Jahrhundert durch die Könige von Bhutan abgelöst wurde. In diesem »Land der verborgenen Schätze« hat sich ältestes Kulturgut erhalten, und eine weit zurückreichende Tradition spiegelt sich bereits in den Sprachen dieses Landes. Die *Dzong-Kha*, die »Burgensprache«, wird von den tibetisch-stämmigen Einwanderern als Hochsprache gepflegt, die noch in sechs zu dieser Gruppe gehörenden, eigenen Dialekten gesprochen wird. Sieben weitere Idiome gehören jedoch eigenen, noch nicht erforschten Sprachgruppen an. Sie spiegeln das Land als einstigen Zufluchtsort der verschiedensten Stämme, die vielleicht schon vor Jahrtausenden, zur Zeit des Großen Indischen Epos, in diese Gegenden verschlagen wurden.

Folgende Doppelseite: *Nach der Überschreitung des Kagmara La im Dolpo-Gebiet zieht eine Yak-Karawane auf einem steilen Felsweg nach Süden. Die beladenen Yaks gehen nur ungern langsam bergab. Manchmal brechen sie aus der Kolonne aus.*

Auf dem Rücken der Sherpas

Die großen klassischen Himalaya-Expeditionen wurden »auf dem Rücken der Sherpas« durchgeführt. Dieses außergewöhnliche Völkchen aus dem nordöstlichen Nepal, genauer aus dem Khum-bu-Gebiet südlich der Ever-

Das Getreide wird mit diesem Becher abgemessen und als Tauschware gegen das von der Karawane gebrachte Salz in Transportsäcke gefüllt.

est-Gruppe, stammt ursprünglich aus der osttibetischen Provinz Kham. Schon der Name (Sher = Osten, Pa = Herkunft) deutet dies an. Warum jedoch dieser osttibetische Stamm seit dem Mittelalter über den 5700 Meter hohen Nangpa La in die Täler des Khumbu ausgewandert ist, bleibt umstritten. Hier ließen sie sich jedenfalls nieder, gründeten berühmte Bergklöster wie Tangboche am Fuße des Ama Dablam, dem wildesten Gipfel der ganzen Everest-Gruppe. Die vielen lokalen Stämme bebauten das

Berggebiet und tauschten an ihrem zentralen Handelsplatz Namche Bazar ihre Produkte aus. Nach dem Sturz der Rana-Dynastie zeichnete sich mit der Öffnung Nepals (1950) für Ausländer durch König Mahendra für die Sherpa eine neue Tätigkeit ab. Die berggewohnten und den großen Höhen ausgezeichnet angepaßten Bewohner des Khumbu-Gebietes waren gesuchte Begleiter, Führer und Träger für den anlaufenden Sturm auf die höchsten Gipfel der Welt.

Aus Tibet haben die Sherpa das Matriarchat und die Vielmännerei mitgebracht, die sich bei der langen Abwesenheit der Männer auf Expeditionen gut bewährt. Im Wortschatz der Sherpa soll der Begriff Onkel nicht existieren, sondern nur älterer und jüngerer Vater, dem Alter der verschiedenen Brüder entsprechend. Die dominierende Stellung der Sherpafrau ist auch im Haushalt klar zu erkennen. In der rußgeschwärzten Küche, voll der schönsten alten Kupfergefäße, befiehlt die Frau und serviert den Buttertee aus den kleinen, versilberten Holzschalen tibetischer Herkunft. Sie ist auch anwesend, wenn mit den Männern die Organisation einer Expedition besprochen wird.

Rechte Seite: *Eine alte Lianen- und Bambusbrücke im Osthimalaya. Eine kleine Gebetsfahne soll den Wanderer bei der oft schwierigen Überschreitung schützen.*

Der Nomaden- und Pilgerweg im Kali Gandaki-Tal führt oft über provisorische, einfache Brücken, die nach jedem Hochwasser wieder ersetzt werden müssen.

Schon vor der Öffnung Nepals waren die Sherpas geschätzte Hochträger der englischen Everest-Expeditionen. Diese versuchten, den Gipfel von der Nordseite, von Tibet aus, zu erreichen. Die Entdeckung des höchsten Berges der Welt fand in einem Vermessungsbüro in Kalkutta im Jahre 1852 statt, als man feststellte, daß Peak XV, ein unscheinbarer dunkler Gipfel im Hintergrund der Hauptkette, 8848 Meter erreichte. Fünf Jahre nach dieser Entdeckung taufte man den Peak XV nach dem damaligen Leiter des Survey of

Kleinere Flüsse werden mit Holzbrücken überspannt. Das einfache System: Die Balken werden nach oben vorgeschoben und am Flußufer belastet. Dann werden die beiden Seiten durch lange Balken verbunden.

India, Sir George Everest, der bereits wieder in England lebte und den Berg überhaupt nie gesehen hatte. Begreiflicherweise wurde dieser Name von den Einheimischen nicht ohne weiteres akzeptiert. Es ist das Verdienst von General Charles Granville Bruce, der auf dem einheimischen Namen *Chomolungma*, »Göttin-Mutter des Landes«, bestand. So nennen ihn auch die Sherpas, die den Namen Everest nur im Gespräch mit Ausländern verwenden.

Folgende Doppelseite:

Die Kunst der Hängebrücken

Links: *Eine aus Lianen und gespaltenem Bambus geflochtene Hängebrücke überspannt den Kuru Chu in Ostbhutan. Sie trägt selbst belastete Tragtiere.*

Rechts: *Eine spezielle Art von Hängebrücke mit ringförmigen Lianenbögen überspannt den an dieser Stelle eingeengten Yarlung Tsangpo im Ost-Himalaya. Die Erfindung der Hängebrücken wird den Chinesen zugeschrieben. Interessanterweise haben schon die alten Inkas in den baumlosen Hochgebirgen der Anden Hängebrücken aus geflochtenem Berggras gebaut.*

Auch größere Flüsse oder Schluchten können mit Holzbrücken überspannt werden, wie hier eine gedeckte Brücke in Ostbhutan. Das Geländer der Brücke ist mit kleinen Gebetsfahnen behängt.

Nepal und Tibet waren verschlossene Länder, als 1921 die Bewilligung vom Dalai Lama zu einer Erkundung des Everest von der tibetischen Seite aus eintraf. Die Initiative ging von General Bruce aus. Zunächst mußten die Zufahrtswege erkundet werden, ganz der Argumentation eines jungen englischen Expeditionsteilnehmers folgend: »Wenn du einen Berg besteigen willst, mußt du ihn zuerst finden.«

Ein Jahr später erfolgte schon der erste Besteigungsversuch. Ohne Sauerstoff wurde eine Höhe von 8170 Metern erreicht. Große Hoffnungen wurden auf die Expedition von 1924 gesetzt. Norton erreichte allein das berühmte gelbe Band, hatte jedoch große Schwierigkeiten mit den dachziegelartigen, teils vereisten, nach Norden abfallenden Kalkplatten. Auf 8580 Meter Höhe mußte Norton einsehen, daß er an diesem Tag, trotz des schö-

nen, fast windstillen Wetters den Gipfel nicht erreichen konnte. Die Ablösung dieses ersten Stoßtrupps bestand aus dem hervorragenden George L. Mallory und dem jungen, noch unerfahreren Andrew Irvine, denen der Geologe Noel E. Odell folgte. Am 8. Juni verließen Mallory und Irvine das Hochlager auf 8145 Meter. Es war windstill bei leichtem Nebel. Gegen Mittag beobachtete Odell unter dem Gipfelgrat zwei kleine Punkte. Dann

Beladene Yaks gehen nur zögernd über Brücken, sie ziehen das Durchwaten der Flüsse vor. Oft ist das jedoch wegen der Lasten gefährlicher.

Diese Zeichnung von Thangtonggyalpo (1385 – 1466) zeigt ihn als Yogi mit langem Haar. Er hält die Vase mit dem Lebenswasser in der rechten Hand und in der linken sein Erkennungszeichen: ein Stückchen der Eisenketten, die er erstmals zum Bau von Eisenkettenbrücken verwendete. Die Illustration stammt aus dem Neudruck seiner Blockdruck-Biographie von 1982 durch die tibetische Nationaldruckerei in Sikhron.

Oben: *Durch Thangtonggyalpo erbaute Eisenkettenbrücke in Ost-Bhutan. Für das Zusammenschmieden der einzelnen Kettenglieder wurde dem Eisen 2 – 3 % Arsen beigemischt, was den Schmelzpunkt senkt, aber die Festigkeit der Schweißstelle erhöht.*

Rechts: *Eine weitgespannte Lianen-Hängebrücke über den Indus in Zanskar.*

schloß sich der Nebel wieder. Odell, immer noch in guter Verfassung, ging noch ein Stück weiter, ohne Sauerstoff. Er fühlte sich sicher, denn hinter sich wußte er seinen sichernden Gefährten, bis er sich umdrehte und feststellte, daß er allein war. Nach einem Schneegestöber klarte es auf, und die Sonne brach durch. Odell stieg weiter auf und konnte das ganze Gipfelmassiv überblicken, aber von den zwei Punkten war nichts mehr zu sehen.

Der Dalai Lama verbot daraufhin weitere Everest-Expeditionen, bis zu einem erneuten Versuch unter Hugh Ruttledge. Auf 8450 Metern wurde ein Walliser Eispickel gefunden, von Mallory oder Irvine? Das Geheimnis der beiden blieb bis heute ungelöst!

Berühmte Führer auf gefährlichen Wegen

1951 begann die erste britische Erkundung des Chomolungma von Nepal aus. 1952 erreichte eine Schweizer Expedition mit Raymond Lambert und dem Sherpa Tensing vom Khumbu-Gebiet aus den Vorgipfel, nachdem sie erstmals den unheimlichen Khumbu-Eisfall bewältigt hatte. 1953 konnte eine zweite englische Expedition unter John Hunt auf den Spuren der Schweizer den Everest besteigen. Der Neuseeländer Edmund Hillary und der Sherpa Tensing Norgay erreichten bei herrlichem Wetter am 29. Mai den Gipfel.

Unter den Sherpas, den Männern aus dem Nordosten Nepals, deren Name zum Inbegriff aller Himalaya-Bergführer wurde, ist Sherpa Tensing Norgay (1912 – 1986) wohl der berühmteste. Er begann seine Karriere als Begleiter und Führer des Tibetologen Giuseppe Tucci, wurde dann Gefährte von Edmund Hillary und bezwang mit ihm nach fünf vergeblichen Versuchen von 1921 – 1938 im Jahr 1953 erstmals den Everest. Des Schreibens unkundig, diktierte er seine Autobiographie Malcolm Barnes. Er errichtete ein Bergsteiger- und Touristenzentrum bei Darjeeling und blieb zeitlebens seinen geliebten Bergen treu. Diese Aufnahme entstand kurz vor seinem Tod in Zürich.

Nach der chinesischen Invasion in Tibet wurde die Nordseite des Chomolungma für westliche Bergsteiger gesperrt. Es war nun an den Chinesen, diesen Gipfel über die schwierige Nordflanke zu bezwingen. Dies soll am 25. Mai 1960, mitten in der Nacht, erfolgt sein. Nach der Agentur-Meldung »Neues China« haben die beiden Chinesen Wang Fu-chou, Chu Ying-hua und der Tibeter Gonpa den Gipfel um 4.20 Uhr morgens erreicht und dort die Flagge Chinas und eine Gipsbüste Mao Tse-tungs hinterlassen. Eine amerikanische Expedition, die 1963 den Gipfel über den West- und Südostgrat erreichte, suchte vergeblich nach dem Gips-Mao, ebenso 1965 die indischen, 1970 die japanischen und 1973 die italienischen Gipfelbesteiger.

Im Frühling 1975, 15 Jahre nach der umstrittenen nächtlichen Besteigung des Chomolungma, erreichte eine große Lastwagenkolonne das Rongbu-Kloster am Ende des gleichnamigen Gletschers. Die größte Everest-Expedition der Geschichte, und wieder über die Nordflanke, hatte begonnen. Hunderte von Bergsteigern belebten das zu einer Art Basar gewordene Basislager. Wie ein Pyramidenbau begann der Aufstieg, in jedem der zahlreichen Lager verringerte sich die Anzahl der Bergsteiger. Am 27. Mai, bei prächtigem Wetter und leichtem Wind, erreichte eine Gruppe um 14.30 Uhr in zwei Seilschaften den Gipfel. Eine Tibeterin, 7 Tibeter und ein Chinese standen strahlend auf dem Gipfel. Sie hatten ihn ohne Sauerstoff bezwungen.

Der 8597 Meter hohe *Kangchendzönga* wurde nach einer langen Besteigungsgeschichte relativ spät erklommen. Nachdem dieser Gipfel erstmals durch die reich illustrierten Erkundungsfahrten von Joseph Dalton Hooker Mitte des 19. Jahrhunderts in den Blickpunkt der Öffentlichkeit gerückt war, folgten 1930 und 1931 die großen Expeditionen von Dyrenfurth und Bauer, ohne daß aber eine eindeutige Aufstiegsroute gefunden wurde. Im Mai 1955 war eine kleine britische Expedition erfolgreich. Vom letzten Hochlager in 8200 Metern erreichten Joe Brown und Georg Band den Gipfel, machten aber einige Meter unter der höchsten Erhebung halt. Sie hatten den Bewohnern von Sikkim versprochen, den Kangchendzönga, »die fünf Kleinodien des ewigen Schnees« nicht zu entweihen.

Bemerkenswert ist auch die Besteigung eines anderen heiligen Berges, des *Machapucharé*, bekannt als »Fischschwanz«, nördlich von Pokhara in Nepal gelegen. Dieses imposante »Himalaya-Matterhorn« schien unbesteigbar. Dennoch ließ es Major James Roberts, früherer englischer Militärattaché in Kathmandu und »Erfinder« der Himalaya-Trekkings, keine Ruhe. 1957 lud er Bergfreunde aus England ein, unter ihnen David Cox und Wilfried Noyce. Schwierige Verhandlungen mit den Bewohnern der beiden kleinen Bergdörfer am unteren Modhi Khola, der den Bergkessel nordwestlich des Machapucharé entwässert, brachten die Expedition fast zum Scheitern. Der höchste Punkt des Berges durfte keinesfalls betreten werden. 15 Stunden nach Verlassen des letzten Lagers standen die beiden Alpinisten vor dem 50 Meter hohen Gipfelaufbau, einer fast glasklaren, scharfen, einsturzbereiten Eiskante. Als zudem das Wetter noch umschlug, fiel der Entschluß, den Berg nicht zu entweihen, nicht allzu schwer. Die letzten 50 Meter werden auch in Zukunft nicht bewältigt werden. 1964 beschloß die Regierung von Nepal ein Besteigungsverbot.

Beim Anflug zum kleinen, auf einer leicht abfallenden Terrasse liegenden Landeplatz Lukla überblickt man das ganze Khumbu-Tal, die Heimat der Sherpas.
Links im Bild: der Everest. Blick nach Norden.

མཐིང་གི་ཞལ་བཟང་མ་ལྷ་མོ།

བཀྲ་ཤིས་ཚེ་རིང་མ་ལྷ་མོ།

བློ་བཟང་མ་ལྷ་མོ།

འགྲོ་བཟང་མ་ལྷ་མོ།

མགྲིན་བཟང་མ་ལྷ་མོ།

Auch weit vom Sherpaland Solokhumbu entfernt, leisteten Sherpas großartige Arbeit bei den klassischen Besteigungen der Riesenberge. Nirgends verliefen jedoch die Expeditionen so tragisch wie an dem Schicksalsberg der Deutschen, dem 8125 Meter hohen *Nanga Parbat*, am Durchbruch des Indus in Baltistan gelegen. Die Erkundungen begannen 1930, nicht zuletzt gestützt auf die ausgezeichneten Angaben von Adolf Schlaginweit, der bereits im Jahre 1856 von Astor aus den Berg kartographisch erfaßte und seine Höhe mit 8125 Metern bestimmte, nur wenige Dezimeter abweichend von der heutigen Höhe.

Mit 500 Trägern wird 1934 die Nanga-Parbat-Expedition unter der Leitung des erfahrenen Willy Merkl gestartet. Gutes Wetter erlaubt das Vordringen zum Lager VIII auf 7480 Meter. Der Gipfelvorstoß ist für den nächsten Tag geplant. In der Nacht bricht ein Unwetter los, das fast eine Woche lang dauert. Die Verbindung mit den Hochlagern ist unterbrochen. Nach sechs Tagen taumelt ein total erschöpfter Sherpa ins Lager IV. Sein tragischer Bericht: Drei Deutsche, unter ihnen auch Merkl, und sechs Sherpas sind im Sturm umgekommen.

Drei Jahre später, unter Karl Wien, wird die Besteigung dieses schicksalsschweren Bergs erneut in Angriff genommen. Nach einem starken Schneefall befanden sich alle Bergsteiger mit neun Sherpas im Lager IV, das scheinbar lawinen- und eisfallsicher aufgestellt worden war. Das Wetter hatte sich gebessert, und man hoffte auf einen guten Morgen. Doch eigenartigerweise war seit vier Tagen kein Bericht mehr aus Lager IV ins Basislager gelangt und man konnte auch keine Bewegungen von Bergsteigern in den höheren Regionen feststellen. Nach einer Woche machte sich der Arzt Uli Luft mit einem Sherpa auf den Weg zum Lager IV. Als er um einen Rükken zur Mulde kam, wo sich das Lager befinden sollte, erstarrte er. Eine riesige Eis- und Schneelawine bedeckte die ganze Mulde, vom Lager und von den sieben Bergsteigern und ihren neun Sherpas war keine Spur mehr zu sehen. Die Sherpas im Khumbu-Gebiet sollen durch ihre Lamas noch am gleichen Tag von dem Unglück erfahren haben!

Im April 1953 gelang dann die Besteigung des Nanga Parbat, und zwar im Alleingang durch den »Ausreißer« Hermann Buhl. Um 2 Uhr morgens verließ er das Hochlager, ließ seinen weniger trainierten Kameraden Kurt Diemberger zurück und erreichte, völlig erschöpft, nach 17 Stunden den Gipfel. Wie durch ein Wunder konnte er, auf über 8000 Metern teils stehend, teils kletternd die Nacht überstehen und die unteren Lager erreichen. 1957 beim Abstieg vom Chogolias im Karakorum, dessen Gipfel Buhl und sein Begleiter Diemberger wegen schlechten Wetters nicht ganz erreichen konnten, folgten beide unangeseilt einem weiten schneeverwehten Grat, Diemberger ging vorne, Buhl hinten. Bei einer plötzlichen Erschütterung drehte sich Diemberger um: Ein großer Teil der Schneewehe war verschwunden – und mit ihr Hermann Buhl!

Der *K2*, der zweithöchste, nach jüngsten Meßergebnissen vielleicht sogar der höchste Berg der Welt, hat in seiner Besteigungsgeschichte wie kein anderer Berg den Wechsel von großen, nur durch Sherpaträger möglichen Expeditionen bis zu den extrem schnellen, mit leichtester moderner Ausrüstung durchgeführten Aufstiegen im »alpinen Stil« erlebt. Die persönliche Ausrüstung der ersten Everestbesteiger war, ganz abgesehen von der

Vom Wetter gegerbt und von Strapazen gezeichnet: ein Sherpa-Mann. Daneben ein Sherpa-Musikant mit seinem typischen Holz-Streichinstrument.

viel geringeren Effizienz, mindestens dreimal so schwer wie heute. Wie der Nanga Parbat der Berg der Deutschen, so ist der K2 der Berg der Italiener. Der nüchterne Name K2 (eine Vermessungsnummer) sagt leider nichts aus über die wuchtige Schönheit dieses alle anderen Karakorumgipfel überragenden, isoliert stehenden Berges. Die Baltis nennen ihn Chogori, den »großen Berg«.

Die ersten Resultate aus dem Gebiet des K2 brachte die große italienische Expedition unter der Leitung von Luigi Amadeo von Savoyen, Herzog der Abruzzen. Kartenaufnahmen und überwältigende Bergbilder waren die wichtigsten Ergebnisse des Unternehmens. Mitglied der Expedition war auch der bekannte Fotograf Vittorio Sella aus Biella. Man staunt, wenn man sein Ausrüstungsmaterial im kleinen Sella-Museum im norditalienischen Biella betrachtet: eine Riesenkamera mit schwerem Stativ und Hunderten von großen Glasplatten. Mit dieser Ausrüstung, eine Last für mehrere Träger, hat er im weiten Baltoro-Gletschergebiet von schwierigsten

Linke Seite: *Die glückbringenden »Fünf Schwestern des Langen Lebens« wurden viel besungen, auch von dem Dichter Milarepa. Ihr Gebiet liegt bei der »Herrin des Weißen Gletschers«, Jomo Kangkar oder Lapchi, am Everest. Die »Fünf Schwestern« gehören zum Gefolge der großen Schutzgöttin Devi-Pälдän Lhamo. Sie werden angeführt von der »Lebensmutter Glück«. Hell leuchtend reitet sie auf einer Schneelöwin (zweites Bild von oben), hält die Vase mit dem Lebenswasser und schwingt in der rechten Hand den Donnerkeil.*

Standpunkten aus bis auf den heutigen Tag unübertroffene Aufnahmen geliefert. Die spätere Besteigungsgeschichte konnte aufgrund der gestochen scharfen Aufnahmen vom K2 sozusagen »am grünen Tisch« geplant werden.

Nach dem Ersten Weltkrieg folgte 1929 eine weitere herzogliche Expedition. Diese in erster Linie wissenschaftlich orientierte Großexpedition umfaßte zehn Wissenschaftler mit zwei Bergführern und stand unter der Leitung von Aimone von Savoyen, Herzog von Spoleto. Unter den Wissenschaftlern war auch der junge Geologe Ardito Desio, heute 90jährig, der erstmals das weite Gebiet geologisch untersuchte. Seine Kartenblätter im

Namche Basar, das Zentrum der Sherpa im Khumbu-Tal südlich des Chomolungma (Everest). Hier werden die Sherpas für Expeditionen angeheuert und mit Proviant ausgestattet. Hier wird auch Tauschhandel mit Waren getrieben.

Maßstab 1:25 000 erfassen nicht nur den ganzen K2, sondern auch die nördlich gelegenen Gebiete von Shakhsam und Sarpo Laggo.

Dreimal hatten auch die Amerikaner unter Charles Houston versucht, den K2 zu bezwingen, das letzte Mal 1953, ein Jahr vor den erfolgreichen Italienern. Diesmal hatte der Geologe Ardito Desio die Leitung. Über 500 Balti-Träger beförderten 16 Tonnen Material, einschließlich zwei kleiner Seilwinden von je 150 Meter Länge für den Materialtransport, in höhere

Lager. Der Erfolg ließ nicht auf sich warten. Am 31. Juli 1954 um 18 Uhr standen Lino Lacedelli und Achille Compagnoni auf dem Gipfel des K2. Neue, immer moderner ausgerüstete Expeditionen kämpften um den K2, ohne Sherpas. Die pakistanische Regierung hatte die »Einfuhr« von Sherpas verboten. Man sollte mit Hunza-Leuten und Balti-Trägern vorliebnehmen. Die Unterstützung durch Sherpas war für die mit leichter, moderner Ausrüstung operierenden, technisch hervorragenden Alpinisten nicht mehr erforderlich. Man mußte nur die immer teurer werdenden Kosten für die Besteigung der Gipfel bezahlen, eine wichtige Einnahmequelle für die Regierung,

die dafür unverantwortlich viele Bewilligungen gleichzeitig erteilte. Die Besteigungen wurden zur Sensation. Die Presse interessierte sich besonders für die vielen Unfälle. Aber sie würdigte auch die Achttausender-Gipfelstürme ohne Sauerstoffmaske eines Reinhold Messner. Allein im Jahre 1986 wurden 13 Expeditionen am K2 gezählt, einige wenige erreichten den Gipfel, zwölf Bergsteiger starben unter tragischen Umständen bei unerwarteten Schneestürmen, durch Absturz, oder sie erfroren erschöpft in den Hochlagern.

Die Sherpa-Frauen im wichtigen Handelszentrum Namche Basar sind oft allein. Die meisten Männer sind auf Reisen oder auf Expeditionen, doch im Matriarchat sorgen auch die Brüder für Unterhalt und Schutz der Familie.

Die Sage vom Yeti

Es ist merkwürdig, wie sich in den fernsten Berggegenden die Erinnerungen an eine Kreatur erhalten haben, welche von den Sherpas Yeti (*Ye* = Fels, *The* = Tier) genannt wird. In Tibet nennt man dieses »Felstier« *Migö*, »Wilder Mann«, oder auch *Gang Mi*, »Gletschermann«.

Die Lepcha, die ursprünglichen Bewohner der Schluchtentäler von Sikkim, haben viele Sagen über den Yeti erhalten. Sie nennen ihn *Lomung*, »Berggeist«, oder *Chumung*, »Schneegeist«, und verehren ihn als Gott der Jagd und Herrn allen Rotwilds. Lepcha und Tibeter beschreiben ihn als riesiges, dunkelbraunes Affentier mit einem eiförmigen, eher spitzen Schädel und kärglicher, rötlicher Behaarung. Er soll über zwei Meter groß sein, wenn er aufrecht steht, und in den höchsten Gebirgsgegenden leben, die er nur verläßt, wenn es ihn nach den salzigen Moosen gelüstet, die auf den Moränen-Feldern gedeihen. Auf der Suche danach soll er manchmal Schneefelder überqueren. Seine Fußspuren sollen denjenigen eines Bären ähneln, den die Tibeter *Midé* nennen. Dieses Wort heißt eigentlich »Bärenmensch«, denn der große *Dé* ist der rote Schneebär des Himalaya (Ursus isabellinus). Einheimische Jäger der Lepcha behaupten, daß dieser Schneegeist, den schon viele suchten und den keiner fand, eher harmlos und scheu und wohl schon ausgestorben sei. Viele Expeditionen haben schon nach ihm gesucht. Man fand mehr oder weniger deutliche Spuren, bis zu 30 cm lang und 15 cm breit, sonst nichts.

Heute neigen russische und chinesische Forscher dazu, im Yeti einen vereinzelt überlebenden oder schon ausgestorbenen Urmenschentyp zu sehen.

Ein Sherpa erwartet das Werden eines neuen Tages mit neuen Erlebnissen und Gefahren.

Rechts: *So wird der Yeti von den Sherpa des Mahalangur-Gebietes beschrieben: mit spitzem Schädel, unbehaartem Gesicht und abstehenden großen Zehen, wie dies auch Fußspuren zeigten.*
Aus: H. Tichy, Himalaya, 1968

Rechte Seite: *Das Gesicht der hohen Berge.*

Gefahren auf allen Wegen

Gefahren lauern überall: Bei der Besteigung über den Nordwestgrat des 7100 Meter hohen Tilicho in der Annapurna-Kette löste sich plötzlich eine Riesenlawine von der Gletscherkappe des Gipfels und donnerte 2000 Meter zum Tilicho-See hinunter. Dies geschah bei schönstem Wetter. Auf dem Grat waren die Bergsteiger, darunter auch der Fotograf Giovanni Kappenberger, glücklicherweise nicht direkt von der Lawine bedroht. Eine sehr ähnliche Lawine als Gletscherabbruch muß im Jahr 1937 am Nanga Parbat das auf ihrem Weg liegende Lager mit sieben deutschen Bergsteigern und neun Sherpas weggefegt haben.

Vom Segen der Erde

Diese kleine Bronze zeigt den Bodhisattva der Weisheit, Manjushri. Der Legende zufolge entwässerte er durch einen Schwertstreich das Tal von Kathmandu, schuf fruchtbare Erde, so fruchtbar wie die Erde an der Südseite des Himalaya, getränkt mit der Feuchtigkeit des Monsunregens (Slg. B. C. Olschak).

Rechte Seite: *Dieser Bhutanese trägt den Segen der Erde auf dem Kopf: gewaltige Getreidegarben.*

Hohe Gebirge, besonders im subtropischen Bereich, bedeuten für deren Bewohner, die hier ihren Lebensunterhalt bestreiten müssen, ständigen Überlebenskampf trotz des Segens der Götter. Viele der nutzbaren Pflanzenarten sind in Gebirgen entwickelt worden, wie Mais und Kartoffeln in den Andenländern, die erst nach dem 17. Jahrhundert Asien erreicht haben und jetzt in den entsprechenden klimatischen Regionen des Himalaya mit großem Erfolg kultiviert werden.

Höhenlagen und Monsunzeiten verlangen eine subtile Anpassung des Ackerbaues. Im regenreichen, dichtbewaldeten Osthimalaya ist der Anbau ganz verschieden von den Trockengebieten des Westhimalaya, wo künstliche Bewässerung eine dominierende Rolle spielt. Auffallend sind die durch schwierigstes Gelände führenden Wasserkanäle, oft entlang senkrecht abfallender Felswände.

Sehr früh wurde in den steilen Bergflanken der Terrassenbau eingeführt, der sich heute vor allem in Nepal stark entwickelt hat. Dies war die einzige Möglichkeit, die viel zu intensiv gerodeten, waldbestandenen Hänge vor der Erosion zu schützen. Es gelang aber nur teilweise, und ohne die dringend nötige Aufforstung kann die immer weiter um sich greifende Erosion nicht aufgehalten werden. Bäume und Waldboden wirken wie ein regulierender Schwamm bei den heftigen Monsunregen, die heute die wertvolle Erde dem Ganges zuführen. Kein Strom der Erde führt so viel Schwemm-Material mit sich wie der Ganges. Seit der Öffnung Nepals, 1950, wird in internationalen Gremien über die dringende Aufforstung des Landes verhandelt. Seit über 30 Jahren ist praktisch nichts geschehen. Die Aufforstung des Himalaya, nach einer langen Zeit unkontrollierten Raubbaus, ist für eine geregelte Nutzung der Bergzonen von allergrößter Bedeutung. Als mustergültiges Beispiel dürfte die Erhaltung der großen Waldgebiete im Königreich Bhutan gelten. Ein modernes Forstgesetz wurde von der Bevölkerung akzeptiert und auch rigoros durchgeführt.

Zwischen Wald und Gletschern liegen weite Gebiete von Weideland, meist auf 4000 bis 5000 Metern Höhe. Es ist das Gebiet der Yak- und Schafweiden. Früher sah man häufig Yak-Karawanen mit Salz aus dem Norden, Reis und verschiedenen Getreidearten aus dem Süden. Heute braucht man Yaks vor allem zum Pflügen und zum Dreschen der widerstandsfähigen Gerste, die bis in die Weidegebiete angebaut wird. Geröstete Gerste bildet mit Buttertee die Hauptmahlzeit der tibetischen Stämme. Yak und Dzo (eine Kreuzung von Yak und Rind) geben fettreiche Milch, die zum lokalen Gebrauch zu Butter für den Buttertee und zu sehr hartem, in kleine Würfel geschnittenen und an Ketten aufgefädelten Käse verarbeitet wird. Heute werden die Milchprodukte besser ausgenützt. So wandert guter »Emmentaler«-Käse als geschätztes Produkt von den hohen Weidegründen Nepals ins Tiefland.

Weniger spektakulär, aber doch für die Bergvölker lebenswichtig sind die Heilpflanzen, die auf sämtlichen Höhenstufen vorkommen, ihre wirksamsten Arten aber in den Weidegründen entwickeln. Erstaunlich ist hier die Kenntnis der Bergbewohner über die mannigfaltigen Anwendungsmöglichkeiten. Dies wird besonders deutlich, wenn man eine einheimische Kräuterapotheke besucht. Die Heilpflanzen des Himalaya werden sehr selten kultiviert, die individuelle Sammlertätigkeit dominiert noch. Dennoch

haben sich eine Art Natur-Medizinschulen entwickelt, hauptsächlich im tibetischen Raum, verbunden mit der Klostertätigkeit. Die wichtigste Medizin-Hochschule stand auf dem Eisenberg in Lhasa, dem Potala gegenüber. Heute ist sie verschwunden, vollständig zerstört.

Nach harter Tagesarbeit in den hochgelegenen Feldern oder nach der Überwindung hoher Pässe mit einer Yak-Karawane rastet man gerne an einem Lagerfeuer. Hier hat man auch Zeit, über den vergangenen Tag nachzudenken und zu diskutieren. Wenn die Feuer große, gespenstische Schatten auf die Felswände werfen und die Stimmung da ist zuzuhören, werden Geschichten über die Besiedlung des Landes erzählt.

Bananenernte in Südost-Tibet in den Regionen um Meito und Chayu. Im fast tropischen Klima wird vor allem Reis angebaut, aber selbst Bananen gedeihen prächtig.

Der Heilige Affe und die Himmlischen Könige

Butön, ein berühmter tibetischer Historiker (1290–1364), nimmt mit klassischer Kürze auf die Vorgeschichte Bezug: »Was die Art und Weise betrifft, wie die menschlichen Generationen zuerst in Tibet erschienen sind, lesen wir in einem Kommentar zum Tanjur, daß zur Zeit, als die fünf Pandava-Prinzen gegen die zwölf Armeen der Kaurava kämpften, der als Frau verkleidete König Rupati mit tausend Kriegern in die felsigen Gebiete des Himalaya geflohen ist. Von diesen Flüchtlingen sollen die Tibeter abstammen. In der tibetischen Legende heißt es jedoch, daß sie die Nachkommen eines Affen und einer Felsendämonin seien. Detaillierte Beschreibungen darüber kann man anderswo finden.«

Mit seiner ersten Feststellung bezieht sich Butön auf die Zeit des *Mahabharata*, des Großen Epos, nach indischer Tradition in der Mitte des 2. Jahrtausends v. Chr. Zu dieser Zeit sollen tatsächlich überlebende Mitglieder der geschlagenen Kauravas in den Himalaya geflüchtet sein, darunter auch eine Frau.

Butöns Bemerkung von der Abstammung vom Affen ist interessant. Sie läßt sich tatsächlich »anderswo«, in einem mittelalterlichen tibetischen Kompendium, nachlesen. Dort werden nicht nur »Der Heilige Affe und die Himmlischen Könige« als urtümliche Abstammungsgeschichte beschrieben, sondern es wird auch geschildert, wie das Land Tibet aussah, bevor es von den Menschen besiedelt wurde: »Im Mittelland (dem heutigen *Tsang*, d. h. Zentral-Tibet) gab es steinige Felder und wasserdurchzogene Wiesen. Hier lebten Affen und Felsendämonen, auch Rotwild und wilde Tiere. Das Überland (*sTod*, d. h. West-Tibet) war wie ein Teich. Dort gab es Gletscher, Eisenberge und Felsen, und wilde Yaks, Schneelöwen und andere wilde Tiere lebten dort. Das Unterland (*Amdo* und *Kham*) sah wie ein Feld aus. Dort gab es Seen und Wälder, auch Elefanten und Bären, aber auch wilde Affenmenschen.«

Wie aus diesen wilden Affen schließlich Menschen wurden, wird nun detailgenau erzählt, und zwar nach den Überlieferungen der schamanistischen Vorzeit mit einer leichten buddhistischen Färbung, die sich in der nachträglichen Heiligerklärung des Urmenschen-Affen dokumentiert. Auch der tibetische Religionshistoriker Padmakarpo erwähnt diese Abstammungsgeschichte: »Kurze Zeit, nachdem sich das Land auf diese Weise (durch das Schwinden der Wasser) geformt hatte, vereinigten sich *Avalokiteshvara*, der buddhistische Schutzpatron des Landes, und *Tara*, die Erlöserin und Schutzpatronin Tibets, beide verwandelt in die Gestalt eines Affen

Rechte Seite: *Terrassenfelder im Trisuli-Tal, Nepal. Angebaut wird hier vor allem Gerste. Die Terrassen, oft mit meterhohen Mauern umfriedet, werden künstlich bewässert. Die Bauernhäuser haben hier die charakteristischen, mit Steinen beschwerten Schindeldächer, deutlich verschieden von den Strohdächern der Häuser in den Reisgebieten.*

und einer Felsendämonin, und bekamen zuerst Affenkinder. Aus diesen entwickelten sich dann allmählich die Menschen.«

Das erste Dorf, das sie gründeten, ist sprichwörtlich bekannt als »Affenort« im Lande *Kongpo*, dem Gebiet der ersten Menschen im Osten Tibets.

In dem tibetischen Kompendium wird weiter erzählt, wie der durch die Felsendämonin verführte Affe schließlich vom Schutzpatron Tibets für seine vielen hungernden Nachkommen fünferlei Sorten von Getreide und Hülsenfrüchten erhielt, die er im heutigen Yarlung-Tal aussäte. Großvater Affe konnte so endlich seine Nachkommen zum »Spielplatz der Affen« oder dem »Feld der Nahrung«, *Tse thong*, einladen. Aus den nun mit Nahrung versorgten Affenkindern entstanden dann die verschiedenen Stämme der Tibeter.

Pflügen mit Yakrindern vor Wintereinbruch im ehemaligen kleinen Nepalkönigreich Mustang.

Es fällt auch die Erzählung von der wunderbaren Einführung des Getreideanbaus und der Ackerbaukultur in einem Gebiet auf, in dem moderne schwedische Forscher unkultivierte Getreidepflanzen gefunden haben. Außerdem muß man bedenken, daß diese Legende bei den westlichen Randvölkern des alten China sehr verbreitet gewesen ist. Sie gehörten dem Stamme der Proto-Tibeter an, die von den alten Chinesen Kiang (Quiang) genannt wurden und deren Nachfahren noch bis zur Tang-Epoche (618 bis 907) Aufsehen erregten. Dies nicht nur wegen ihren vielstöckigen Bauten, sondern besonders auch wegen der, im konfuzianischen China geradezu absurd erscheinenden, hochrangigen Stellung der Frau, die selbst den Auftritt einer

Oben: *Dreschen der Gerste auf über 4000 Metern in Lunana, Nordbhutan.*

Links: *Eine Ladakhi-Frau beim Säen in über 4000 Meter.*

Königin am kaiserlichen Hof, begleitet von ihrem Prinzgemahl, zu einer Sensation machte. Dies war eine geradezu schockierende Tatsache im Lande der damals nur hinter dem Vorhang agierenden »Frauen um den Drachenthron«.

Nach der geschilderten vorbuddhistischen Vorstellung der Menschwerdung und Ackerbaueinführung am Dach der Welt kam dann ein Kulturheros, ein Königssohn aus dem himmlischen Lande *MU*, um die tibetischen Stämme, die ständig miteinander im Streit lagen, endlich zu einigen. Es war mühsam, diesen himmlischen Prinzen dazu zu bewegen, sich in das

Ihr Abbild wird überall verehrt, in verschiedenen Formen steht es in Tempeln, Palästen und in den Altarnischen der Bauernhäuser. Es ist Tara-Dölma, die Schutzpatronin Tibets, die Erlöserin von allem Übel. Hier ist sie als »Göttin und Prinzessin« dargestellt. Als volks-

tümlichste Inkarnation Dölmas ist es die Nepali-Prinzessin Brikuti. Sie hieß Bäl-Za, Königin aus Nepal; außerdem wurde sie mit dem ehrwürdigen Königinnentitel »Nährmutter des Landes« bezeichnet.

(Sammlung B. C. Olschak)

Tibetische Bäuerinnen im Yarlung Tsangpo-Tal an der Straße von Lhasa über Nagartse nach Gyantse tragen Gras vom Feld zur Verfütterung.

Land der Menschen, der Diebe, Sünder, Dämonen und wilden Tiere zu begeben. Der künftige König von Tibet wurde von seinen Eltern reich beschenkt: mit einem selbsttönenden Muschelhorn, dem selbsttätigen Pfeil und Bogen, dem schützenden Schild, mit Panzer und Lanze. Auch Türkisschmuck bekam er, den ihm die Mu-Mutter selbst umhängte. Als er endlich in ausreichendem Maße für die Welt der Menschen ausgerüstet war, griff er die Himmelsschnur *Muthag* und stellte seinen Fuß auf die Mu-Leiter. Dann öffnete er die Himmelstür, schob die Wolken auseinander, blickte zur Erde hinab und suchte sich als sicheren Landeplatz den Götterberg *Lhari Gyangto* aus. Dann erblickte er das Tal, das von oben so winzig wie sein Fingernagel aussah.

So kam er schließlich ins Türkisland und zum Wald der Vogelnester. Und als die Srin-Dämonen sich gegen ihn erhoben, halfen ihm seine Leibwächter und die mitgebrachten Wunderwaffen. Schließlich legte er seine Götterkleider ab und verzichtete auf die Götterspeisen. So wurde er zum menschlichen König und erbaute im Yarlung-Tal die erste Burg.

Wind ist nötig, um die Spreu vom Korn zu trennen. Die Frau rechts im Bild pfeift, um den Wind »herzuholen«.

Heilige Getreide, Alkohol und Buttertee

Seit Beginn der Einführung der Ackerbaukultur werden die »Fünf Getreide« heilig gehalten, und, in winzige Säckchen gefüllt, zusammen mit Säckchen von der Erde allerheiligster Stätten in Statuen von Heiligen bei deren Weihung mit eingeschlossen. Bei der Nennung der »Fünf Getreide« werden allerdings neben Weizen, Gerste und Hirse auch Hülsenfrüchte, Erbsen und Bohnen erwähnt. Seit urdenklichen Zeiten wird das – je nach der Höhenlage – meistangebaute Getreide dazu verwendet, um *Tschang*, das fermentierte Nationalgetränk, zu erzeugen, und zwar vom leichtesten »Bier« in Steigerungen bis zum feinsten, destillierten, wasserklaren Schnaps oder Arrak. In Tibet gibt es eine Vielzahl von Sorten und Mischungen alkoholischer Getränke: Kornbier, Gerstenbier, Reiswein, Sirupbier aus Rohrzucker, Honigwein, Blumenwein aus Holunder oder Waldmeister, auch Baumrindenwein, der durch Anzapfung gewonnen wird. Zu Knochenschnaps werden gemahlene Tierknochen als Stärkungsmittel gemischt. Und selbstverständlich gibt es auch zahlreiche Kräuter- und Medizinweine. In Sikkim wird das heimatliche »Bier« mit Röhrchen aus großen Bambusbechern getrunken. Es besteht aus einem Hirseabsud, der mehrmals mit heißem Wasser aufgegossen werden kann.

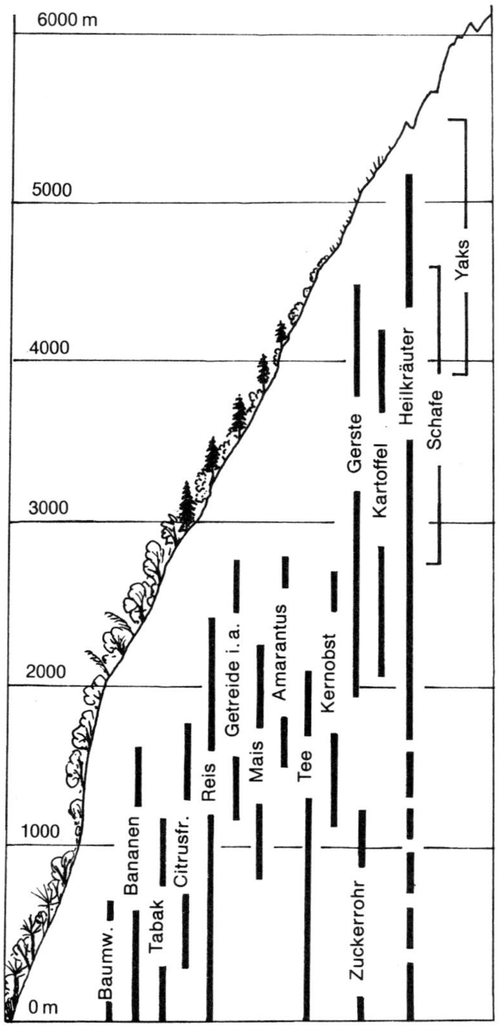

Die Höhenstufen der landwirtschaftlichen Produkte im Himalaya.

Als wir vor Fertigstellung der Hochlandstraße Bhutan im alten Karawanenstil hoch zu Roß durchquerten, haben wir erlebt, daß starker Tschang auch als Vorbeugungsmittel gegen Höhenkrankheit verwendet wird. Galt es, mehrere hohe Pässe an einem Tag zu bewältigen, wurde frühmorgens die kräftige Thugpa-Suppe mit einem Schuß Tschang serviert und *Tsampa*-Kugeln mitgenommen, die mit Tschang getränkt waren. *Tsampa* ist das Hauptnahrungsmittel der Himalayabewohner und älteste tibetische Kraftnahrung. Sie besteht aus geröstetem und dann gemahlenem Getreide, das höchst praktisch in Ledersäckchen als Proviant mitgenommen werden kann. Bei Bedarf wird es dann in der hölzernen Teeschale, die jeder bei sich trägt, zusammen mit Buttertee geknetet.

Der berühmte tibetische Buttertee, ebenfalls ein typisches Nahrungsmittel, besteht aus Tee, der meist aus Yünnan eingeführt und, in Ziegelform gepreßt, gehandelt wird. In hölzernen, röhrenartig hohen Butterteefässern wird er zusammen mit Yakbutter und Salz gestampft und heißt deswegen auch »Stampf-Tee«, *Ja süma.* Die Butter wird in Ledersäckchen aufbewahrt und hält sich im Höhenklima lange frisch. Eigentlich ist die Bezeichnung »Buttertee« irreführend, handelt es sich doch eher um eine nahrhafte Bouillon. Ärzte betonen, daß es sich dabei um gesündeste Volksnahrung handelt, weil das Teein die Cholesterinwirkung der Butter neutralisiert.

Gegen den Mißbrauch von Genußmitteln, die das Bewußtsein beeinflussen, wandte sich schon Guru Rimpoche, der »Kostbare Lehrer«, wie Padmasambhava bewundernd in den Himalayaländern genannt wird. In seinem Blockdruck um 800 n. Chr. wird nicht nur gegen die Untugend des Alkoholgenusses gewettert, sondern auch gegen das Rauchen, wobei das Fremdwort »tabaco« Verwendung findet. Aus späteren Zeiten ist bekannt, daß Tabak mit Rhabarberblättern vermischt geraucht wurde.

Der beliebte Buttertee wird schon im Zyklus der zentralasiatischen Gesar-Saga im sogenannten »Tee-Lied« besungen. Es erklingt heute noch beim Teestampfen und enthält auch einige gute Ratschläge für Pilger und Wanderer:

Lu ale thala thale re:
Ehre sei Bodhgaya, dem Geburtsort des heiligsten Vogels (Buddha);
Wenn der Adler hungrig ist, werden kleine Vögel seine Beute;
Wenn Du Geschäfte machst, tu dies (anständig) auf Lotosgrund;
Wenn Du Gepäck hast, laß es von (sicheren) Soldaten packen;
Wenn Du den Weg bewältigt hast, dann ist es auch der Paß.

Rechts: *Bhutanesisches Mädchen mit Blätterkranz als Sonnenschutz in einem Ährenfeld.*

Teeblätter sollen reichlich verwendet werden, wie es Gesars Gattin tat;
Salz soll nur sparsam zugefügt werden, wie von einem geizigen Manne;
Tee muß kräftig geschlagen werden, wie von einem wütenden Manne;
Tee muß zierlich getrunken werden, wie von König Gesar persönlich.

Urzeitliche Handelswaren und die Schätze der Erde

Zu den ältesten Handelswaren, die vom Dach der Welt über die Himalaya-Pässe in die Ebene Indiens geliefert wurden, gehört der Yakschwanz. Der Yak, dieses urtümliche Tier der hohen Berge, lieferte nicht nur fast alles, was für die Hochlandbewohner wichtig war, von Wolle bis Milch und Butter, sondern auch einen der kostbarsten Exportartikel.

Ein alter tibetischer Bauernhof im unteren Yarlung-Tal bei Tsethang. Dank künstlicher Bewässerung konnte die niedere Flußterrasse intensiv mit verschiedenen Gerstensorten bepflanzt werden. Diese Felder werden heute von Tsethang aus durch einen Kolchosen-Betrieb bewirtschaftet.

Für das alte Indien war der Yakschwanz so teuer und wichtig, daß man jene Länder, wie zum Beispiel Bhutan, aus denen Yakschwänze eingeführt wurden, einfach »Yakschwanz-Länder« nannte. Der Camara, auf tibetisch *Ngayab*, wurde als Fliegenwedel benutzt und war als solcher ein königliches Insignum. Er erscheint abgebildet in Königsstatuen und in der Hand der vorzeitlichen Yakshas. Diese treten auch als Fliegenwedel schwingende, mythologische Begleiterinnen im Gefolge von *Kuvera*, des Gottes des Reichtums, auf. Sie gehören wahrscheinlich zur Urbevölkerung des alten Indien. Der Camara wird auch im *Mahabharata*, dem Großen Indischen Epos, erwähnt, dessen Handlungen – nach inländischer Tradition – in die Mitte des 2. Jahrtausends v. Chr. verlegt werden.

Im Schutz von hohen Steinmauern weben die Frauen von Charkha in Dolpo bunte Decken. Diese Webart ist im ganzen Zentral- und Osthimalaya verbreitet. Die Wolle dazu wird von den Männern während ihrer langen Wanderungen, meist während des Gehens, gesponnen.

Links: *Die typischen, mit großen Holzschindeln gedeckten und steinbeschwerten Bauernhäuser im nepalesischen Dorf Langtang.*

Oben: *Primitive Bambushütte im Bergdschungel des Osthimalaya.*

Oben rechts: *Die schmucken, das ganze Jahr hindurch bewohnten Berghäuser im Bhutan-Himalaya sind kombinierte Stein- und Holzbauten mit steinbeschwerten Schindeldächern.*

Unten: *Das Dorf Laya liegt auf 3900 Meter am Fuße des Masang Kang.*

Als kostbarstes Gegenstück, als Importware aus Indien, steht dem Yakschwanz das Muschelhorn gegenüber, das bis in unsere Tage aus Tamralipta, der Hafengegend des heutigen Kalkutta, eingeführt wurde. Es gehört zu den religiösen acht »Glück verheißenden Symbolen« und verkündet den Ruhm der Heiligen. Es wird schon in den vorgeschichtlichen tibetischen Sagen als wichtiges königliches Insignum des Gründerkönigs genannt. Weiße Muschelhörner – mit rechtsgedrehter Innenspirale – waren ein Vermögen wert und zierten, in Silber gefaßt und mit eingelegten Edelstei-

Oben rechts: *Bauernhaus in Zanskar. Die Bauweise mit tibetischem Flachdach unterscheidet sich deutlich von den Bauten im Osthimalaya.*

Typisches Holzhaus des Balti-Stammes im Westhimalaya. Unten befinden sich die Stallungen, oben der Wohntrakt mit Terrasse.

nen geschmückt, die Altarborde. Aber sie wurden auch von Frauen als breite Armreifen getragen, denen man krankheitsabwehrende Kräfte zuschrieb.

Zu den beliebtesten Halbedelsteinen in Tibet, Ladakh, Mustang, Nepal, Sikkim und Bhutan gehören Türkise und rote Korallen. Sie gelten seit alters her als glücksbringend, hatten immer auch rituelle Bedeutung und wurden in Tibet selbst als kostbarstes Importgut bewertet. Ein Türkissplitter kostete, je nach Qualität, bis zu einem Gold-Pfund oder hundert bis tausend *Tamkha* (tibetische Silbermünzen). Besonders teuer waren Türkise, *Pö Yü* genannt, die aus Tibet selbst stammten. Der Rest kam vermutlich auf langen Karawanenwegen aus Persien. Die roten Korallen sollen über Kalkutta herbeigeschafft worden sein. Um den Hals getragene Türkise galten als Lebensenergie erhaltende Schmuckstücke. Sie werden deshalb durch ein Ritual gesegnet und lebenslänglich getragen.

Von Gesar, dem Helden des zentralasiatischen Epos, heißt es, daß er im fernen Westen die Türkisburg mit allen Schätzen erobert hatte. Dazu gehören auch die geheimnisvollen *Zhi-* oder *Dzi*-Steine, urtümlich behandelte

Achate mit »Augen«, deren Zahl ihren Wert erhöht. Sie werden von den Himalaya-Frauen von Ladakh bis Ost-Bhutan heute noch als wertvollster, unveräußerlicher Familienschatz getragen. Es heißt, daß diese Augensteine in alten Gräbern gefunden wurden. Gerade wegen ihres hohen Preises wurden diese Augensteine schon sehr früh gefälscht. Eine billige Plastikversion kann heute auf Himalaya-Basaren gekauft werden.

Moschusöl, der duftende Inhalt der Drüse der männlichen Moschustiere, war ein weiterer wichtiger Exportartikel des Himalaya. Auch Thangtonggyalpo, der »Leonardo da Vinci der Himalaya-Länder«, trieb in seiner Jugend Handel mit diesem kostbaren Gut und exportierte es von südtibetischen Handelsorten nach Indien.

Unten: *Chörten und tibetische Wohnhäuser bei Phé im Zanskar-Tal. Auf den Flachdächern liegt das Brennmaterial für den Winter.*

Oben: *Bauernhaus in Bhutan. Auf über 2000 Metern gedeihen noch Bananen.* Rechts: *Typisches Bauernhaus in Zentralnepal mit Strohdach.*

Links: *Kleines Dorf bei Pokhara in Zentralnepal. Die Häuser und Getreidespeicher sind strohbedeckt.*

Nur eine Handelsware, in Tibet seit alters her beliebt, blieb bis in die Gegenwart im Westen weitgehend unbekannt. Das war der tibetische Teppich, für ein Reitervolk und nomadisierende Zeltbewohner notwendig als Sattelteppich, Sitzfleck und auch als Thronteppich. Erst seit 1960 wurde die tibetische Teppichknüpfkunst im Westen durch Teppichknüpfzentren in Nepal bekannt, die mit tibetischen Flüchtlingen neu gegründet wurden.

Die folgenden Doppelseiten: *Das Bild bebauten Landes im Himalaya: Rapsfelder in Kashmir; Herbst im Dolpo-Dorf Tingkyu an der Grenze Nepal/Tibet auf 4100 Metern; Terrassenfelder in der Nähe von Dhumpus, Nepal.*

HIMALAYA
LÄNDERPORTRÄTS

BHUTAN

Königreich Bhutan – Druk-Yul (tibet. = Drachen-Land)

Fläche: 46 500 km²
Einwohner: 1,29 Mill.
(unsichere Schätzung von 1985, inkl. indische Berater und Militär)
Hauptstadt: Thimphu
(10 000 bis 20 000 Einwohner)
Staatsform: konstitutionelle, erbliche Monarchie

Das Himalaya-Königreich Bhutan, das in seiner Ausdehnung nur wenig größer ist als die Schweiz, wird im Norden durch die Gebirgskämme des hier relativ schmalen Hoch-Himalaya mit mehreren Siebentausendern nach Tibet hin abgegrenzt, im Westen durch die Wasserscheide zum tibetischen Chumbi-Tal. Der größte Teil des Landes wird von der mittleren Himalaya-Kette mit Höhen zwischen 1600 und 5000 m eingenommen, die im Osten in den indischen Teilstaat Arunachal Pradesh hinüberreicht. Die südliche Landschaft der Vorgebirgszone endet in den Dschungeln der Duars, wo auch die Grenze zu Indien verläuft. Die Gebirgszone wird von sieben von Norden nach Süden verlaufenden Haupttälern und den sie umrahmenden Bergkämmen zergliedert. Die Flüsse im Ostteil des Landes vereinigen sich mit dem Manas, bevor sie aus dem Gebirge austreten. Die wichtigsten Flüsse im Westen – Amo-chu, Wangchu und Sankosh – brechen alle selbständig in steilen Kerbtälern ins Tiefland durch. Die mittleren Abschnitte dieser Flußtäler sind über Gebirgspässe von meist weniger als 3500 m Höhe miteinander verbunden und bilden sowohl den wirtschaftlichen als auch kulturellen Kernraum Bhutans.

Als ein Land im Wirkungsfeld des südasiatischen Sommermonsuns sind Klima und Vegetation in starkem Maße durch die im Juni einsetzenden Regenfälle bestimmt. Diese dauern bis Anfang Oktober und bringen etwa 85% der jährlichen Niederschläge. Durch den Staueffekt der Gebirge fallen die größten Niederschlagsmengen an den südlichen Berghängen und lassen dort in einem feuchten, subtropischen Klima die üppige Waldvegetation mit Farnen, Bambus, Schlingpflanzen und Orchideen auf riesigen Sal-, Banyan- und Teakbäumen gedeihen. In diesen Wäldern findet sich eine große Zahl von Tieren, besonders Schlangen, Affen, Vögel und Schmetterlinge, Hirsche, Büffel, aber auch Leoparden, Tiger und – vor allem im königlichen Wildreservat von Manas – Elefanten, Bären und weiße Nashörner.

In den höheren Regionen werden die Urwälder lichter, sind aber mit Pappeln, Weiden, Eschen, Espen, Magnolien, Eichen, Kiefern und mehrfarbigen Rhododendren äußerst artenreich. Oberhalb 3000 m setzen sich Bambus- und Nadelwälder (Kiefer, Lärche, Zypresse, Tanne) durch, ab 4000 m beherrschen Birken, Tannen und Rhododendren das Bild, bis auch sie schließlich Wacholder und anderen Sträuchern Platz machen. Im Innern des Gebirges ist das Klima durch unterschiedliche Sonneneinstrahlung, Niederschlagsverteilung und Windverhältnisse sehr stark differenziert, aber im wesentlichen dem mitteleuropäischen gemäßigten Klima ähnlich.

Die durch den Luftaustausch zwischen Tief- und Hochland täglich entstehenden, oft stürmischen Talaufwinde drängen die Feuchtigkeit der im Gebirgsinnern abgeschwächten Monsun-Niederschläge an die Hänge, so daß die entsprechenden Abwinde über der Talmitte Wolkenauflösung herbeiführen und Regen verhindern. Dadurch sind die mittleren Teile der großen Quertäler zwischen 900 und 1800 m ü. M. im Gegensatz zu den üppig bewachsenen Berghängen häufig außerordentlich kahl und trocken. Sie müssen zur ackerbaulichen Nutzung bewässert werden.

Auf den Höhen des Himalaya-Hauptkammes im Norden Bhutans dehnt sich infolge der kalten Winter und der kurzen, kühlen Sommer eine alpine Vegetation aus. Bis zur Schneegrenze auf über 3 500 m wachsen auf den Südhängen Sträucher, Rhododendren und Wacholder, während sich auf der trokkeneren Nordseite zwischen Felsen lediglich Moose und Flechten finden. Nur in den Durchbruchsschluchten Ostbhutans erreicht sogar Wald die ansonsten kahle Nordseite des Himalaya-Hauptkammes.

Geschichte

Nachdem Bhutan im 7. Jahrhundert unter den Einfluß des tibetischen Königreiches von Songtsengampo gekommen war, setzte zu Beginn des 9. Jahrhunderts eine Welle von Einwanderungen aus Tibet ein. Als Begründer eines geeinten Bhutan gilt Shabdung Ngawang Namgyal, ein Lama der um 1200 gegründeten Drukpa-Sekte, der das Land im beginnenden 17. Jahrhundert als geistliches und weltliches Oberhaupt beherrschte und erfolgreich gegen tibetische und mongolische Angriffe verteidigte.

Seine Nachfolger galten als Reinkarnationen seiner Person, jedoch waren geistliche und weltliche Macht getrennt. Sie wurden in die Hände eines Dharma Rajas und eines Deb Rajas gelegt. Die einzelnen Tal-Landschaften wurden von Gouverneuren, den Penlops, regiert, die in befestigten Klosterburgen, den Dzongs, residierten.

Nach dem Mongoleneinfall unter Lhazang Khan im Jahr 1697 wurde Bhutan Tibet gegenüber tributpflichtig, während es im Süden des Landes selbst zahlreiche Übergriffe nach Assam und Westbengalen machte. Als die Bhutanesen 1772 das indische Fürstentum Kuch Behar angriffen, rief dessen Raja die Ostindische Kompanie zu Hilfe. Mit dem Friedensvertrag von 1774 begannen Bhutans Beziehungen mit den Briten, die sich nach erneuten kriegerischen Auseinandersetzungen und der Annexion der Duars durch die Engländer verbesserten, als 1904 deren Expedition unter Younghusband nach Tibet bhutanesische Unterstützung fand.

Nach den Machtkämpfen unter den verschiedenen Gouverneuren war 1884/85 der Penlop von Tongsa, Urgyen Wangchuk, als Sieger hervorgegangen. Er wurde 1907 – drei Jahre nach dem Tode des letzten Dharma Rajas – Alleinherrscher mit dem Titel »Druk Gyalpo« (Drachenkönig).

Die chinesische Präsenz in Tibet 1910 beunruhigte den Gyalpo, so daß er in einem Vertrag die Abstimmung der bhutanesischen Außenpolitik mit den Briten festlegte. Nach der Unabhängigkeit Britisch-Indiens übernahm die indische Regierung diese Aufgabe. Als 1950 die chinesische ›Volksbefreiungsarmee‹ in Tibet einmarschierte, gab Bhutan allmählich Teile seiner Isolationspolitik auf. Das führte zu Unruhen im Land, die 1964 in der Ermordung des Premierministers Jigme Palden Dorji gipfelten. Mit der Ausrufung einer konstitutionellen Monarchie im Jahre 1968 ging die Staatssouveränität auf die Nationalversammlung über, die auf Vorschlag des Königs mit einer Zweidrittelmehrheit sogar den König absetzen kann, falls dieser »gegen das Wohl des Volkes oder den Vorteil des Landes« handeln sollte. Seit 1971 ist Bhutan Mitglied der Vereinten Nationen. Heutiges Staatsoberhaupt ist der 1974 gekrönte Jigme Singhye Wangchuk.

Bevölkerung, Sprache, Religion

Die Mehrheit der Bevölkerung Bhutans gehört zur tibeto-burmesischen Sprachfamilie. Neben den seit dem 9. Jahrhundert eingewanderten, mit den eigentlichen Tibetern verwandten Bhutias in Zentralbhutan sind die wichtigsten Stämme die Dagpas und Sarchops im Osten, die Doyas im Südwesten, Ngalong und Lepchas im Westen und die tibetischen Lhopas im Norden. Ihre Sprache, das Dzongkha, ist dem Tibetischen sowohl in Schrift als auch in der Aussprache sehr ähnlich, weist aber in seinen Dialekten von Tal zu Tal beträchtliche Unterschiede auf.

Die Zahlenangaben über den Bevölkerungsanteil der durch Beschäftigung im Militärstraßenbau eingewanderten und danach seßhaft gewordenen indoeuropäischen Nepalesen schwanken zwischen 15% und einem Drittel; auf jeden Fall ist er bedeutend. Sie sind auf den Süden des Landes beschränkt und haben sich so gut wie gar nicht mit der Bhutia-Bevölkerung vermischt, nicht zuletzt aufgrund ihrer völlig anderen Sprache und ihrer hinduistisch geprägten Kulte.

Die tibetstämmige Bevölkerung bekennt sich durchweg zum Lamaismus (tantrischer Buddhismus). Allerdings ist in Bhutan nicht die in Tibet vorherrschende Gelugpa-Sekte tonangebend, sondern die Drukpa-Schule, die sich Mitte des 12. Jahrhunderts von der Kagyüpa – einer der alten Rotmützensekten – abgespalten hatte. Wie bei allen buddhistischen Glaubensrichtungen ist auch bei den Drukpa das religiöse Ziel die Erlösung vom Zyklus der Wiedergeburten, das Eingehen in das Nirvana; im Lamaismus wird dies mittels Kasteiung, magischer Handlungen und Zauberformeln zu erreichen versucht. Die wesentlichen Unterschiede zwischen den einzelnen Sekten liegen in der Bedeutung, die sie einer bestimmten Art der Beschwörung beimessen.

Wirtschaft

Über 93% der Bevölkerung in Bhutan leben von der Landwirtschaft. Die wichtigsten Ackerflächen liegen in den Duars und den mittleren Abschnitten der großen Flußtäler, wo in den Talsohlen und auf flacheren Hängen bis auf 2400 m Höhe Reis in bewässerten Terrassen angebaut wird. In den tiefsten Tälern und im Süden findet man Orangen und Bananen, anderes Obst (Äpfel, Birnen, Pfirsiche) in höheren Lagen. Oberhalb der Reisbaugebiete werden auf Ackerterrassen und in Wechselkultur Mais, Hirse, Weizen, Gerste, Paprika und, bis auf 4000 m Höhe, sogar Kartoffeln angebaut. Die ausgedehnten Wälder werden im Rahmen eines modernen Forstwirtschaftsgesetzes genutzt, sind allerdings durch den Wanderfeldbau vor allem in den südlichen Vorbergen geschädigt. Die alpinen Matten oberhalb der Waldgrenze werden weidewirtschaftlich genutzt: Dort grasen Yak- und Schafherden. Ein beträchtlicher Teil der Bevölkerung pendelt zwischen Winter- und Sommersitzen, die Entwicklung der Almwirtschaft wird zudem durch schweizerische Entwicklungshilfe unterstützt. Wichtigste Milchprodukte sind Yakbutter und -käse.

Die Landwirtschaft der bhutanesischen Bauern ist im wesentlichen Subsistenzwirtschaft, doch konnten in manchen Jahren (1961, 1966) Reisüberschüsse exportiert werden. Da seit 1959 der Handel mit Tibet eingestellt ist, hat sich Bhutan auf den Warenaustausch mit Indien besonnen, das auch erhebliche Beiträge zur wirtschaftlichen Entwicklung des Landes leistet: (Militär-)Straßenbau, Errichtung von Wasserkraftwerken, die vor allem Strom nach Indien liefern, und bescheidene Industrien (Obstverarbeitung). Das traditionelle Handwerk umfaßt Textil-, Metall-, Holz- und Lederverarbeitung, Papierherstellung, Weberei und Stickerei. Der Abbau von Schiefer hat heute auch schon an Bedeutung gewonnen.

Touristische Aktivitäten halten sich zwar noch in geringem Umfang, haben aber durch die liebenswürdige Art der Menschen, die Ausstrahlung der lamaistisch-bhutanesischen Kultur und die außergewöhnlich schöne Naturlandschaft und Gebirgswelt ausgezeichnete Rahmenbedingungen.

Erstbesteigung
1937 Chomolhari (7314 m)
F. Spencer-Chapman /
Pasang Dawa Lama

Höchste Berge:

Künla Kangri (Kira Khari) 7554 m
(auf der bhutanesisch-tibetischen Grenzlinie)
Kangkar Pünsum 7500 m
Chomolhari 7314 m
Masang Kang 7100 m

Nepal

Königreich Nepal – Nepal Adhirajya / Sri Nepalā Sarkār

Fläche: 147181 km²
Einwohner: 16,48 Mill. (1985)
Hauptstadt: Kathmandu (395000 Einwohner)
Staatsform: konstitutionelle Hindu-Monarchie

Dieser größte und lange Zeit einzige völlig unabhängige Himalayastaat nimmt die Südabdachung des Zentralhimalaya ein. Nepal reicht mit etwa 800 km Länge vom monsunfeuchten Osthimalaya bis in dessen trockeneren Westen und mit durchschnittlich 200 km Nord-Süd-Erstreckung vom vergletscherten Himalaya-Hauptkamm bis in die Niederungen des feuchtheißen Terai hinab. Durch die Gebirgszüge ist eine grundlegende Nord-Süd-Gliederung des Landes gegeben: im Norden der Hoch-Himalaya, von dessen 14 Achttausendern acht in Nepal liegen, im Süden die Vorgebirgszone der vereinzelt bis über 3500 m aufragenden Mahabharat-Kette; dazwischen eingelagert befindet sich die Kernlandschaft des eigentlichen Nepal – das Hochtal von Kathmandu und einige sich im Westen und Osten anschließende Becken. Diese in Zentralnepal weithin offene Mittelgebirgslandschaft ist auf 2000 m Höhe in einer 40 bis 65 km breiten Senke gelegen, die sich längs durch den Himalaya zieht und in der sich dessen Flüsse sammeln, bevor sie an nur vier Stellen durch das Randgebirge und die niederen Siwalik- oder Churia-Ketten zur Terai-Region durchbrechen. Diese südlichste Region Nepals liegt nur 75–280 m ü. M. und ist durch die Niederschläge des Sommermonsuns feuchtheiß und infolgedessen dicht bewaldet (Salbäume). Ihre Sumpf- und Dschungelgebiete gehören zu den letzten Großwildgebieten Asiens mit Tigern, Leoparden, Bären, Nashörnern, Elefanten und Büffeln.

Das Land wird außerdem von Osten nach Westen durch die großen Flüsse des Gangessystems gegliedert. Ostnepal wird vom Kosi entwässert, das Kathmandu-Tal und Zentralnepal vom heiligen Fluß Bagmati und dem Gandaki, während das Westnepal prägende Flußsystem vom Karnali geschaffen wurde. Zwar erhält Westnepal geringere Sommerniederschläge als die östlichen Landesteile, doch gerät es im Winter unter den Einfluß der Westwind-Zirkulation, die ihm auch dann beachtliche Regenfälle bringt. Zwischen 1000 und 2000 m Höhe herrschen hier lichte Pinus-roxburghii-Wälder (Kiefern) vor. Weiter im Norden, jenseits des Himalaya-Hauptkammes, hat Westnepal Anteil am trockenen tibetischen Himalaya. Im Regenschatten des Gebirges, bei langen, kalten Wintern und recht trokkenen Sommern, liegen unterhalb der Gletscherwelt der Bergriesen nur noch mit Gräsern oder Dornbüschen bewachsene Steppen oder teilweise moosbedeckte Felswüsten.

Die mittlere Waldstufe besteht in Westnepal aus Fichten und Zedern, im zentralen und östlichen Teil des Landes aus Eichen und Rhododendren bis in 2900 m Höhe, darüber gibt es Hemlock- und Weißtannen und Tränenkiefern. Bis zur Baumgrenze um 4000 m Höhe finden sich Baumwacholder und -rhododendren, Birken- und Weißtannenwälder. Dort leben Bären, Muntjakhirsche, Gorals, Moschustiere, Affen und Leoparden und eine Vielzahl verschiedenster Vogelarten (Adler, Geier, Fasane, Kolkraben u. a.).

Der zentrale Landesteil weist sich durch die größten Höhendifferenzen aus, die man auf der Welt finden kann: Die Schlucht, durch die sich der Kali Gandaki zwischen den Achttausendern Dhaulagiri und Annapurna hindurchzwängt, hat ihren Grund fast 7000 m unterhalb deren Gipfel. Die Region dieser Bergriesen ist eine der am stärksten vergletscherten auf nepalesischem Boden, und doch schließt sich im Osten gleich eines der klimatisch günstigsten, wirtschaftlich sehr stark genutzten und dichtest bevölkerten Gebiete an: das rund 25 km lange und 15 km breite Talbecken von Kathmandu und das Becken von Pokhara. Auf einer Höhe von etwa 1400 m gelegen, ist es weder im Sommer zu heiß (Julimittel 25 °C), noch im Winter zu kalt (Januarmittel 10 °C). Etwa 90% der Jahresniederschläge fallen in der Zeit von Mai bis September, so daß hier eine der beeindrukkendsten Reisterrassen-Landschaften entstanden ist, die der natürlichen Vegetation keinen Raum mehr läßt.

Ostnepal ist, besonders im Massiv des Kangchendzönga und im Khumbu Himal mit vier Gipfeln über 8000 m und sieben über 7000 m, gekennzeichnet durch enge und tiefe Schluchten und hochgelegene breite Täler, aus denen sich steile Bergkämme erheben.

Geschichte

Bereits ein Jahrtausend v. Chr. scheint das Kathmandu-Tal besiedelt gewesen zu sein. Im Mahabharata-Epos wird von einem Herrschergeschlecht der Kiranti (700–100 v. Chr.) berichtet. 563 v. Chr. wurde Prinz Siddharta, der spätere Gautama Buddha, in Lumbini im nepalesischen Terai geboren. Dorthin pilgerte drei Jahrhunderte später der indische Kaiser Ashoka und gab damit zu einer verstärkten Verbreitung des Buddhismus Anlaß.

Der Hinduismus war hingegen durch indische Zuwanderer nach Nepal gelangt und erlebte, zusammen mit dem Buddhismus, unter den Lichhavi-Fürsten zwischen 350 und 750 n. Chr. bereits seine erste kulturelle Hochblüte, besonders nach dem Ende der Gupta-Dynastie in Indien (466/467), als viele Künstler nach Nepal ins Exil gingen. Mit den Einfällen aus Kashmir im 8. Jahrhundert und der wachsenden Macht der Pali-Dynastie in Bengalen zerfiel das Lichhavi-Reich allmählich. Die Zeit vom 9. Jahrhundert bis ins 12. Jahrhundert gilt als Regierungszeit der Thakuri-Dynastie, die eng mit Tibet verbunden gewesen sein soll.

Um 1200 kam es unter dem indienstämmigen Ari Malla erneut zu einem Königreich im Kathmandu-Tal, in dem sich die hinduistische Kultur entfaltete wie nie zuvor. Für diese außerordentlichen künstlerischen Aktivitäten sind vor allem die Herrscher Jayasthiti Malla (1382–1395) und Yaksha Malla (1428–1482) zu rühmen.

Nach Yakshas Tod 1482 wurde das Malla-Reich in die drei Stadtfürstentümer Kantipur (Kathmandu), Lalitpur (Patan) und Bhaktapur aufgeteilt. Ihre zwar geschwächte Macht sollte aber immerhin bis zu ihrem endgültigen Niedergang 1768 große Leistungen in künstlerischer Hinsicht vollbringen – so unter Pratap Malla (1641–1674) in Kathmandu, Siddhi Narsingh (1618–1661) in Patan und den Herrschern Jagatpraksha Malla (1664–1673), Jitamitra Malla (1678–1696) und Bhupatindra Malla (1696–1723) in Bhaktapur.

Als im 13. Jahrhundert Nordwestindien von islamischen Eroberern unterworfen worden war, waren Rajputen nach Norden gezogen, hatten bis zum 16. Jahrhundert Teile des Berglandes westlich von Kathmandu erobert und sich in ihrer neuen Hauptstadt Gurkha 1559 etabliert. Unter ihrem König Prithvi Narayan Shah (gest. 1755) begannen die »Gurkhas« 1744 ihre Feldzüge ins Kathmandu-Tal, das sie 1768 endgültig eroberten. Von der neuen Hauptstadt Kathmandu aus erfolgten in den nächsten Jahrzehnten Eroberungszüge nach Kashmir, Sikkim und Tibet. Die angegriffenen Tibeter riefen chinesische Armeen zu Hilfe, die 1792 bis Nawakot – etwa 50 km vor Kathmandu – einbrachen und die Gurkhas besiegten. Zudem kam es zu Auseinandersetzungen mit den Briten, denen die Nepalesen 1815 ebenfalls unterlagen und 1816 im Vertrag von Sagauli eine Vertretung in Kathmandu zugestanden.

Das nach außen hin gefestigte Reich wurde innenpolitisch durch Intrigen und Familienfehden geschwächt, so daß Jang Bahadur Rana sich 1846 zum Ministerpräsidenten machte und den Gurkha-König zwang, seiner Familie das Recht der Vererbung dieses Amtes zu verleihen. Somit wurden die Könige nur mehr repräsentative Marionetten in den Händen der Rana-Familie, die, von den Engländern gestützt, die Macht in Nepal bis 1951 behielt.

Als dem von den Ranas gefangengehaltenen König Tribhuvan 1950 die Flucht nach Indien gelang, konnte er bald darauf die Ranas entmachten und das Königtum restaurieren. Unter seinem Nachfolger Mahendra kam es 1959 zu den ersten parlamentarischen Wahlen, doch schon ein Jahr später löste der König das Parlament wieder auf, verbot die politischen Parteien und führte 1962 das sogenannte »Panchayat«-(= Gemeinderats-)System ein. Seit Mahendras Tod im Jahre 1972 regiert König Birendra (geb. 1944), der in einer neuen Verfassung die konstitutionelle Monarchie festlegte und in einer Volksabstimmung 1980 Zustimmung zum Panchayat-System fand.

Bevölkerung, Sprache, Religion

Mit Zuwanderern sowohl aus dem tibetisch-hochasiatischen Raum als auch aus dem vorgelagerten indischen Tiefland ist Nepal im Laufe seiner Geschichte zu einem Schmelztiegel der Völkerschaften des ganzen Himalaya-Raums geworden. Schwer überwindbare natürliche Grenzen und große Unterschiede in den Lebensbedingungen verschiedener Regionen haben zum Erhalt einer beträchtlichen ethnischen Vielfalt beigetragen, die sich in der Physiognomie der Menschen, ihrer Sprache und Religion ebenso ausdrückt wie in ihrer materiellen Kultur.

Grundsätzlich lassen sich vier große Bevölkerungsgruppen unterscheiden: eine altnepalesische, indo-nepalesische, indische und eine tibetische oder tibeto-nepalesische. Die indische Bevölkerung lebt vor allem im Tiefland des Terai, das die Heimat von über 40% der Menschen Nepals ist und somit, vor allem im östlichen Terai, bereits die Bevölkerungsdichte des Kathmandu-Tales überflügelt hat.

Dennoch ist die kulturell und wirtschaftlich bedeutendste und vielleicht älteste ethnische Gruppe Nepals diejenige der Newar, die hauptsächlich das Kathmandu-Tal besiedelt und den dort anzutreffenden Baustil mit geschnitztem Fachwerk und die Tempelpagode entwickelt hat. Die Newari sind etwas kleiner als die Inder und haben leicht mongolische Züge. Sie besitzen eine eigene Schrift und sprechen tibeto-burmesisch, das Newari, das von etwa 4% der Bevölkerung Nepals gesprochen wird. Die Newari sind Anhänger des hinduistisch geprägten Shiva-Kultes, zum Teil auch eines stark hinduistisch geprägten Buddhismus; beide einander durchaus freundlich gesinnten, teilweise vermischten Richtungen beachten Regeln und Rangstufen der Kasten.

Politisch bestimmend sind die »Gurkhas« genannten indo-nepalesischen Einwanderer (5.–7. Jahrhundert) aus Indien. Als Hindus gliedern sie sich in streng getrennte Kasten, die Brahmanen- oder Priesterkaste (Bahun), die Chetris und Khas. Der Begriff »Gurkhas« leitete sich vom gleichnamigen Städtchen in Zentralnepal ab, wo sie zunächst ihre Hauptstadt hatten, weitete sich dann aber auch auf eine Reihe von eingeborenen, altnepalesischen Bergstämmen aus, die unter der Bezeichnung Gurkhas große Berühmtheit als Soldaten sowohl in Nepal als auch in der britisch-indischen Armee erlangten. Sie wiederum zerfallen in zahlreiche Stämme, deren größte die Magar und Gurung im zentralen, die Limbu und Rai im östlichen Nepal sind. Die Limbu, Rai und Teile der Gurung sind wie die ebenfalls in Ostnepal lebenden mongoliden Thamang Lamaisten, teilweise aber auch Anhänger des Bön-Glaubens oder anderer Kulte. Die Sprachen dieser Völker gehören zur tibeto-burmesischen Sprachgruppe.

Während die altnepalesischen Stämme ihren Lebensraum zumeist in Höhen zwischen 1000 und 2500 m eingerichtet haben, werden die Regionen darüber fast ausschließlich von tibeto-nepalesischen Volksgruppen bewohnt, deren Kultur und Religion von reinster tibetischer Prägung sind. In Nepal als Bhotias bezeichnet, sind von diesen Nepal-Tibetern die im Nordosten des Landes lebenden Sherpas durch ihre Tätigkeit als Träger und Bergführer von Touristen oder Expeditionen bei uns die bekanntesten. Kulturgeschichtlich gesehen kommt jedoch den tibetischen Dolpos und Lhopas an der Nordgrenze Nepals mehr Bedeutung zu, denn ihr kleines Königreich Mustang besitzt eine recht lange Geschichte.

Das Mosaik, das sich aus der ethnischen, sprachlichen und kulturellen Vielfalt der Bewohner Nepals ergibt, läßt nur schwer an eine staatliche Einheit glauben. Doch die gemeinsame Geschichte, die gegenseitige kulturelle Beeinflussung und wirtschaftliche Verknüpfung haben dazu geführt, daß die Staatssprache Nepali oder Pahari, Muttersprache von nur etwa 55% der Bevölkerung, von fast allen verstanden wird. Staatsreligion ist der Hinduismus, der mit seinen verschiedenen Formen der Shiva-, Vishnu-, Shakti- und Ganesh-Verehrung (u.a.) etwa 90% der Nepalesen zu seinen Anhängern zählt, 7–8% sind Buddhisten und nur 2–3% Moslems. Die Statistik allerdings verschweigt, daß Buddhismus und Hinduismus oft so stark miteinander verflochten sind – viele Heiligtümer werden von beiden Religionen beansprucht –, daß eine deutliche Trennung häufig nicht mehr möglich ist.

Wirtschaft

Mit 93% der Beschäftigten in der Landwirtschaft und einem Anteil von 80% landwirtschaftlicher Produkte an den Exporten ist Nepal ein reiner Agrarstaat. Bei der großen landschaftlichen Vielfalt und starken ethnisch-kulturellen Differenzierung verwundert es nicht, daß die Landwirtschaft in diesem Land durch Bevölkerungsdruck und Anpassung an z.T. extreme naturräumliche Bedingungen recht komplexe Strukturen entwickelt hat.

Das durch häufige Überschwemmungen bedrohte Himalaya-Vorland hat sich zum bedeutendsten Agrargebiet Nepals entwikkelt: 60% der Getreide-Jahresproduktion des Landes kommen aus dem Terai. Hier werden zumeist zwei Reisernten im Jahr eingebracht, so daß trotz der dichten Besiedlung gerade im südlichen Terai Ostnepals noch Nahrungsüberschüsse nach Indien exportiert werden können. Auch die Großviehbestände – Buckelrind, Wasserbüffel – sind hier bedeutend.

In den schwer zugänglichen Dun-Talweitungen der Churia-Vorberge haben sich bisher noch wenige Menschen niedergelassen, und so ist diese geschlossene Waldregion noch kaum durch Rodungsinseln aufgelassen worden. Ähnlich verhält es sich mit der Südabdachung der mit tropisch grünem Bergwald bedeckten Mahabharat-Ketten.

Völlig anders stellt sich das Mittelland zwischen den Ketten des Vorder- und Hochhimalaya dar: Es ist im feuchteren Zentral- und Ostnepal so dicht besiedelt, daß vor allem das Kathmandu-Tal in eine weithin entwaldete, geschlossene Kulturlandschaft umgewandelt worden ist, deren Talgründe und flacheren Hänge von bewässerten Reisterrassen eingenommen werden. Auf den steileren Hängen werden Mais, Hirse, Taro und Winterweizen angebaut. Baumwollkulturen, Jute-, Zuckerrohr-, Gewürz- und Tabakpflanzungen liefern zudem eine Grundlage für eine kleine verarbeitende Industrie.

Die Grenze des Reisanbaus wird bei ca. 2000 m erreicht; in höheren Lagen nimmt die Bedeutung des Anbaus von Mais, Buchweizen, Hirse, Kartoffeln, Ölsaaten, Winterweizen und -gerste zu. Auf abgeernteten und verlassenen Feldern und heruntergewirtschafteten Restwäldern läßt man Wasserbüffel u.a. Rinder weiden, die man als

Milch-, Fleisch- und Düngerlieferanten sowie als Zugtiere nutzt.

Die Nahrungsproduktion der meisten Bauern geht über eine teilweise nicht einmal gesicherte Selbstversorgung kaum hinaus, zumal nur ein Fünftel der Kleinbauern ihre Felder selbst besitzen, während alle anderen Pächter sind. In hohen Lagen ist der Ackerbau außerdem saisonal stillgelegt, so daß die Menschen dort zeitlich begrenzte Wanderungen auf sich nehmen, um sich zum Teil im Ausland, so z. B. in Indien, als Soldaten (Gurkha-Regimenter), Diener, Träger, Straßen- und Teeplantagen-Arbeiter zu verdingen. Andere überbrücken diese Zeit als Handwerker zur Herstellung von haus- und landwirtschaftlichen Geräten – eine Art dörflicher Kleinindustrie.

In siedlungsfernen, vor allem höheren Lagen Ostnepals wird teilweise immer noch Wanderfeldbau betrieben, den sich das Land nach jahrhundertelanger rücksichtsloser Waldnutzung (bis 1957 jährliche Versteigerung der Nutzungsrechte), Rodung für Neulanderschließung, nicht mehr leisten kann, nachdem durch die geschrumpften Waldreserven (unter 30% der Gesamtfläche) die ökologischen Schäden – Bodenerosion, Überschwemmungen, degenerierte Böden, Erdrutsche – bedrohlich zugenommen haben. Wiederaufforstung ist zu einer der wichtigsten Aufgaben des Staates geworden.

Die Möglichkeiten des Anbaus der tibetonepalesischen Volksgruppen im Hoch-Himalaya sind sehr bescheiden: Mais wächst bis auf Höhen um 2900 m, darüber werden Buchweizen, Gerste und Gemüse angebaut. Die höchstgelegenen Gerstenfelder sind im ostnepalesischen Khumbu-Raum bei 4400 m zu finden. Seit dort im 19. Jahrhundert die Kartoffel (bis 4690 m) eingeführt wurde, hat sich der Nahrungsspielraum der Sherpa-Bevölkerung sehr stark vergrößert. Ihr Haupterwerb ist jedoch die Viehzucht. Mit ihren Yakherden ziehen sie in feste Saisonsiedlungen nahe der sommerlichen Hochweiden. Seit Schweizer 1953 im Langtang-Tal zu Füßen des Shisha Pangma die erste moderne Käserei für Yakmilch gegründet haben, ist die Milchwirtschaft erheblich weiterentwickelt worden.

Im Norden des westlichen Nepal ist wegen der geringen Niederschläge Ackerbau nur in Bewässerungsoasen möglich. Im Distrikt Dolpo liegen die höchsten Dauersiedlungen des gesamten Himalaya: Phidjorgaon auf 4100 m und Phopagaon auf 4300 m ü. M. Auch dort kommt der Viehzucht (Schafe, Yaks) ein sehr hoher Stellenwert zu.

Seit sich das Land zu Beginn der 50er Jahre dem Tourismus geöffnet hat, ist dessen Bedeutung sehr schnell gewachsen. Wenn auch seine Wirkung auf die lokalen Kulturen durchaus kritisch zu sehen ist, so kann man ihm doch nicht gewisse positive Effekte absprechen. Neue Betätigungsfelder gerade in den strukturschwachen Hochgebirgsregionen (Beispiel der Sherpas!) sind entstanden, und ins Land eingeflossenes Kapital wird zum Aufbau einer noch sehr bescheidenen Infrastruktur (Straßenbau, Wasserkraftwerke) und zur Entwicklung einer bisher noch kaum existierenden Industrie (Zucker-, Zigaretten- und Textilfabriken, Juteverarbeitung, holzverarbeitende und Nahrungsmittelindustrie; 1982 etwa 2% der Beschäftigten in der Industrie) benutzt. Allerdings dient die Verbesserung der Infrastruktur auch in großem Maße der Förderung des Tourismus.

Mustang

Ehemaliges Klein-Königtum Lo

Fläche: 3017 km²
Einwohner: rd. 28000
Hauptort: Jomosom bzw. Lo Manthang
Polit. System: nepalesischer Distrikt mit gewisser Autonomie

Geographisch ist Mustang mit seiner durchschnittlichen Höhe von 4000 m ü. M. nördlich der Bergriesen Dhaulagiri und Annapurna und somit nördlich des Himalaya-Hauptkammes dem Hochland von Tibet zuzurechnen. Im Regenschatten des Gebirges gelegen, finden sich in diesem weiten Hochtal nur wintertrockene, oft weithin wüstenhaft kahle Steppen, in denen nur vereinzelt Dornbuschbestände überleben. Der Photu-Paß liegt mit 4600 m nur 75 m über der tibetischen Tsangpo-Ebene und stellt eine problemlos zu überwindende Grenze nach Tibet dar, während der hier entspringende Kali Gandaki aus der weiten Talung in Mustang 60 km südlich in der Thakkhola zunächst in einem engen Tal weiterfließt und dann in einem der gewaltigsten Durchbrüche durch den Himalaya das Gebirge durchquert und somit nach Süden hin sehr viel schwerere Passagen aufweist.

Geschichte

Schon im 5. Jahrhundert n. Chr. soll in Mustang das Königtum Lo als unabhängiger Staat existiert haben. Mit der Ausdehnung des tibetischen Großreiches unter Songtsengampo wurde auch Lo im 7. Jahrhundert Tibet eingegliedert und gelangte nach dessen Zerfall unter die Herrschaft des Fürstentums Ghunthang. Zu jener Zeit wurde Lo zu einem bedeutenden Zentrum der lamaistischen Sakyapa-Sekte. Nach der Teilung Ghunthangs 1430 begründete Gyalpo Ame Pal in Mustang eine Dynastie, die bis heute Bestand hat.

Nach Mongoleneinfällen im 17. Jahrhundert wurde das kleine Königtum 1760 vom Raja von Jumla besiegt, der wiederum 1790 den Gurkhas unterlag. Seither stand Mustang unter nepalesischer Oberhoheit. Sein eigentlicher Niedergang begann im späten 19. Jahrhundert mit dem Verlust des Steuerrechts und der Herrschaft über die Salzstraße von Tibet an die Thakalis, ihre südlichen Nachbarn.

Erstbesteigungen

1930	Ramtang Peak (7105 m)	E. Schneider/F. Smythe
1950	Annapurna I (8091 m)	M. Herzog/L. Lachenal
1953	Mt. Everest (8848 m) (Sagarmatha)	E. Hillary/Tensing Norgay
1954	Cho Oyu (8153 m)	S. Jöchler/H. Tichy/Pasang Dawa Lama
	Kangchungtse (7640 m)	J. Franco/ L. Terray/Gyalzen/Pa Norbu
	Putta Hiunchuli (7247 m)	(Großbritannien)
1955	Kangchendzönga	s. Sikkim
	Makalu (8476 m)	J. Couzy/L. Terray u. a.
	Annapurna IV (7525 m)	H. Biller/H. Steinmetz/J. Wellenkamp
	Ganesh Himal (7406 m)	E. Gauchat/C. Kogan/R. Lambert
1956	Lhotse (8516 m)	E. Reiss/F. Luchsinger
	Manaslu (8156 m)	T. Imanishi/Gyalzen
1960	Dhaulagiri (8167 m)	E. Forrer/A. Schelbert/K. Diemberger u. a.
	Annapurna II (7937 m)	C. Bonington/R. H. Grant
	Himalchuli-Ostgipfel (7893 m)	H. Tanabe/M. Harada
	Api (7132 m)	(Japan)
1961	Nuptse (7879 m)	D. Davis/Tashi
	Annapurna III (7555 m)	M. S. Kohli/S. Gyatso/Sonam Girmi
1962	Jannu (7710 m)	R. Desmaison/P. Keller/ R. Paragot/G. Mikchung
	Chamlang (7319 m)	S. Anma/Pasang Phutar III
	Pumo Ri (7145 m)	(BRD)
	Nupehu (7028 m)	(Japan)
1963	Saipal (7035 m)	(Japan)
1964	Gyachungkang (7922 m)	Y. Kato/K. Sakaizawa/Pasang Phutar III
1965	Ngojumba Ri II (7646 m)	N. Uemara/Pemba Tenzing
	Gangapurna (7454 m)	L. Greissl/G. Hauser/H. Köllensperg u. a.
1965	Pt. 7532 (7532 m)	L. Juvan/M. Humar/Girmi Dorje/Holung Dorje
1967	Roc Noir (Annapurna-Massiv, 7485 m)	R. Obster/P. Schubert/K. Winkler
1970	Lhotse Shar (8383 m)	S. Mayerl/R. Walter
1971	Dhaulagiri II (7751 m)	R. Fear/A. Huber/A. Weissensteiner/Jangbu
	Malubiting West (7452 m)	H. Schell u. a.
1973	Yalung Kang (Kangchendzönga-Westg., 8433 m)	Y. Ageta/T. Matsuda
	Dhaulagiri III (7715 m)	(BRD)
1974	Annapurna South (7273 m)	(Spanien) siehe auch Tibet, Sikkim

Bevölkerung

Die Bewohner des ehemaligen Lo sind ausschließlich Bhutias bzw. Tibeter und lamaistischen Glaubens. Der Süden des nepalesischen Distrikts Mustang ist Lebensraum der Magar und vor allem der Thakali, die als einziger geschlossener Stamm die sonst recht deutlich gezogene Kulturgrenze zwischen nepalesischem Hoch- und Mittelland überbrücken: Ihre einst vom Buddhismus verdrängte Stammesreligion, der Jhangrismus, leitet sich vom alten Bön-Glauben her und hat nun in zunehmendem Maße mit den Einflüssen des Hinduismus zu kämpfen.

Bedeutend war für Mustang immer der Handel, denn durch das Gebiet des Königreiches führte ein Hauptträger- und -karawanenpfad nach Tibet, die »Salzstraße«. Der Verfall des kleinen Königtums war die Folge der Schwerpunktverlagerung des Handels in die südlich anschließende Thakkhola. Die Tibeter in Mustang sind nomadische Schaf- und Ziegenzüchter, daneben halten sie auch Yaks, Pferde, Maultiere. Ackerbau (Gerste) ist infolge der Trockenheit nur in kleinen Bewässerungsoasen möglich, die vom Kali Gandaki oder seinen Nebenflüßchen gespeist werden.

TIBET

Bod-Yul (tibet.), »Tibet« von Mongol. »Tubet« oder »Töböt« Autonome Region Tibet (chin. »Xizang Zizhiqu«)

Fläche: 1 220 600 km²
Einwohner: 1,89 Mill. (1982)
Hauptstadt: Lhasa
(ca. 120 000 Einwohner)
Polit. System: autonome Region der Sozialistischen Volksrepublik China

Der Begriff Tibet im naturgeographischen Sinn beschreibt das größte und extremste Hochland der Welt, das sich im Herzen Asiens über 2 Mill. km² ausdehnt. Etwa 60% davon nimmt die Autonome Region Tibet ein. Von mehr als 20 Gebirgsketten durchzogen, wird das größtenteils zwischen 3500 und 5000 m ü. M. gelegene Hochland mit dem Beinamen »Dach der Welt« auf drei Seiten von mächtigen Gebirgsmassiven umschlossen: dem Kunlun im Norden, dem Karakorum im Westen und dem Himalaya im Süden, letzterer mit Gipfeln über 8000 m Höhe. Die Zentraltibet durchziehenden Gebirge vereinen sich im Osten zu den tibetischen Randketten, die zu den am schwierigsten passierbaren Gebirgszügen der Welt gehören.

Landschaftlich könnte man Tibet dreigliedern: Im Norden und Nordwesten dehnt sich auf durchschnittlich 4800 m Höhe ein von Kältewüsten und Steppen geprägtes Hochland mit spärlicher Vegetation aus, das nach Norden hin abdacht. Da natürliche Abflüsse zum Meer fehlen, finden sich riesige Salzseen. Der Osten Tibets ist beherrscht von den sich immer mehr nach Süden wendenden, tief von großen Flüssen eingeschnittenen und bis über 7000 m hoch reichenden Gebirgen. Die dritte Region, die dichtestbevölkerte Tibets, liegt eingebettet zwischen Transhimalaya im Norden und der Himalaya-Hauptkette im Süden in den auf im Mittel 3700 m hoch gelegenen Tälern des Yarlung Tsangpo und seiner Nebenflüsse.

Weit im Westen Südtibets, bei den »Heiligen Seen« Rakas (Langak Tsho) und Manasarovar (Mapham Tsho), zu Füßen des heiligen Berges Kailas oder Kang Rinpoche (6714 m), der mit dem mythologischen Berg Meru – dem Nabel der buddhistischen Welt und Paradies der Hindu-Götter – gleichgesetzt wird, liegt die Wasserscheide zwischen den Flüssen Sutlej und Yarlung Tsangpo, die beide den Himalaya nach Indien hin durchbrechen.

Das Klima des Hochlandes ist durch starke Temperaturschwankungen vor allem im Tagesablauf gekennzeichnet. Es ist dennoch nicht so kalt, wie man aufgrund der Höhenlage annehmen könnte, da als Folge der geringen Niederschläge und Luftfeuchtigkeit im Regenschatten des Himalaya ein ausgeprägtes Strahlungswetter herrscht. Eine andere Konsequenz der Höhenlage sind, vor allem auf dem weiten, ebenen Changtang-Plateau, die kräftigen Luftbewegungen, die besonders im Herbst und Winter zu extrem schweren und kalten Stürmen mit Windgeschwindigkeiten bis zu 140 km/h führen.

Im Osten und Südosten Tibets wird dieses Klima durch das niedrigere Höhenniveau (Lhasa 3675 m ü. M.) und durch monsunale Einflüsse erheblich gemildert. So finden sich im Tsangpo-Tal Baumsteppen, die in den tieferliegenden Tälern Osttibets in Laub- und Nadelwälder übergehen, wo sie Zufluchtsstätten selten gewordenen Großwildes sind: der Pferdesteinbock Takin, die Felsantilope Serai, Goral-Bergantilopen, der Schopfhirsch Muntjak und Großhirsch Sambar, Weißlippenhirsche, Argali-Blauschafe und selbst Große Pandas sind dort noch zu finden. In der Vogelwelt sind Lämmer- und Gänsegeier, Steinadler, Kolkraben und Fasanen vertreten, an den Hochlandseen auch Wildgänse und -enten, Möwen und Reiher.

Geschichte

Die Vorfahren der heutigen Tibeter dürften diesen riesigen Raum von Osten her als Hirtennomaden besiedelt haben. Im 7. Jahrhundert kam es unter König Songtsengampo zum ersten geeinten Tibeterreich: Tubo oder Tufan. Als mächtiger Militärstaat nahm er Beziehungen mit Nepal und Tang-China auf. Mit den beiden Prinzessinnen, die von China und Nepal nach Lhasa kamen, um mit Songtsengampo vermählt zu werden, kam auch der Buddhismus nach Tibet. Im 8. Jahrhundert expandierte dieses Reich nach Zentralasien, Kashmir, Nordindien und ins westliche chinesische Kernland: 763 wurde sogar die chinesische Hauptstadt Chang'an erobert. In den folgenden Jahrhunderten führten Machtkämpfe zwischen Adel und Königshaus zum Niedergang des Reiches; auch der Buddhismus erlitt ein wechselvolles Schicksal. Zeitweise, um 840, wurde die Bön-Religion wieder führend, und viele buddhistische Klöster wurden zerstört. Tibet zerfiel in kleine Fürstentümer. Ausgehend vom westlichsten (Guge) und östlichsten Tibet (Kham), setzte um die Jahrtausendwende die Renaissance des Buddhismus ein, die ehemals verfolgten Sekten erstarkten wieder, nicht zuletzt dadurch, daß sie Elemente des alten Bön-Glaubens mit in sich aufnahmen, und bekehrten quasi ganz Tibet. Zu einem wiedervereinten Königreich kam es jedoch nicht. Der Mongolensturm erreichte Tibet nur indirekt, und die Einsetzung des Lama-Königs Phagpa, des Oberhauptes der Sakyapa-Sekte, als geistiges *und* weltliches Oberhaupt 1260 durch Kublai Khan, begründete die tibetische Theokratie.

Der Zerfall des Mongolenreiches brachte Tibet unter einem wiedererstarkten weltlichen Adel erneute Unabhängigkeit. Die verschiedenen buddhistischen Sekten bekämpften sich. Im 14./15. Jahrhundert gründete der Reformator Tsongkhapa die Gelugpa-Sekte. Als deren Oberhaupt Sonam Gyamtsho 1578 den mongolischen Herrscher Altan Khan zum tibetischen Buddhismus bekehrte, wurde ihm der Titel »Dalai Lama« (= Ozean des Wissens) verliehen. Die Verbreitung des Lamaismus unter den Mongolen und deren militärische Unterstützung ermöglichten es der Gelugpa-Sekte und dem 5. Dalai Lama Ngawang Losang Gyamtsho, sich im 17. Jahrhundert endgültig politisch durchzusetzen und den tibetischen Kirchenstaat bis ins 20. Jahrhundert hinein zu beherrschen. Die Invasion der Oirat-Mongolen bedingte, daß 1720 Truppen des Qing-Kaisers Kangxi nach Lhasa kamen. Tibet wurde ein Protektorat Mandschu-Chinas, das zwei kaiserliche »Ambane«, den Dalai Lama und dessen Tutor, den Panchen Lama, mit den Staatsgeschäften betraute.

Im ausgehenden 19. Jahrhundert versuchten England und Rußland Einfluß über Tibet zu gewinnen. Die Younghusband-Expedition drang 1904 bis Lhasa vor. Durch den Verfall des Qing-Reiches blieb Tibet sich selbst überlassen. 1914 kam es auf der Simla-Konferenz zur Unabhängigkeitserklärung Tibets und Festlegung der Grenze zwischen Tibet und Indien (McMahon-Linie). Die Konsolidierung der kommunistischen Macht in Peking 1949 brachte 1950/51 die »Volksbefreiungsarmee« nach Tibet. Mit der Auflage, das tibetische Gesellschaftssystem selbst zu reformieren, wurde der theokratische Staat des Dalai Lamas zunächst intakt gelassen, seine Flucht nach dem mißglückten Aufstand 1959 und die Wirren und Zerstörungen der chinesischen Kulturrevolution (1966–1976) gingen nicht spurlos an Tibet vorüber. 1965 erhielt es den Status einer Autonomen Region, und seit Beginn der Liberalisierung in der VR China ab 1980 ist es den Tibetern wieder möglich, ihre kulturellen Werte und religiösen Traditionen unter gewissen Einschränkungen (z. B. festgeschriebene Zahl der Mönche), zu pflegen.

Religion, Bevölkerung, Sprache

Das Leben der Tibeter wird bestimmt von der buddhistischen Religion in ihrer Sonderform des Lamaismus, der sich aus der »Mahayana« (»Großes Fahrzeug«)-Form des Buddhismus entwickelt hatte. Ist es im »Hinayana« (»Kleines Fahrzeug«)-Buddhismus nur jenen möglich, ins Nirvana einzugehen und somit vom Kreislauf der Wiedergeburt befreit zu werden, die den strengen Geboten des Mönchtums folgen, so ist der Mahayana-Buddhismus dem Laientum zugänglich, er bietet allen die Möglichkeit, das Heilsziel zu erreichen, nämlich durch gewisse Rituale, Tempelfeiern und Weihen. Dadurch kann dem Menschen Hilfe von »außen« zuteil werden; der von den irdischen Trieben Gier, Haß und Verblendung Erlöste geht nicht unmittelbar ins Nirvana ein, um noch anderen Wesen zur Erlösung verhelfen zu können. Auf diese Weise hat sich das Mahayana im Laufe der Zeit ein riesiges Pantheon von Göttern und Dämonen geschaffen und ist in dieser Form nach China und Tibet gelangt. In der jahrhundertelangen Auseinandersetzung mit Tibets alter Bön-Religion, in der man Götter und Geister durch magische und dämonische Besänftigungsriten, durch Mysterienspiele mit Tanz, Trance, Ekstase und Reinigung für sich zu gewinnen sucht, hatte der tibetische Buddhismus viele dieser Elemente aufnehmen müssen, um sich durchsetzen zu können. Diese Sonderform wird Vajrayana (»Diamantfahrzeug«) oder Tantrismus genannt. Durch Hilfe von außen suchte man die Erlösung zu erlangen, sei es durch Anwendung von magischen Formeln, Zaubersprüchen und Riten, durch Meditation, Trance und Ekstase. Es wurde auch versucht, den Körper durch sexuelle Exzesse zur letzten Erschöpfung, aber damit zur Konzentration des Geistes und zur Befreiung der Seele zu bringen.

Aufgrund dieser Praktiken wollte Tsongkhapa im 14. Jahrhundert durch seine Reformbewegung zu Tugendhaftigkeit, Disziplin und Verinnerlichung zurückführen. Weil die Mönche der von ihm gegründeten Gelugpa-Sekte gelbe Mützen tragen, ist sie bei uns als »Gelbe(Mützen-)Sekte« bekannt. Vor seinem Tod (1419) prophezeite Tsongkhapa seinen vornehmsten Schülern Kädubdsche und Gedün Drupba, sie würden sich als Oberpriester ständig neu verkörpern, und begründete damit die Inkarnations-Nachfolge der später Dalai Lama und Panchen Lama genannten Gottkönige. Der Titel »Dalai Lama« war 1578 vom Mongolenfürsten Altan Khan dem Sonam Gyamtsho zuerst verliehen worden; er wurde später als 3. Dalai Lama angesehen; die Titel des 1. und 2. Dalai Lama wurden posthum an Gedün Drupba und dessen Nachfolger vergeben. Losang Tschögi Gyantsen, Oberpriester des Klosters Tashilhunpo und Lehrer des 5. Dalai Lama, wurde von jenem der Titel »Panchen Lama« (Panchen Rinpoche = Juwel der Gelehrten) zugesprochen. Als Inkarnation des Buddha Amitabha steht der Panchen Lama hierarchisch eigentlich über dem als Wiedergeburt des Bodhisattva Avalokiteshvara geltenden Dalai Lama, doch hatte sich dessen Amt politisch zum weitaus bedeutenderen entwickelt.

Erstbesteigungen

(z.T. von nepalesischer Seite her, siehe daher auch Nepal/Mustang, Sikkim)

1930	Jongsang Peak (7459 m)	H. Hoerlin/E. Schneider
	Dodang Nyima Peak (7150 m)	E. Schneider
1935	Kharta Phu (7221 m)	E. Kempson/E. Shipton/C. Warren
1954	Chomo Lönzo (7790 m)	J. Couzy/L. Terray
1960	Chomolungma (8848 m) (Mt. Everest, Nordroute)	Wang/Gonpa/Qu (umstritten)
	Nordroutenbesteigung 1975 durch eine Tibeterin, 7 Tibeter und einen Chinesen (ohne Sauerstoff-Flasche) auch im Westen anerkannt.	
1964	Shishapangma (8013 m) (Gosainthan)	Xu Jing u. a.

In der Altsteinzeit sollen in Tibet bereits Menschen paläo-mongolischer Rasse gelebt haben, später wanderten Volksstämme turanischer Rasse von Norden her ein, von den Mongolen »Tanguten« genannt. Die heutigen Tibeter sprechen eine der sino-tibetischen Sprachfamilie zugehörige Sprache, haben seit dem 7. Jahrhundert eine eigene, aus Kashmir entlehnte Schrift und nennen sich selbst »Bodpa« und ihr Land »Bod-Yul«. Sie unterscheiden sich in zwei Haupttypen: die stark gemischte, meist Ackerbau treibende Bevölkerung im Süden, mittelgroß, mit breitem und stark mongolischem Gesicht; und die hochgewachsenen Hirtennomaden im Westen, Nordosten und in Kham mit hohen, scharfgeschnittenen Gesichtern und Adlernasen, mit ihrer rotbraunen Hautfarbe den Indianern Nordamerikas sehr ähnlich. In der VR China leben etwa 3,9 Mill. Tibeter (1982), davon 1,7 Mill. in der Autonomen Region Tibet.

Wirtschaft

Die Mehrzahl der Tibeter auf dem Hochland lebt in den Ackerbaugebieten in Südtibet, während der Norden – das unwirtliche Changtang-Plateau – nur als Weideland der Viehzüchter dienen kann. Generell aber waren beide Gruppen schon immer eng, fast symbiotisch miteinander verbunden. Viehzucht wird in den Formen Nomadismus, Almwirtschaft und bäuerlicher Tierhaltung betrieben. Die nomadisierenden, in viereckigen Zelten aus Yakhaar-Geweben lebenden Viehhirten züchten im trockenkalten Westen Ziegen und Schafe, die Yak-Herden weiden im Süden und Osten auf Höhen zwischen 3500 und 5500 m, die höchsten Hirtensiedlungen liegen im Kreis Xainza auf etwa 5000 m Höhe.

Hauptanbauprodukt der Ackerbauern in Südtibet war von alters her eine besondere Hochlandgerste, die geröstet mit Buttertee zu Tsampa, dem typischen tibetischen Gerstenbrei, angerührt wird, der Grundnahrung der Tibeter. Die im Weideland nur eingestreuten Ackerflächen gehen um die Städte Shigatse, Gyantse und Lhasa und weiter im Osten des Tsangpo-Tals durch den zunehmenden Einfluß des indischen Sommermonsuns, der seine Feuchtigkeit im Tsangpo-Durchbruch durch den Himalaya bis nach Südosttibet hineinträgt, mehr und mehr in geschlossene Ackerbaugebiete über, in denen nicht mehr allein die (im Kreis Saka bis 4750 m ü. M. angebaute) Hochlandgerste und Buchweizen wachsen, sondern auch verschiedene Gemüsesorten und Obst (Aprikosen).

Seit dem Bau der großen Straßen von Chengdu in Sichuan und von Xining in Qinghai über Golmud nach Lhasa hat eine bescheidene Industrialisierung eingesetzt, für die der Ausbau der Elektrizitätsgewinnung Voraussetzung war: Metall-, holzverarbeitende, Textil- und Lebensmittelindustrie. Nicht weit entfernt von Lhasa arbeitet bereits Chinas erstes Erdwärme-Kraftwerk, die öffentlichen Duschen in der Hauptstadt werden mit Sonnenenergie beheizt. Das Mittelalter hat in Tibet ein für allemal aufgehört, seine Menschen sind liebenswert geblieben, ihr traditionelles Handwerk und ihre tiefe Religiosität sind noch sehr lebendig. Mit dem Einzug von Kofferradios, Autos und Fabriken in die »Stadt der Götter« ist gewiß ein großes Stück Romantik verlorengegangen, doch die meisten der Lhasa-Besucher gönnten sich wohl auch nicht den wildromantischen Ritt oder den wochenlangen Fußmarsch bei frostigen Temperaturen über 5000 m hohe Pässe, vorbei an den vielen unbestiegenen Gipfeln ...

Die N.E.F.A.

North-Eastern Frontier Agency – Arunachal Pradesh (= »Land der aufgehenden Sonne«)

Fläche: 81426 km²
Einwohner: 628000 (1981)
Hauptstadt: Itanagar
Polit. System: direkt dem Präsidenten der Indischen Union unterstehendes Unionsterritorium (seit 21. Jan. 1972)

Die Südseite des in der geographischen Literatur meist Assam-Himalaya genannten, im Kangto zwar 7060 m hohen, ansonsten aber doch relativ niedrigen Teils des hier durch steile, nach Süden abfallende Schluchten in Blöcke zerrissenen Himalaya-Gebirges nimmt fast vollständig den Raum des heutigen indischen Teilstaates Arunachal Pradesh (frühere N.E.F.A.) ein. Im Winter liegt der Himalaya im Wirkungsfeld der außertropischen Westwinddrift, die zwar fast nur im viel weiter westlich gelegenen Kashmir-Himalaya zur Geltung kommt, doch vor allem die Gipfelregionen des gesamten Gebirges ragen zu dieser Jahreszeit in die Zone äußerst hoher Windgeschwindigkeiten der subtropischen Strahlströme hinein. Die oft wochenlangen Schönwetterperioden geben dann zwar den Blick auf die Bergriesen frei, die aber bleiben durch die enormen Windgeschwindigkeiten (bis zu 144 km/h) unbesteigbar. Unterhalb der im Assam-Himalaya recht schwach entwickelten Zone des ewigen Schnees und der vergletscherten Berghänge kommt es an der Südabdachung jedoch auch im Winter zu regelmäßigen Niederschlägen, die sich mit den sommerlichen Monsunniederschlägen zu den höchsten Asiens summieren. Unter derartigen Bedingungen konnte sich im vorgelagerten Tiefland und auf den Gebirgshängen bis in große Höhen eine dichte tropisch-immergrüne Regen- und Nebelwaldvegetation entwickeln: In tieferen Lagen sind es reine Laubwälder, darüber Rhododendron-Koniferenwälder (Kiefern), die in der Höhe von feuchten alpinen Sträuchern und Matten abgelöst werden. Daß in einer derart üppig mit Wäldern gesegneten Region auch die Tierwelt reich vertreten ist, zeigen vor allem die unter 1000 m Höhe gelegenen Eichen- und Bambuswälder mit ihren Affen, Schlangen, mit Elefanten und Tigern. Höher hinauf finden sich Tahkin, Steinböcke, Moschustiere und Bären.

Geschichte

Von den zahlreichen Ethnien, die Arunachal Pradesh bevölkern, sind die tibetischen Mönpa im Kameng-Distrikt – dem westlichsten des Territoriums – die einzigen, die geschichtliche Aufzeichnungen besitzen. Ihnen zufolge sollen erste buddhistische Einflüsse bereits im 11. Jahrhundert nach Tawang gedrungen sein, einem im Osten vom Kangto-Massiv begrenzten und ansonsten von Bhutan und Tibet umrahmten kleinen Fürstentum. Während der 5. Dalai Lama (1617 – 1682) in Tibet regiert hat, ist die Lehre der reformierten Gelugpa-Sekte von Lodre Gyatso, dem »Mera Lama«, in Tawang verbreitet worden. Aus jener Zeit stammt das große Gelugpa-Kloster *Tawang Ganden Namgyal Lhatse Ling* (= »Himmlisches Paradies des göttlichen, von einem Pferde auserwählten Ortes«), von dem über zwei Jahrhunderte lang alle Regierungsgewalt ausging.

Wie sämtliche sich ostwärts anschließenden Distrikte geriet auch Tawang nach der Simla-Konferenz 1914, in der die Grenze zwischen Tibet und Britisch-Indien auf die sogenannte »McMahon-Linie«, die Wasserscheide des Himalaya-Hauptkamms, festgelegt wurde, in den Machtbereich der Briten, die daraus die North-Eastern Frontier Agency bildeten. Ihr Sinn und Zweck war anfänglich der Schutz der Teeplantagen in Assam gegen Einfälle von Bergstämmen dieser Region, die die Briten tatsächlich ja gar nicht unter Kontrolle hatten.

Nach der Unabhängigkeit Indiens und der kommunistischen Machtübernahme in China kam es mehrfach zu Grenzzwischenfällen entlang der von China nicht anerkannten McMahon-Linie, die im Oktober/November 1962 zum offenen Krieg eskalierten, in dessen Verlauf chinesische Einheiten bis an den Brahmaputra vordrangen. Sie zogen sich zwar bald darauf freiwillig auf die Ausgangsstellungen zurück, betrachten jedoch den gesamten Assam-Himalaya als ihr Staatsgebiet. Von Indien erhielt die N.E.F.A. 1972 den Status eines Unionsterritoriums mit Namen Arunachal Pradesh. Der »Landkartenkrieg« über die endgültige Grenzziehung verlief bis dato ergebnislos.

Erstbesteigungen
1966 Gori Chen (um 6500 – 6800 m) indische Alpinisten
Höchste Berge: Kangto (7060 m); Takpa Shiri (6626 m)

Bevölkerung, Sprache, Religion

Die tibetstämmigen Mönpa und Lhopa sind lamaistische Buddhisten. Auch die alte Bön-Religion soll unter ihnen noch Anhänger haben. Am Gebirgsfuß finden sich einige wenige Hindus, während im größten Teil des Territoriums sogenannte animistische Religionen verbreitet sind. Die Anhänger einiger dieser Religionen wie auch des Bön-Glaubens und der Khik-Verehrung (Sherdukpen) gehen zudem schamanistischen Praktiken nach.

Die Gebirgswelt von Arunachal Pradesh ist die am dünnsten besiedelte Gegend ganz Indiens (durchschnittlich 6 Ew./km²) und die unerschlossenste und am wenigsten erforschte. Nur im Norden und den höheren Gebirgsstufen im Westteil finden sich Volksgruppen tibetischer Herkunft, zu denen die Mönpa (30000) und die Sherdukpen (ca. 2000) zählen. Deutlich von ihnen getrennt leben im Süden und in den tieferen Lagen, aber vor allem in den östlichen Distrikten (mit deutlich geringerem Höhenniveau) zahlreiche, meist kleine Bergvölker. Die unter der Sammelbezeichnung Adi (früher: Abor) zusammengefaßten Stämme (ca. 100000 Menschen, zu ihnen gehören die Gallong, Minyong und Padam) bevölkern den zentralen Siang-Distrikt, während die wichtigsten Gruppen des Subansiri-Distrikts und der Himalaya-Vorberge die Nishi und Miri (früher: Dafla, insgesamt 70000), Mishmi (23000), Tagin (20000) und Apa Tani (15000) sind. Sie alle sprechen tibeto-burmesische Sprachen, die sich sehr stark voneinander unterscheiden und auf eine Herkunft aus den nordburmesischen Grenzgebieten deuten. Auf eine kulturelle Zugehörigkeit dieser Völker zu den Lebensformen Südostasiens weist auch ihre Siedlungsweise in Pfahlbauhäusern hin.

Wirtschaft

Die im Grenzbereich Bhutans lebenden Mönpas bauen auf z. T. gedüngten und gepflügten Feldern Gerste, Mais, Buchweizen und Reis an und nutzen die alpinen Matten über ihren Dörfern als Weiden für ihre Rinder. Ganz im Gegensatz zu den östlichen Nachbarn nutzen sie die Milch zur Butterherstellung.

Die Grundlage der Wirtschaft einer Mehrzahl von Nord-Assamvölkern bildet der Brandrodungsbau mit dem Pflanzstock mit Reis, Mais und Hirse als wichtigsten Kulturpflanzen, ergänzt durch tropische Knollenpflanzen wie Yams und Taro. In dorfnahen Gärten bauen sie Gemüse, Obst und Gewürzpflanzen an. Jagd, Fischfang und Sammeln von Wildpflanzen spielen eine um so größere Rolle, je mehr der Feldbau durch die jeweilige Höhenlage eingeschränkt ist.

Wie in autarken Gesellschaften üblich, sind die handwerklichen Fähigkeiten jedes einzelnen ihrer Mitglieder ziemlich ausgeprägt, doch werden die hergestellten Objekte (gewebte Stoffe, Holzschnitzereien u. a.) nicht gehandelt, sondern sind für den Eigenbedarf bestimmt.

Sikkim

Ehemaliges Fürstentum Sikkim

Fläche: 7298 km²
Einwohner: 320000 (1981)
Hauptstadt: Gangtok
(36000 Einwohner)
Politisches System: 22. Bundesstaat der Indischen Union (Mai 1975)

Das Gebiet des heutigen indischen Bundesstaates Sikkim umfaßt lediglich das obere Tal des Brahmaputra-Nebenflusses Tista und dessen Quellgebiet. Die Wasserscheidenkämme bilden im Osten und Norden die Grenze gegen Tibet/VR China, im Westen gegen Nepal. Die Südgrenze gegen Westbengalen wird von den Gebirgsflüssen Rangit und Rangpo gebildet, während der eigentliche Landschaftsraum von Sikkim erst am Gebirgsfuß abschließt und die in Westbengalen gelegenen Räume um die Städte Darjeeling und Kalimpong noch mit umfaßt. Landschaftlich beherrscht wird Sikkim vom 8597 m hohen Massiv des Kangchendzönga und dessen 31 km langen Zemu-Gletscher an der Westgrenze. Das Tista-Tal als großes Quertal läßt die sommerlichen Monsunregen gerade im Bereich ihrer größten Intensität außerordentlich weit nach Norden vordringen. Die großen Niederschlagsmengen haben zu einer tiefen Zertalung der im Süden recht weichen Gesteine (Daling-Schiefer) geführt. Ebene Flächen sind nur im äußersten Norden (Hochsikkim) zu finden, wo die Trockenheit eine wildreiche, baumlose alpine Steppe geschaffen hat, deren kahle Hochflächen und schuttüberzogenen Berge den Übergang zum Hochland von Tibet darstellen.

Die stark reliefartigen Landschaften Ober- und Untersikkims umfassen aufgrund des niederschlagsreichen Klimas alle Vegetationsstufen: vom feuchten Salwald mit 660 Orchideenarten am Gebirgsfuß über die tropisch-immergrünen Berg- und Nebelwälder (Baumfarne, Epiphyten, Bambus, Eichen, Buchen, Kastanien, Riesenmagnolien), Baumrhododendren und Koniferen (Kiefern, Tannen) bis an die Baumgrenze zwischen 3600 und 4200 m ü. M. In Sikkim mischen sich tropische und außertropische Pflanzen wie nirgends im Himalaya bis tief ins Gebirge hinein. Entsprechend vielfältig ist die Tierwelt. Sie zählt auf diesem kleinen Raum allein über 500 Vogelarten. Es finden sich Antilopen, Wildschafe und -ziegen im Norden, ebenso Wildesel und Yaks. In den bewaldeten Tälern leben Bären, Kleine Pandas, Silberfüchse und Leoparden, im Süden auch Makaken, Languren u. a. Affenarten.

Geschichte

Die Urbevölkerung von Sikkim sind die Lepchas, die sich selbst Rongpas nennen. Seit dem 13. Jahrhundert begannen die Tibeter nach Sikkim einzuwandern, und die aus Osttibet (Kham) stammende Namgyal-Familie hatte sich im 15. Jahrhundert im Chumbi-Tal eingerichtet und von dort aus zunehmend politischen Einfluß über Sikkim gewonnen. 1642 wurde an die Spitze eines soliden Herrschaftssystems mit lamaistisch-buddhistischer Grundlage ein Chogyal oder Gyalpo (König) gestellt, Phuntsog Namgyal (1604–70), der das Land in zwölf Dzongs (Burgenämter) einteilte.

Im 18. Jahrhundert kam es zu Einfällen von Armeen aus Bhutan und dem Gurkha-Reich (Nepal), in deren Verlauf Sikkim beträchtliche Gebiete an die benachbarten Königreiche verlor. Als die Gurkhas 1791/92 in einem Kriegszug gegen Tibet chinesischen Armeen unterlagen, gewann Sikkim zwar seine nördlichen Landesteile zurück, aber von nun an sollte das Chumbi-Tal zu Tibet gehören.

Nach dem britischen Sieg über Nepal (1817) war der Südteil des Landes an Sikkim zurückgegeben worden, doch schon nach dem nächsten Konflikt mit Nepal (1827) mußte es den Briten für deren Unterstützung Dorje-ling (das heutige Darjeeling) abtreten, und 1848 wurden die gesamten Terai-Niederungen und der Gebirgsrand von Britisch-Indien annektiert. Innerhalb eines Jahrhunderts sah sich Sikkim so auf einen Bruchteil seines ehemaligen Staatsgebietes reduziert.

Seit Beginn des 19. Jahrhunderts waren zunehmend Nepalesen nach Sikkim eingewandert und hatten schließlich gar die einheimische Bevölkerung an Zahl übertroffen, was zu internen Spannungen führte. Nachdem die Briten nicht bereit waren, die nepalesische Einwanderung beenden zu helfen, stellte sich der Gyalpo hinter eine tibetische Aktion, in deren Verlauf Tibet mit einer kleinen Streitmacht einen Landstrich nahe Darjeeling besetzte. In den ausbrechenden Kämpfen behielten die Briten die Oberhand, und Sikkim wurde 1890 zum britischen Protektorat, wodurch die Briten den langersehnten leichten Durchgang nach Tibet erlangten.

Die Staatsgewalt wurde jahrelang vom »Political Officer« Claude White ausgeübt, der den Gyalpo quasi entmachtete. Erst unter den Königen Sidkeong Tulku und Tashi Namgyal wurde die Königsmacht allmählich wieder restauriert.

Die Indische Union übernahm 1950 das Protektorat und intervenierte 1973 nach langanhaltenden politischen Unruhen zwischen den Vertretern der verschiedenen sikkimesischen Volksgruppen. Die neue, demokratischere Verfassung führte zur Entmachtung des Gyalpo und ließ den Einfluß der pro-indischen nepalesischen Bevölkerung wachsen. Ein im indischen Parlament eingebrachtes Gesetz machte Sikkim (per Annexion) zu einem »assoziierten« indischen Teilstaat, der 1975 durch einen Zusatz zur Verfassung zum 22. Bundesstaat der Indischen Union wurde.

Erstbesteigungen (Gipfel über 6800 m)

1911	Pauhunri (7125 m)	A. M. Kellas/Sonam
	Chomo Yummo (6829 m)	A. M. Kellas
1912	Kangchenjao (6889 m)	A. M. Kellas
1930	Nepal Peak (7153 m)	E. Schneider
	Jongsang Peak (7459 m)	H. Hoerlin/E. Schneider
1935	Kabru (7338 m)	C. R. Cooke
1936	Siniolchu (6887 m)	P. Bauer
	Sphinx (6824 m)	J. R. Cooke
	Simvu Peak (6816 m)	Göttner/Hepp
1939	Tent Peak (7365 m)	E. Grob/H. Paidar/L. Schmaderer
	Kangchendzönga, Nordostgipfel (7180 m)	E. Grob
	Langpo Peak S (6852 m)	E. Grob
1955	Kangchendzönga (8597 m)	G. Band/J. Brown

s. auch Nepal/Mustang, Tibet

Bevölkerung, Sprache, Religion

Im Gegensatz zu den einheimischen Lepchas sind die früh zugewanderten Bhutias tibetstämmig. Sie sprechen einen Dialekt, der dem alttibetischen nähersteht als dem Lhasa-Dialekt, und ihre Kultur ist vom Lamaismus geprägt. Auch unter den Tsong gibt es Buddhisten, selbst Anhänger des Bön-Glaubens und Animisten, aber die Mehrzahl von ihnen, die heute über 60% der Bevölkerung stellen, ist hinduistischen Glaubens. So hat sich denn auch in Untersikkim das Ostpahari oder Nepali, eine indo-arische Sprache, durchgesetzt, während die tibeto-burmesischen Sprachen, von denen das Lepcha sogar ein eigenes Schriftalphabet besitzt, an Gewicht verlieren.

Wirtschaft

Die steilen Hänge und die starken Niederschläge zwingen fast überall zur Terrassierung der Äcker. Die ursprüngliche Wirtschaftsweise der Lepchas, der durch Jagd ergänzte Wanderhackbau, ist durch die landwirtschaftliche Erschließung der Waldgebiete durch die große Zahl nepalesischer Einwanderer (Tsong) unmöglich geworden und inzwischen verboten. Die Höhenlagen zwischen 1100 m und 2000 m sind fast lückenlos gerodet, terrassiert und mit Mais bepflanzt, nahe dem Wasser auch mit Reis. Weizen und Gerste werden in höheren Lagen kultiviert. Für den Export spielen Kartoffeln, Orangen- und Teekulturen (jene in den nicht mehr zu Sikkim gehörenden Himalaya-Vorbergen um Darjeeling gelegenen haben große Berühmtheit erlangt) und die Gewürzpflanze Kardamom eine wichtige Rolle. Durch den Obstanbau hat sich eine kleine Fruchtkonservenindustrie entwikkelt.

Mit zunehmender Höhe wächst die Bedeutung der Viehzucht, die in Obersikkim bereits zur Hauptlebensgrundlage wird. Die Yak- und Schafherden werden im Sommer auf Weiden getrieben, die teilweise über 5000 m hoch liegen. Ein Großteil der viehzüchtenden Bevölkerung siedelt dann in nahegelegene Sommerdörfer über.

Über Jahrhunderte führte der wichtigste Handelsweg von Indien nach Tibet durch Sikkim, dessen an der südöstlichen Landesgrenze gelegenen Gebirgspässe Natu La und Jelep La mit 4310 m bzw. 4374 m ü. M. relativ niedrige Himalaya-Pässe sind und über das Chumbi-Tal auf kürzestem Weg nach Lhasa führen. Die schlechten Beziehungen zwischen Indien und China haben den Handel auf diesem Weg jedoch schon seit längerer Zeit blockiert.

Hat die Zuwanderung von Nepalesen die ursprüngliche Bevölkerung des kleinen tibetisch-lamaistisch geprägten Sikkim im Laufe nur eines Jahrhunderts bereits zu einer Minderheit im eigenen Lande gemacht, so wird ihre Kultur gegen den allmählich aufkommenden Ferntourismus einen neuerlich schweren Stand haben. Bleibt zu hoffen, daß sich Sikkim-Besucher der Verantwortung und Folgen ihres Verhaltens in einem so kleinen Lande bewußt sind.

Die indischen Himalaya-Bundesstaaten

HIMACHAL PRADESH

Fläche: 55673 km²
Einwohner: 4,28 Mill. (1984)
Hauptstadt: Simla (60000 Einwohner)

UTTAR PRADESH

Fläche: 294413 km²
Einwohner: 111 Mill. (1981)
Hauptstadt: Lucknow (825000 Einwohner)

JAMMU UND KASHMIR

Fläche: 137000 km² (100569 km²)
Einwohner: 5,98 Mill. (1981)
Hauptstadt: Srinagar (520000 Einw.) (Sommer)
Jammu (200000 Einw.) (Winter)

Kashmir, Himachal Pradesh und der Norden des Bundesstaates Uttar Pradesh werden von drei annähernd parallel verlaufenden Gebirgszügen des Himalaya und des Karakorum durchzogen, die die Hochplateaus und Täler – wie das Kashmir-Tal – umrahmen. Ihre Gipfel zählen zu den höchsten der Welt und thronen über den fruchtbaren, Siwalik genannten grünen Vorbergen, an deren Fuß die Ackerflächen der Doabs im Punjab und die Dschungelgebiete des Terai in Uttar Pradesh in die von Indus, Ganges und ihren Nebenflüssen bewässerte große Ebene überleiten.

Diese für relativ kurze Entfernungen großen Höhen- und die damit verbunden Temperaturunterschiede haben einen ausgeprägten Wandel der Klimate vom Gebirgsfuß hinauf in seine Höhen zur Folge, was sich wiederum auf die Vegetation auswirkt. Außerdem macht es sich bemerkbar, daß der Einfluß des Monsuns, der dem fast ganzjährig feuchten Assam-Himalaya (der selbst im Winter Aufgleitniederschläge erhält) wie dem Zentral-Himalaya im Sommer die ergiebigsten Niederschlagsmengen bringt, von Osten nach Westen hin nachläßt. Die tropischen Monsunwälder und Gras-Wald-Sümpfe des Terai, die subtropischen Bergwälder und Teekulturen des Südabfalls der Himalaya- und Siwalik-Ketten und die über ihnen gelegenen Rhododendronhaine werden im westlichen Himalaya durch die geringeren Niederschläge, die in Kashmir zudem in den Wintermonaten fallen, in eine vergleichsweise kahle Steppenlandschaft verwandelt. Nach Norden hin wird das Niederschlagsgefälle noch größer, die Steppenvegetation macht zusehends der Wüste Platz und erlaubt Ackerbau nur noch sporadisch in Bewässerungsoasen.

Im nördlichsten Teil Kashmirs, dem zu Pakistan zählenden sogenannten GILGIT AGENCY und AZAD KASHMIR (Fläche 88000 km², 1,35 Mill. Einwohner) findet sich im Karakorum die größte zusammenhängende Eisfläche außerhalb der Polargebiete, überragt von dem zweithöchsten Berg der Welt: Dem 8611 m hohen K2 oder Mt. Godwin Austen.

Das spärlich bewachsene Gebirge und seine Täler sind ein Rückzugsgebiet alter Völker und Kulturen, in dem sich Einflüsse sowohl aus Iran als auch aus Indien und Tibet durchkreuzen. Die starke geographische Zergliederung durch steile Hänge und enge Täler führte zur Bildung zahlreicher Fürstentümer der vorwiegend islamischen Bevölkerung, die ihren Lebensunterhalt durch Ackerbau und Viehzucht bestreitet, in letzter Zeit verstärkt auch durch den Tourismus, besonders im Hunza-Tal. Die Hunza und Nagar sprechen eine isolierte Sprache, die Pathanen einen afghanischen, die Ladakhis und die Bewohner Baltistans tibetische Dialekte. Die Balti sind die einzigen Tibeter, die sich zum Islam bekennen.

Der Indien verbliebene Teil Kashmirs trägt als Bundesstaat den Namen JAMMU und KASHMIR. Zwar wird dieser Raum landschaftlich durch die Himalaya-Hauptkämme wie die Ladakh-Range und die Zanskar Mountains geprägt, doch der Schwerpunkt des Landes liegt im Südwesten: in der Provinz Jammu am Gebirgsfuß und im 1500 bis 1900 m hoch gelegenen Kashmir-Becken. Diese beiden Kernräume machen nur etwa ein Viertel der Fläche des Bundesstaates aus, hier leben aber fast 90% seiner Bevölkerung. Das 130 km lange und 40 km breite Kashmir-Becken ist eine tektonische Senke, die der Fluß Jhelum seit dem Eiszeitalter mit seinen Sedimenten aufgefüllt hat. Der wasser- und schwebstoffreiche Fluß ließ im Sumpfland beiderseits seines Laufs wie auf den bewässerten Terrassen und Schwemmkegeln eine intensive Reisbauernkultur entstehen, die allerdings auch von seinen Überflutungen bedroht ist. Im Nordwesten des Beckens durchfließt der Jhelum den Wular-See, bevor er in einer engen Schlucht – dem einzigen Ausgang des Kashmir-Tales – die bis zu 4700 m hohe Pir-Panjal-Kette durchbricht. Deren äußere Ketten sind meist von Hartlaub- (Stechpalmen) und Dornbuschwald bedeckt, in höheren Lagen tragen sie auch Koniferen-(Zedern)-Eichen-Mischwald. Auch in oberen Hanglagen des Kashmirtales und seiner Seitentäler wachsen natürliche Koniferenwälder, soweit sie durch die Siedler nicht schon abgeholzt wurden. Darüber erstrecken sich kräuterreiche Hochgebirgsmatten, nach Norden hin werden sie von kargen Steppen abgelöst. Die Tierwelt hat sich angepaßt. Gerade hier im klimatisch ungünstigen West-Himalaya gibt es eine Vielfalt von Vogelarten wie Kolkraben, Bart- und Schneegeier, Fasane und Wildenten. Er ist zudem eine bedeutende Wanderschneise für die Zugvögel zwischen der UdSSR und Indien, und bis hierher sind sowohl europäische als auch fernöstliche Vogelarten verbreitet.

Im Hochgebirge sind Bären (rotbrauner Tibetbär, schwarzer Kragenbär) und Wölfe weit verbreitet. Seltener sind Schnee-Leoparden anzutreffen. Wilde Schafe und Ziegen sind Legion: Pamir- oder Marco-Polo-Schaf, Urial, Blauschafe, Sibirischer Steinbock mit Hörnern von einem Meter Länge und Markhor oder Schraubenziege. Daneben finden sich verschiedene Hirsch- und Antilopenarten wie der zierliche Tschiru, Tibetgazellen und die berühmten Moschustiere.

Geschichte und Religion

Der westliche Himalaya war wohl schon in der Altsteinzeit bewohnt, darauf weisen Ausgrabungen in Höhlen der Swat-Region westlich des Indus hin. Jungsteinzeitliche Zeugnisse (Megalithe) wurden sowohl in Zanskar (Kashmir) als auch in Spiti (Himachal Pradesh) gefunden. Prähistorische Felsbilder mit Jagdszenen und Steinböcken deuten auf ein Jägervolk hin, das mit indo-europäischen Völkern, eventuell den von Herodot beschriebenen Darden, verbunden war.

Seit dem 7. Jahrhundert geriet Kashmir zusehends in den Einflußbereich des tibetischen Königreichs Tubo und gehörte Mitte des 8. Jahrhunderts wie die gesamte Himalaya-Kette zum tibetischen Großreich. Dessen Monarchie zerfiel schon 150 Jahre später in zahlreiche kleine Fürstentümer. Diese buddhistischen und hinduistischen Kleinreiche gelangten seit dem 14. Jahrhundert immer mehr in den politischen Machtbereich des Islam (Srinagar wurde Sommerresidenz der Mogulkaiser), dessen Herrschaft erst beendet wurde, als 1819 die Sikh vom Punjab her Kashmir eroberten und es mit dem hinduistischen Jammu vereinten. Die Dogra-Fürsten von Jammu eroberten 1842 auch Ladakh und die Karakorum-Gebiete für das ab 1885 (unter britischer Oberhoheit) nur noch halbselbständige Maharaja-Fürstentum. Als Kashmir nach dem Zerfall Britisch-Indiens 1947 trotz der mohammedanischen Mehrheit (77%) nicht dem neugeschaffenen Muslim-Staat Pakistan angegliedert wurde, kam es in Punch zu einer islamischen Revolte. Gleichzeitig drangen aus der Nordwestprovinz Pakistans plündernde Pathanen-Stämme ein, woraufhin der kashmirische Hindu-Maharaja die Indische Union zu Hilfe rief und am 26. 10. 1947 einen Anschlußvertrag an die Union unterzeichnete. Die Pathanen wurden zwar von indischen Truppen zurückgedrängt, doch im Frühjahr 1948 griffen reguläre pakistanische Einheiten in die Kämpfe ein, die durch Intervention der UNO zum Jahreswechsel 1948/49 beendet wurden.

Der Frontverlauf zu dieser Zeit wurde als Waffenstillstandslinie festgelegt, etwa zwei Drittel des Gesamtgebietes fielen an die Indische Union und wurden 1957 einseitig als Bundesstaat in sie eingegliedert, nachdem 1952 die Monarchie beseitigt worden war. Das verbleibende Drittel ging an Pakistan. Eine Volksabstimmung sollte über die endgültige Zugehörigkeit entscheiden, kam aber nie zustande. Der Kashmirstreit schwelte weiter, und nach häufigen Zwischenfällen an der Demarkationslinie kam es 1965 zum indisch-pakistanischen Krieg, der 1966 im Friedensvertrag von Taschkent beendet wurde. Als Indien 1971 in den im damaligen Ost-Pakistan ausgebrochenen Bürgerkrieg eingriff, kam es in Kashmir erneut zu Kämpfen, in deren Verlauf die Inder die günstigeren Paß-Stellungen an der Demarkationslinie zurückeroberten, die sie im Taschkenter Abkommen hatten aufgeben müssen. Der pakistanische Teil Jammus (Punch) wurde 1974 als sogenanntes »Freies (Azad) Kashmir« als fünfte Provinz in den pakistanischen Staatsverband eingegliedert; die strategisch wichtigen Gebiete Baltistan und Gilgit wurden jedoch nicht der Verwaltungshoheit dieses »Freien Kashmir«, sondern unmittelbar der pakistanischen Regierung unterstellt.

Mit der Schaffung bundesstaatlicher Einheiten in Kashmir sowohl auf indischer als auch pakistanischer Seite war die Anpassung an den de facto gegebenen Stand indirekt vollzogen und damit eine gewisse Entschärfung des Konfliktstoffs vorgenommen worden. Innenpolitische Schwierigkeiten, besonders im indischen Teil Kashmirs, sind aber trotz des Zugeständnisses bestimmter autonomer Rechte noch nicht beseitigt. Noch immer gibt es pro-pakistanische Muslime dort; und das nördlich des Himalaya-Hauptkamms gelegene Ladakh fordert mit seiner mehrheitlich lamaistischen Bevölkerung eine direkte Unterstellung Ladakhs unter die indische Zentralregierung.

Bevölkerung und Sprache

Obwohl Jammu und Kashmir zu den am dünnsten besiedelten Gebieten Indiens überhaupt gehören, findet sich gerade hier eine ungeheure ethnische und sprachliche

Vielfalt. Die in den Ebenen am Gebirgsfuß und in den Vorbergen lebenden europiden Inder sprechen indo-arische Sprachen, im pakistanischen Teil Urdu, das im Gegensatz zur Staatssprache der Indischen Union, dem Hindi, zahlreiche Lehnwörter aus arabischen, persischen und türkischen Sprachen übernommen hat. In Jammu wird Dogri gesprochen, im Kashmir-Tal ist es das zu den dardischen Sprachen zählende Kashmiri, welches die Hindus in Devanagari, die Moslems in arabischer Schrift schreiben.

Jenseits des Himalaya-Hauptkamms – von Baltistan über Ladakh bis Spiti und Lahul – weisen sich die Bewohner sowohl durch ihr mongolides Aussehen als auch durch ihre Sprache als Angehörige des tibetischen Kulturraums aus.

Ladakh

ehemaliges Königreich Ladakh

Fläche: 58321 km²
(ohne das chinesisch besetzte Aksai Chin)
Einwohner: 120000 (1979)
Hauptort: Leh (6200 Einwohner)
Politisches System: Indische Verwaltungseinheit auf Distriktsebene

Ladakh liegt eingebettet in die Bergwelt des Karakorum im Nordwesten, des Himalaya im Südwesten und des Transhimalaya in seinem Herzen. Seine Lage am Oberlauf des Indus gibt ihm Bedeutung als Knotenpunkt der Handelswege von Nordwest-Indien nach Tibet und nach Turkestan. Die Hauptkette des Himalaya verhindert, daß der indische Sommermonsun bis hierher vordringt, so daß durch die Position im Regenschatten des Gebirges der ausgedehnte, kalte Winter nicht schneereich ist und alljährlich nur von einem kurzen, trockenen und relativ warmen Sommer abgelöst wird. Dennoch gibt es das ganze Jahr über große Tagesschwankungen der Temperatur, im Winter kommen kräftige Winde hinzu. Das rauhe und trockene Klima läßt nur vereinzelt mit Gräsern bewachsene Hochsteppen zu, Voll- und Halbwüsten beherrschen eine trotz allem grandiose Bergwelt.

Geschichte und Religion

Nach dem Verfall des ersten tibetischen Großreichs wurde dieses 1020 unter drei Brüdern aufgeteilt, von denen einer nach Ladakh zog und dort die erste Königsdynastie begründete. Als der tibetische Buddhismus im östlich benachbarten Reich Guge eine neue Blüte erlebte, wirkte diese Wiederbelebung auch auf Ladakh, wovon seine Tempelklöster und die von der Religion durchdrungene Lebensweise seiner Menschen deutlich Zeugnis geben. Vielfach wurden auch alte Heiligtümer der früheren Bön-Religion in buddhistische Klöster umgewandelt. In den folgenden Jahrhunderten dehnten die ladakhischen Könige ihren Herrschaftsbereich aus, Lhachen Utpala (1080 – 1110) gar bis in den Bereich der verwandten Dynastien von Purang und Mustang (im heutigen Nepal). Neues Gewicht bekam die ladakhische Mönchskultur, als die von Tsongkhapa ins Leben gerufene Reformsekte der Gelugpa im 15. Jahrhundert zu Kloster-Neugründungen führte. Familienfehden hatten im beginnenden 15. Jahrhundert mit der Teilung des Reiches geendet. Lhachen Bhagan einte Ladakh 1470 und gründete eine neue Dynastie »Namgyal«. Sein Nachfolger konnte sich gegen eine Invasion aus Ost-Turkestan behaupten, doch sollte Ladakh im Laufe der Zeit noch einige Male von plündernden und brandschatzenden islamischen Heeren heimgesucht werden. Während der Regierungszeit der starken Könige Sengge Namgyal (ca. 1570 bis 1620) und Deldan Namgyal (ca. 1620 – 1660) kam es nicht nur zu einer weiteren Ausdehnung des Reiches, sondern auch zu einer neuen kulturellen Hochblüte in Ladakh, die ihr Ende fand, als der große fünfte Dalai Lama Tibets (Nawang Lobsang Gyatso, 1617 bis 1682) die von ihm zum Lamaismus bekehrten Mongolen zu einem Kriegszug nach West-Tibet und Ladakh bewegte. Dessen König Delegs Namgyal wandte sich nach Kashmir um Hilfe. In der Schlacht von Basgo (ca. 1685) wurde zwar die tibeto-mongolische Armee aufgehalten, doch von nun an stand Ladakh unter dem Zepter des islamischen Reiches der Großmoguln, und seine Geschichte blieb unwiederbringlich mit der Geschichte von Jammu und Kashmir verknüpft, ohne daß es seine lamaistische Tradition eingebüßt hat.

Bevölkerung und Sprache

Die Ladakhi, deren Züge eine Mischung aus tibeto-mongolischen und indo-arischen Elementen verraten, sind noch immer vorwiegend (lamaistische) Buddhisten, auch wenn deren Anteil an der Gesamtbevölkerung des Distrikts nur noch 52% beträgt. Unter den 47% Anhängern des Islam finden sich vor allem zugewanderte Kashmiri und Darden (Shin), die auch eigene indo-arische Sprachen sprechen. Das Ladakhi gehört zur tibeto-burmesischen Sprachgruppe und weicht in der Aussprache stark vom Lhasa-Dialekt ab.

Wirtschaft und Tourismus

Für Siedlung und landwirtschaftlichen Anbau kommen über größere Strecken nur die von Gebirgsketten eingeschlossenen, in nordwest-südöstlicher Richtung verlaufenden und überwiegend zwischen 3000 – 4000 m liegenden Längstäler in Frage. Der extreme Niederschlagsmangel kann hier nämlich durch Bewässerung ausgeglichen werden. So sind im Indus-Tal, im Zanskar-Tal, in den Nebentälern des Suru und Dras und jenen von Nubra und Shyok fruchtbare Oasen geschaffen worden, in deren Terrassenanlagen Hochlandgerste, Weizen, Buchweizen und verschiedene Gemüsearten wachsen; und dort gedeihen in niederen und geschützten Lagen sogar Aprikosen- und Walnußbäume, Zedern, Pappeln und Weiden.

Die Region oberhalb 4000 m ist die Welt der Nomaden, die mit ihren Schaf- und Ziegenherden besonders im Südosten – in Rupshu – und über die Ausläufer des Changtang-Plateaus umherziehen. Die Wolle ihrer Paschmina-Ziege hat als »Kashmirwolle« Berühmtheit erlangt und ist bereits seit langem einer der Haupthandelsartikel der Ladakhi. Sie wird auf dem Rücken von Eseln, Maultieren oder Yaks zu Tal transportiert, zumal es nur wenige Straßen gibt. Die wichtigste Straße – vor allem mi-

Erstbesteigungen

Kashmir:		
1906	Nun Kun II (7091 m)	Workman/Savoie
1913	Nun Kun I (7147 m)	Borelli/Piacenza/Gaspart/A. Rahin
1932	Rakhiot Peak (7070 m)	P. Aschenbrenner/H. Kunigk
1934	Sia Kangri (7422 m)	H. Ertl/A. Höchst
	Westgipfel (7315 m)	H. u. G. Dyhrenfurth/H. Ertl/A. Höchst
1953	Nanga Parbat (8126 m)	H. Buhl
1954	K2 (Mt. Godwin Austen, 8611 m)	A. Compagnoni/L. Lacedelli
1956	Gasherbrum II (8035 m)	S. Larch/F. Moravec/H. Willenpart
	Muztagh Tower (7273 m)	J. Hartog/T. Patey
1957	Broad Peak (8047 m)	H. Buhl/K. J. Diemberger/M. Schmuck/
	Skil Brum (7420 m)	M. Schmuck/F. Wintersteller
1958	Gasherbrum I (8068 m)	A. Kaufmann/P. Schöning
	Gasherbrum IV (7925 m)	W. Bonatti/C. Mauri
	Rakaposhi (7788 m)	M. E. B. Banks/T. Patey
	Chogolisa (7640 m)	M. Fujihira/K. Hirai
	Haramosh (7406 m)	F. Mandl/S. Pauer/H. Roiss
1960	Masherbrum (7821 m)	G. I. Bell/W. Unsoeld
1978	Nanga Parbat-Nord (7816 m)	CSSR: A. Belica/J. und M. Zatko
Uttar Pradesh:		
1907	Trisul (7127 m)	T. Longstaff/A. u. H. Brocherel/Karbir
1931	Kamet (7756 m)	F. Smythe/R. Holdsworth/E. Shipton/Lewa
1936	Nanda Devi (7814 m)	N. E. Odell/H. W. Tilman
1939	Nanda Devi – Ostgipfel (7434 m)	J. Bujak/M. J. Klarner
1947	Satopanth (7075 m)	A. Sutter/R. Dittert/A. Roch/A. Graven
1950	Abi Gamin (7355 m)	G. Chevalley/R. Dittert/A. Tissières
1966	Tirsuli (7074 m)	S. Chakravorty/N. Malik/Nima Tashi/Dorjee

litärisch: es gibt etwa 200000 Soldaten in Ladakh – ist jene von Srinagar nach Leh, die einzige und hauptsächlich von Lastwagenkolonnen befahrene Straßenverbindung aus Ladakh hinaus.

Seit die indische Regierung 1974 das bis dahin hermetisch abgeschlossene Ladakh mit vielen Beschränkungen für ausländische Besucher geöffnet hat, ist der Tourismus mehr und mehr zu einer Einnahmequelle seiner Bewohner geworden (1974: 500 Touristen, 1979: ca. 11000 Touristen), deren Frohsinn und Herzlichkeit den Besucher verzaubern. Die großartige Naturkulisse enger Flußtäler, weiter Hochflächen und blauen Himmels über schneebedeckten Gipfeln, die ungewöhnliche tibetische Tempelarchitektur und überhaupt die Ausstrahlung der sich überall in den Menschen und ihrem Land niederschlagenden lamaistischen Kultur tragen zur Faszination der Besucher Ladakhs bei.

Die Abgeschiedenheit des Landes und seine äußerst verkehrsfeindliche Lage haben bergbauliche Aktivitäten und Ansiedlung von Industrie bis heute verhindert. Für den Handel des Distrikts hat das Kunsthandwerk einen hohen Stellenwert, der durch den Tourismus noch wachsen dürfte.

Im dichter bevölkerten Teil Kashmirs und in den Nachbarprovinzen Himachal und Uttar Pradesh haben Handwerk und Textilindustrie einen beachtlichen Ausbau erfahren. Südlich des Himalaya-Hauptkamms wird in den Wäldern Nutzholz geschlagen (Deodar, Fichte, Silbertanne). Eine aufmerksame Forstschutzpolitik tut hier not, denn schon seit längerer Zeit waren die Wälder von der Bevölkerung zur Erschließung neuer Ackerflächen empfindlich ausgedünnt worden – die Folge des Verlusts der Vegetationsdecke sind Bodenerosion und immer häufigere und stärkere Überschwemmungen. Die Bevölkerung im Gebirge hat es erheblich schwerer, sich ihren Unterhalt selbst und allein durch ihre ackerbaulichen Tätigkeiten zu sichern, deshalb kommen Holzfällerarbeiten oder Weidewirtschaft als Erwerbszweig hinzu. In einigen der abgelegenen Gebiete beginnt der Tourismus eine immer größere Rolle zu spielen. Auch der Alpinismus könnte hier ähnliche Möglichkeiten bieten wie in Nepal beispielsweise die Träger- und Bergführertätigkeiten der Sherpas, zumal das Bergsteigen in diesem Raum durchaus schon Geschichte gemacht hat, wie die Liste der Erstbesteigungen zeigt.

Literatur zum Thema

Eine Auswahl. Weitere Literaturangaben findet der interessierte Leser in den angeführten Publikationen.

Allgemeine Literatur

Bernatzik, H. A. (Hrsg.): Neue große Völkerkunde, Köln 1968; Diercke-Weltstatistik 84/85, dtv/Westermann, München-Braunschweig 1984; dtv-Atlas zur Weltgeschichte, Bd. 2; Fischer Weltalmanach 1987
Eliade, Mircea: Schamanismus und archaische Ekstasetechnik, Zürich 1957
Glasenapp, Helmut von: Der Jainismus, Hildesheim 1964; Die fünf Weltreligionen, Köln 1963; Indische Geisteswelt, Baden-Baden 1958
Harrer, Heinrich: Meine Forschungsreisen, Innsbruck 1986
Hiebeler, Toni: Himalaya und Karakorum, Zürich 1980
Hoffmann, Helmut: Mila Raspa, München 1950; Quellen zur Geschichte der Bön-Religion, Mainz 1950
Hooker, Joseph D.: Himalayan Journals, New Delhi 1969
Jettmar, Karl: Religionen des Hindukusch, Stuttgart 1975
Keenlyside, Francis: Berge und Pioniere. Eine Geschichte des Alpinismus, Zürich 1976
Lindig, Wolfgang (Hrsg.): Lexikon der Völker, München 1986
Meyers Enzyklopädisches Lexikon
Müller, Max F. (Hrsg.): The Sacred Books of the East, 50 Vols., 1969
Olschak, Blanche C.: Palaeolinguistic Relics in the Himalayas, Budapest 1980; Die Heiterkeit der Seele, Frauenfeld 1987
Roerich, George N. (Übers.): The Blue Annals, Calcutta 1949
Schumann, Hans W.: Der historische Buddha, Köln 1982
Tensing, Norgay Sherpa u. Barnes, Malcolm: After Everest – An Autobiography, New Delhi, 1977
Zhang, Mingtao: The Roof of the World, Beijing 1982

Gesamtraum, länderübergreifend

Gansser, Augusto: Geology of the Himalayas, London 1964; The Wider Himalaya, Kopenhagen 1983
MacDonald, A. W./Massonaud, C./Vergati, A./Sagant Ph.: Les royaumes de l'Himâlaya, Paris 1982
Nicolson, Nigel: Der Himalaya, Time-Life 1975
Peissel, Michael: Königreiche im Himalaya. Die Welt der tibetischen Kultur, Wörgl/Österr. 1985

Indien: Ladakh/Kashmir/NEFA

Fürer-Haimendorf, Ch. v.: Highlanders of Arunachal Pradesh, New Delhi 1982
Keilhauer, A. u. P.: Ladakh und Zanskar, Köln 1985
Rouillard, Henriette: Nord-Indien, Köln 1986

Sikkim

Olschak, B. C.: Sikkim. Himalayastaat zwischen Gletschern und Dschungeln, Zürich 1965

Bhutan

Gansser, A.: Geology of the Bhutan Himalayas, Basel-Boston-Stuttgart 1983; Zusammen mit Olschak, B. C. und Markus-Gansser, U.: Bhutan – Land der verborgenen Schätze, Bern 1969; Bhutan – Königreich im Himalaya, Luzern-Freiburg 1983
Karan, P.: Bhutan. A Physical and Cultural Geography, Lexington 1967
Olschak, Blanche C.: Ancient Bhutan – A Study in Early Buddhism in the Himalayas, Zürich 1979

Nepal

Funke, Friedrich W.: Die Sherpa und ihre Nachbarvölker im Himalaya, Frankfurt 1978
Hagen, Toni: Nepal – Königreich im Himalaya, Neuaufl. Bern 1980
Majupuria, T. C. u. I.: The Complete Guide to Nepal, Lashkar (Gwalior) 1984
Pal, Pratapaditya: The Arts of Nepal, Leiden 1974
Peissel, Michael: Mustang – A Lost Tibetan Kingdom, London 1968
Tucci, Giuseppe: Journey to Mustang, Rom 1953
Valli, Eric u. Summers, Diane: Dolpo – Le pays caché, Paris 1986
Wiesner, Ulrich: Nepal. Königreich im Himalaya, Köln 1977

Tibet

Allen, C.: A Mountain in Tibet, London 1982
Aufschnaiter, Peter: Sein Leben in Tibet, Innsbruck 1983
Autorenkollektiv: Tibet (terra magica), Luzern 1980
Demeter, Ursula u. G. Gyaltsen: Kailas. Die Reise zum Heiligen Berg, Zürich 1987
Eberhard, W.: Kultur und Siedlung der Randvölker Chinas, Leiden 1979
Henss, Michael: Tibet. Die Kulturdenkmäler, Zürich 1981
Hoffmann, Helmut: Tibets Eintritt in die Universalgeschichte, Mainz 1950
Lehmann, P. H. u. Ullal, J.: Tibet (GEO), Hamburg 1981
Olschak, Blanche C.: Perlen alttibetischer Literatur, Neuaufl. Frauenfeld 1987; Mystic Art of Ancient Tibet (Vorwort Giuseppe Tucci), Boston 1987
Shakabpa, Tsepon W. D.: Tibet – A Political History, London 1967
Stein, Rolf A.: La civilisation Tibétaine, Paris 1962
Stoll, E.: Ti-se, der heilige Berg in Tibet, Zürich 1966
Tichy, Herbert: Zum Heiligsten Berg der Welt, Wien 1937

Hinweis zur Transkription

Sanskrit-Worte und Namen sind in der üblichen Vereinfachung, ohne diakritische Zeichen, angegeben.
Namen in tibetischer Sprache werden nach dem international üblichen, phonetischen Transkriptionssystem wiedergegeben, wie Milarepa *(Mi-la ras-pa)* oder Songtsengampo *(Srong-bTsan-sGam-po)*. Die geographischen Bezeichnungen richten sich häufig nach örtlichen Angaben.